2023

宁夏社会蓝皮书

《宁夏社会蓝皮书：宁夏社会发展报告（2023）》

主　　编　李保平

宁夏蓝皮书系列丛书

宁夏社会蓝皮书

宁夏社会发展报告

（2023）

宁夏社会科学院 编
主编 / 李保平

黄河出版传媒集团
宁夏人民出版社

图书在版编目(CIP)数据

宁夏社会蓝皮书：宁夏社会发展报告. 2023 / 李保平主编. -- 银川：宁夏人民出版社，2022.12
（宁夏蓝皮书系列丛书）
ISBN 978-7-227-07766-4

Ⅰ. ①宁… Ⅱ. ①李… Ⅲ. ①社会发展－研究报告－宁夏－2023 Ⅳ. ①D674.3

中国版本图书馆 CIP 数据核字(2022)第 250502 号

宁夏蓝皮书系列丛书
宁夏社会蓝皮书：宁夏社会发展报告(2023)
宁夏社会科学院 编
李保平 主编

责任编辑 陈 浪
责任校对 陈 晶
封面设计 张 宁
责任印制 宋 华

黄河出版传媒集团
宁夏人民出版社 出版发行

出 版 人 薛文斌
地　　址 宁夏银川市北京东路 139 号出版大厦(750001)
网　　址 http://www.yrpubm.com
网上书店 http://www.hh-book.com
电子信箱 nxrmcbs@126.com
邮购电话 0951-5052104 5052106
经　　销 全国新华书店
印刷装订 宁夏银报智能印刷科技有限公司
印刷委托书号 （宁）0025200

开本 720 mm × 1000 mm 1/16
印张 21.75
字数 323 千字
版次 2023 年 1 月第 1 版
印次 2023 年 1 月第 1 次印刷
书号 ISBN 978-7-227-07766-4
定价 54.30 元

目　录

总　报　告

2022 年宁夏社会形势与 2023 年社会发展展望
………………………………………………………… 李保平　马　妍(3)

领　域　篇

2022 年宁夏教育事业发展报告 ………………………………… 马　静(31)
2022 年宁夏卫生健康事业发展研究报告 ……………………… 王维成(42)
2022 年宁夏社会保险事业发展报告 ………………… 李　明　夏　勇(51)
2022 年宁夏就业形势发展报告 ………………………………… 陈菲雨(62)

社会治理篇

十八大以来宁夏社会建设：成就、经验与启示 ……………… 杨永芳(75)
宁夏建设乡村全面振兴样板区中的乡村治理问题研究 ……… 李保平(88)
贺兰县农村宅基地制度改革：实践、问题与思考
………………………………………… 狄国忠　陈晓伟　杨海燕(98)
宁夏义务教育学校标准化建设实践和路径选择 ……………… 孔炜莉(105)
党建引领宁夏城乡社区治理调查研究
——以银川、吴忠 4 个社区为例 ……………… 徐东海　石海霞(115)

推进宁夏“小个专”党建工作高质量发展研究 ……………… 马丽娟(126)

社会热点篇

宁夏应对人口老龄化的思考及政策建议
…………………………… 田光锋 杨永芳 孔炜莉 马 妍(137)
宁夏实施共同富裕战略应高度关注人力资本问题 …………… 李保平(147)
宁夏践行“社会主义是干出来的”调查报告 ……… 丁生忠 廖 周(157)
宁夏统筹发展和安全：本质要求、内在逻辑及践行路向
……………………………………… 魏向前 魏俊怡(169)
2022 年宁夏高校毕业生就业问题研究 ………………… 杨冠群(178)
关于宁夏城乡居民收入情况的研究报告 ………… 安 军 张云波(187)
乡村振兴背景下提升宁夏粮食生产能力问题研究 …………… 苏春燕(196)
宁夏城市社区养老服务高质量发展研究 ………………… 马 妍(204)
宁夏实施创新生态涵养工程路径研究 …………………… 王学琴(211)
宁夏科技创新水平波动情况分析及建议
…………………………… 郭红侠 邬佳宝 马万琪 伍继梅(218)
宁夏加快乡村全面振兴样板区建设路径研究 ……… 师东晖 周 婷(225)

社会调研篇

宁夏创建全域“互联网+医疗健康”示范区研究报告 ……… 杨永芳(235)
宁夏育龄人口生育意愿调查报告 ……………………… 贺 茜 李怀宇(243)
宁夏基层医疗人才队伍建设调查研究 …………………… 张宏彩(255)
关于宁夏老龄人才开发和使用现状及对策研究
…………………………… 何银玲 张修身 李 欣 张 栋(266)
宁夏推进“互联网+教育”发展情况研究 ………………… 张东祥(274)
宁夏高水平建设全国东西部科技合作引领区的对策建议
…………………………………… 苗冠军 王学琴 马 伯(283)
银川市粮食安全调研报告 ……………………………… 张保君(291)

闽宁深度协作助力宁夏打造乡村全面振兴样板区建设研究
…………………………………………………………………… 宋春玲(302)
数字化赋能宁夏乡村振兴产业高质量发展的对策建议
………………………………………… 张国君　马建强　席　娜　辛　艳(310)
宁夏乡村全面振兴样板区建设方法论思考 …………………………… 郭勤华(320)

附录　2022 年宁夏社会发展大事记 …………………………………… 徐东海(330)

总报告

ZONG BAOGAO

2022年宁夏社会形势与2023年社会发展展望

李保平　马　妍

2022年，大事多，喜事也多。中国共产党第二十次全国代表大会胜利召开，为未来我国发展指明了方向。2022年，也是宁夏发展史上极其特殊的一年，自治区第十三次党代会擘画了未来五年宁夏发展的蓝图。与此同时，面对复杂严峻的国内外发展环境以及多点散发的疫情影响，在自治区党委、政府的坚强领导下，全区上下坚持以习近平新时代中国特色社会主义思想为指导，深入学习贯彻党的二十大精神和习近平总书记视察宁夏重要讲话指示批示精神，全面贯彻新发展理念，认真落实自治区第十三次党代会确定的经济发展与社会稳定要求，扎实推动黄河流域生态保护和高质量发展先行区建设，统筹推进抗疫情、稳增长、惠民生等各项工作，有效实施“稳保促”一揽子政策措施，实现经济发展稳中提质、民生服务保障有力、社会发展全面进步、高质量发展态势持续，社会主义现代化美丽新宁夏建设开局良好，推进宁夏社会建设迈向更高发展阶段。

一、2022年宁夏社会发展总体形势和主要成就

2022年，宁夏各级党委、政府坚持人民至上理念，以实现基本公共服

作者简介　李保平，宁夏社会科学院社会学法学研究所研究员；马妍，宁夏社会科学院社会学法学研究所助理研究员，社会学博士。

务均等化为目标，以为群众创造公平发展机会为导向，切实增强社会民生政策的公平性和普惠性，推动人财物重点向农村、基础薄弱地区、弱势群体倾斜，努力缩小区域、城乡、群体之间的发展差距，社会事业、社会保障和社会治理稳步有序发展、取得新的成绩。

（一）坚持民有所呼我有所应，社会保障水平全面提升①

1. 城乡就业形势总体稳定

2022 年，面对严峻的就业形势，宁夏扎实推动就业优先战略，积极发展丰富多样的就业政策，多措并举解决高校毕业生、农民工和其他就业困难群体的就业，并全力维护劳动者的合法权益，劳动关系保持总体和谐稳定。截至 9 月末，全区城镇新增就业 7.55 万人，完成全年目标任务的 100.6%，农村劳动力转移就业 82.11 万人，完成全年目标任务的 109.5%。各级工会组织积极引导各类企业自觉履行新时代构建中国特色和谐劳动关系的责任，弘扬人文关怀，传递社会温暖，注重管理民主，通过产业带动、技术培训等一系列方式提高职工素质，实现了企业和职工互利共赢、共谋发展。人社、住建等部门组织开展集中整治拖欠农民工工资问题冬季攻坚行动，在全区范围组织开展集中排查、集中处置、集中督导、集中整改，实现“两清零、两确保”攻坚目标，持续巩固根治欠薪工作成果。

2. 居民收入持续稳定增长

2022 年，宁夏牢固树立“大抓发展，抓大发展，抓高质量发展”的理念，抢抓中央支持建设黄河流域生态保护和高质量发展先行区的重大政策机遇，积极推进特色产业招商、重大项目建设、市场培育壮大，为富民增收提供源头活水。同时，精准发放教育、就业、医疗、农业等各项惠民补贴，深入推进“四权”改革，完善利益联结机制，盘活农村资源资产，千方百计带动群众增收致富。据宁夏调查总队统计，2022 年前三季度，宁夏全体居民人均可支配收入 20671 元，同比增长 6.4%，比上半年加快 1.0 个百分点，城乡居民收入比由上年同期的 2.80 缩小为 2.75。其中，城镇常住居民人均可支配收入 28953 元，同比增长 5.3%，比上半年加快 1.1 个百分点；农村常

①本部分数据除特别注明外均来源于宁夏回族自治区统计局官网。

住居民人均可支配收入10523元，增长7.3%，比上半年加快0.4个百分点。

3. 社会保险兜底作用显著

2022年，自治区人社部门持续优化政务服务事项便民措施，推动线上线下服务有机融合，将风险低，群众办事频率较多、较高的事项进行调整纳入乡镇（街道办）办理，打造城区步行15分钟、乡村辐射5公里的人社便民服务圈。大力实施全民参保计划，重视农民工、灵活就业人员和新业态从业者等就业群体的参保工作。从2012年至2022年10月底的10年间，全区基本养老保险由130.23万人增加至506.46万人，工伤保险由63.88万人增加至145.77万人，失业保险参保人数由70.17万人增加至115.56万人。[①]制定宁夏个人养老金政策，将自治区本级和银川市纳入全国试点，探索推进个人养老金制度。建立健全社会保险与经济发展相适应的调整机制，宁夏全区企业职工月人均养老金从1785元增长到3533元，城乡居民月人均养老金从85元增长到244元，失业保险金平均水平从695.25元提高到1662元，[②]工伤保险待遇水平稳步提升，社会保险覆盖面进一步扩大，实现了从制度全覆盖向人群全覆盖大踏步迈进。率先建立完善"全区集中统一，数据全程在线，传输实时加密，跨行实名发放，网银秒级到账"的养老待遇"秒发"新模式，基本实现了发放资金的"零差错"，得到人社部、财政部的充分肯定。积极实施阶段性缓缴三项社保费政策，对受疫情影响严重地区困难行业范围的困难企业和以单位方式参保的个体工商户实行缓缴政策，并加大稳岗返还支持力度，对符合条件的企业及其职工上年度实际缴纳失业保险费的50%返还，中小微企业按90%返还。2022年1—10月，为企业降低社保缴费基数和缴费比例54.46亿元、缓缴社保费2.79亿元，惠及企业5万多家。

（二）坚持公平公正均衡普惠，社会事业发展更加协调[③]

1. 教育发展更加优质均衡

基础教育质量得到显著提升，新建改建幼儿园29所10.7万平方米，

①②马照刚. 织密织牢社会保障网　让群众幸福生活更美好［N］. 宁夏日报，2022-12-02(05).

③本部分数据参考本书其他篇目或来源于教育厅、民政厅和卫健委官网。

新增幼儿学位9700多个；新建改建义务教育学校182所27万多平方米，3所农村学校入选全国第四批“乡村温馨校园”，培育自治区级多样化发展试点普通高中10所。加快推进特殊教育拓展融合发展，自治区教育部门制订《“十四五”特殊教育发展提升行动计划实施方案》，“一人一案”提高残疾儿童少年义务教育普及水平，加快发展面向残疾学生的高中阶段教育，推动特殊教育向两端拓展延伸。推进高等教育内涵发展，全区高校科技研发经费投入达到6亿元，宁夏大学西部一流大学和自治区10个国内一流学科、10个西部一流学科二期建设有序推进，新增生态学、环境科学与工程等14个自治区紧缺领域空白专业，获批宁夏大学电子信息工程等141个国家和自治区级一流本科专业建设点，布局建设葡萄与葡萄酒、枸杞、智能制造等现代产业学院9个，全区研究生、优质本科、专升本招生计划同比增加4.5%、300%、40.3%。加强和改进学校思想政治工作，自治区有关部门共建学校思想政治理论课实践研修基地19个，省级领导坚持到高校上讲台讲思政课，联合武汉大学、山东大学开展跨省集体备课，形成了“大思政课”格局。“互联网+教育”示范区取得新成绩，宁夏被批准为第二批国家智慧教育平台整省试点，全区各级教育行政部门和3442所学校实现教育专网高速互联互通，培育智慧校园标杆学校198所，打造数字孪生学校1100多所，开展网络教学、在线辅导老师增加到3000多名，极大地满足了学生各类学习需求。通过健全完善岗位管理、公开招聘、竞聘上岗、职称评审、工资激励五项制度，全面推进中小学教师“县管校聘”改革，推动用人新机制并激发教师队伍活力，均衡配置优质教师资源。全面规范校外培训行为，学科类培训机构压减率达到96%，智慧监管实现“5个100%”，得到国务院教育督导委员会和教育部通报表扬。

2. 健康宁夏建设扎实推进

2022年，宁夏坚持把人民健康放在优先发展战略地位，树立“大健康”理念，以普及健康生活、优化健康服务、完善健康保障、建设健康环境、发展健康产业为重点，加快推进健康宁夏建设，努力全方位、全周期保障人民健康。全区现有医疗卫生机构4571个，包括医院213家（公立医院66家，民营医院147家），基层医疗卫生机构4242个，专业公共卫生机构95个，其他卫生机构21个，其中二级以上医院达到105家；医疗卫生机构实有床位增加到41191张，卫生技术人员达到60598人，每千人口医疗卫生机构实有床位数、拥有卫生技术人员数均高于全国平均水平。聚焦提升医疗水平、防控重大疾病、提高保障能力，大力推进全民健康水平提升行动。自治区政府与北京大学第一医院签署合作共建国家妇儿区域医疗中心协议，合作共建国家妇儿区域医疗中心；县（区）域综合医改试点全面推开，“互联网+医疗健康”示范区建设有序推进，自治区西医类、中医类服务能力位居西北五省区前列，三级公立医院医疗质量和满意度高于全国平均值。建立巩固健康扶贫成果有效衔接乡村振兴长效机制，脱贫地区继续落实37种大病患者在定点医院集中救治政策，确保群众基本医疗有保障。全区建设健康“细胞”示范点498个，实现了国家卫生城市全覆盖，居民健康素养水平达24.16%，人均期望寿命76.6岁，已接近全国平均水平。

3.“一老一小”服务得到加强

“一老一小”是每户家庭的重要组成部分，幼有所育、老有所养是社会主要劳动力的殷切期盼，也是实现共同富裕的应有之义。宁夏高度重视和关注“一老一小”问题，将其摆到贯彻积极应对人口老龄化国家战略、建设社会主义现代化美丽新宁夏的重要位置。自治区第十三次党代会提出，要积极应对人口老龄化，完善三孩生育政策配套措施，更加关注“一老一小”群体，并把健康养老产业列为重点发展的“六优六特六新”产业之一，实行省级领导包抓机制，全力推动养老服务体系建设、医养结合事业和康养产业发展。2022年5月，自治区政府于审定印发《关于促进养老托育服务健康发展的实施方案》，从科学统筹规划布局、拓展养老托育服务等方面提出了17条改革创新具体措施，勾画了“到2025年基本建成功能完善、规模适度、覆盖城乡的养老托育服务体系，向社会提供安全规范、优质多样的养老托育服务”的美好蓝图。2022年7月，自治区党委、政府印发《关于优化生育政策促进人口长期均衡发展的实施意见》，有效衔接新修订的《宁夏回族自治区人口与计划生育条例》，为宁夏实施三孩生育政策及完善配套措施提供了政策支持和保障。目前，自治区有关部门和各市县积极争取国家有关项目、资金和政策，银川市、石嘴山市等地制订了“一老一小”整体解决方案，青铜峡市、盐池县入选61个国家积极应对人口老龄化重点联系城市，围绕“补短板，强弱项，提质量”方向积极探索，努力改善养老、托育服务基础设施条件，推动设施规范化、标准化建设，增强兜底保障能力，增加普惠性服务供给，进一步提升全区养老托育服务水平。

4. 科技创新生态注入强大动力

2022年，宁夏深入实施创新驱动发展战略，持续加大科技投入。自治区第十三次党代会将创新驱动发展战略作为驱动现代化美丽新宁夏建设的“五大战略”之首，提出要实施创新力量厚植、创新主体培育、创新协同联动和创新生态涵养“四大工程”，全力打造区域有影响力的科技创新高地，同时科技部批复支持高水平建设全国东西部科技合作引领区，为宁夏科技创新注入强大动力。自治区党委、政府印发《关于实施科技强区行动 提升区域创新能力的若干意见》，提出继续实施奖补政策，并将国家高新技术企业后补助比例提高到20%，通过综合运用税收减免、研发费用加计扣除、新产品优先政府采购、引才引智、降低生产要素成本等多项措施，全力为企业创新保驾护航。自治区有关部门和各市县坚持科技创新与科技服务“双轮”驱动，聚焦六新六特六优产业需求，以“西部所需”对接“东部所能”，积极搭建一批科技双创载体，支持重点园区、重点企业、高校、科研机构建设众创空间、星创天地和科技企业孵化器，为科技成果转化搭建起更大舞台，2022年获批国家高新技术企业131家，再创历史新高，使科技创新成为推动各项事业发展的“第一动力”。

（三）坚持统筹并进、分类施策，城乡面貌展现良好形象

1. 新型城镇化全面提质增效

“截至2021年底，全区常住人口城镇化率已达到66.04%，高于全国平均水平1.32个百分点左右，排名西北五省区第二位、沿黄九省区第三位，宁夏已进入城镇化中后期。”①自治区第十三次党代会做出宁夏正处于“城镇化集约提质”新发展阶段的重要判断，2022年以来，宁夏全区坚持把城

①乔素华.宁夏城镇化率高于全国平均水平[N].宁夏日报,2022-07-28(05).

镇化工作放在更加突出位置，继续推动以城市群为主体、大中小城市和小城镇协调发展、以人为核心的新型城镇化，农业转移人口市民化稳步推进，城镇化空间布局持续优化，“一主一带一副”城镇发展格局基本形成，城市基础设施条件和可持续发展能力持续增强，城乡融合发展体制机制和政策体系基本确立，为加快建设美丽新宁夏提供了强大动力和坚实支撑。“前三季度，城乡居民收入比降至2.75，与全国平均水平基本一致；预计到2022年底，全区常住人口城镇化率将提高到67%。”[①]沿黄城市群和固原副中心城市人口承载力、内需带动力、发展竞争力进一步增强，成为引领全区经济社会高质量发展的重要引擎。

2. 乡村振兴全面有序推进

自治区第十三次党代会提出：“全面建设社会主义现代化美丽新宁夏，要把乡村建设摆在重要位置，扎实推动巩固拓展脱贫攻坚成果同乡村振兴有效衔接，加快建设乡村全面振兴样板区，实现农业强、农村美、农民富，绘就塞上‘富春山居图’。”自治区党委、政府认真落实2022年中央“一号文件”精神，及时印发《关于做好2022年全面推进乡村振兴重点工作的实施意见》，各市县紧盯建设乡村全面振兴样板区目标，集中力量实施乡村建设行动，大力发展葡萄酒、枸杞、牛奶、肉牛、滩羊、冷凉蔬菜六个特色产业，加快推进“四权”改革，统筹做好乡村发展、乡村建设、乡村治理重点工作，推动乡村振兴取得了新进展，贺兰县、青铜峡市入选“2022年国家乡村振兴示范县”创建名单。同时，健全防止返贫动态监测和帮扶、脱贫群众稳定增收长效机制，深化拓展闽宁协作、定点帮扶、社会帮扶，加大对乡村振兴重点帮扶县支持力度，有效巩固了脱贫攻坚成果，牢牢守住了保障国家粮食安全和不发生规模性返贫两条底线。

3. 城乡人居环境进一步改善

环境就是民生，青山就是美丽，蓝天也是幸福。自治区党委、政府坚定不移落实习近平生态文明思想，坚决担当黄河流域生态保护和高质量发展先行区建设的使命任务，自治区第十三次党代会将“城乡面貌提升”纳

①数据来源于宁夏回族自治区统计局官网。

入“六提升大行动”，自治区党委办公厅、政府办公厅先后印发《关于推进城乡建设绿色发展的实施意见》《宁夏农村人居环境整治提升五年行动实施方案（2021—2025年）》等政策措施文件，各市县紧盯美丽新宁夏建设目标任务，加快转变城乡建设方式和发展方式，持续改善城乡居民生产生活条件。聚焦生态环保，大力实施生态优先战略，继续深化煤尘、烟尘、汽尘、扬尘“四尘同治”，不断强化饮用水源、黑臭水体、工业废水、城乡污水、农业退水“五水共治”，深入推进建筑垃圾、生活垃圾、危险废物、畜禽粪污、工业固废、电子废弃物“六废联治”，全方位、全地域、全过程加强生态环境保护，进一步擦亮天蓝、地绿、水美的美丽新宁夏生态底色。聚焦宜居环境，全区改造城镇老旧小区和棚户区5万多户（套），建成城市绿道100余公里，建设小微公园和“口袋公园”50余个，新增了一批汽车充电桩和停车泊位，各地城市更新步伐加快，银川市入选第一批全国城市更新试点城市；依托实施重点小城镇和高质量美丽宜居村庄建设、农村危窑危房和抗震宜居农房改造、卫生厕所改造、北方地区冬季清洁取暖等项目，积极推动基础设施和公共服务向农村延伸，极大地改善了农村人居环境。聚焦城市安全，深刻汲取长沙居民自建房坍塌事故、乌鲁木齐高层住宅火灾事故、郑州特大暴雨灾害等经验教训，在全区范围内组织城镇燃气安全、城乡自建房安全专项整治和“百日攻坚”行动，开展高层建筑重大火灾风险专项整治和城市内涝重大安全隐患排查整治，常态化开展建筑施工安全隐患排查，整治消除了一批房屋安全隐患，及时处置了“6·21”“7·11”等暴雨汛情，守住了城市安全运行底线。

（四）坚持共建共治共享，社会治理现代化步伐加快

1. 基层社会治理更加有力

群众的安全感、获得感和幸福感，是一个地区社会治理水平的试金石。2022年，宁夏聚焦民生热点问题，统筹整合政策、项目、人员等各类资源，推动社会治理和服务中心向基层下移，积极构建共建共治共享的治理新格局，推进社会治理能力现代化建设，既提升了群众的获得感、幸福感和安全感，也充分彰显了社会治理的温度。自治区民政厅印发《关于完善“五社联动”机制 创新基层治理的指导意见》，提出推进社区与社会组织、社会工作者、社区志愿者、社会慈善资源联动发展，重点强化“社区+党建”、搭建“社区+平台”、拓展“社区+服务”、深化“社区+治理”。住建部门大力推行物业服务行业“信用管理”“收费公开治理”“美好家园创建”等工作，会同组织、民政部门开展社区物业党建联建，全域推动物业服务融入基层社会治理，倡导物业企业当好业主的“红色管家”，在助力疫情防控、改善人居环境、守护社区平安等工作中发挥了战斗堡垒作用。司法部门在全区推进一站式矛盾纠纷多元调解中心建设，推动人民调解、信访、仲裁、行政复议、诉讼等有机衔接，实现群众诉求“一站式受理，一揽子调处，全链条解决”。各市县深化政治引领、法治保障、德治教化、自治强基、智治支撑“五治”融合，持续推进市域社会治理现代化试点工作。银川市聚焦建设民主、文明、和谐、美丽、安全“五好”社区目标，组织开展社区党组织和小区党支部“双百”示范点创建工作，赋予小区党支部政治引领、党员管理、收集民意、志愿服务、统筹资源等职责，共组建小区党支部1167个，划分楼栋党小组3795个，让基层治理兼具温度和力度，兜起了广大居民幸福生活。石嘴山市以建设社会治理和谐市为总目标，注重在防范化解“五类风险”上下功夫，坚决把重大风险防范化解在市域，让市域成为重大社会矛盾风险终结地。吴忠市推行村级小微权力清单、村务公开目录等“微政策”，探索建立了村民代表大会“55124”治理模式，规范村（社区）公共服务和代办政务服务事项，48项便民事项在村级实现全科办理，1100多个事项可以通过“掌上查”，700个便民事项实现“指尖办”。固原市试点运行“一个功能型党支部+一个综治中心+‘问题、责任、考核’三个清单”党建引领基层治理“1+1+3”工作机制，“一站式”解决群众诉求，取得显著成效，矛盾纠纷化解率达到99%，受到群众广泛好评。中卫市坚持以完善基层治理组织架构、提升基层治理能力为突破口，纵深推进基层整合审批服务执法力量改革，将制度体制优势更好地转化为治理效能，有效提升了基层治理的协同性、精准性、高效性。

2. 风险防范化解成效显著

自治区第十三次党代会将安全摆在了更加突出位置，强调要全面建设社会主义现代化美丽新宁夏，必须统筹发展和安全，有效防范和化解各类风险隐患，实现高质量发展和高水平安全良性互动。抓发展必须抓安全，已成为宁夏各级党政组织的重要政治责任；抓安全就是抓发展，也成为宁夏全社会的思想共识和自觉行动。自治区党委建立安全风险研判防控工作机制，每月召开一次会议，及时分析研判预警，有效防范化解风险，以大安全保大发展，以大发展促大安全，推动高质量发展和高水平安全良性互动。自治区党委、政府出台加强安全生产工作“二十条硬措施”，为统筹抓好全区经济发展、安全生产、疫情防控三件大事提供了有效保障。自治区各部门和各市县牢固树立总体国家安全关，坚持底线思维和极限思维，突出抓好国家安全、社会稳定、安全生产、常态化疫情防控等重点任务，护住了各行各业安全底线，保住了一方平稳稳定，营造了平稳健康的经济环境、国泰民安的社会环境、风清气正的政治环境。

3. 民族团结进步事业蓬勃发展

民族团结是宁夏各族人民的生命线。自治区第十三次党代会鲜明提出，宁夏将“加快建设铸牢中华民族共同体意识示范区”，并作为“三区建设”之一强力推进。2022 年以来，自治区党委、政府紧扣铸牢中华民族共同体意识这条主线，聚焦“中华民族共同体意识显著增强、推进现代化建设取得显著成效、各民族交往交流交融显著拓展、治理能力和治理水平显著提升、示范创建质量和水平显著提高”五大目标，实施“党员干部培元固本、青少年学生夯基育苗、各族群众凝心聚魂、社科理论正本清源、中华民族共有精神家园建设”五大工程，开展“各民族交往交流交融促进、创建工作提质增效、建设先行区促进共同富裕、公共服务保障能力和水平提升、法治保障同权、民族领域风险隐患防范化解、民族工作夯基培才”八大行动，健全“组织领导、考核评价、督促检查、协调联动、激励促进”五项机制，集全区之智、举全区之力推进铸牢中华民族共同体意识示范区建设，全面构筑中华民族共有精神家园、促进各民族交往交流交融、提升民族事务治理水平，使全区各族人民人心归聚、精神相依、守望相助、手足情深，进一步激发各民族携手推进美丽新宁夏建设的强大正能量，为推进民族事务治理体系和治理能力现代化、实现经济发展和社会稳定创造良好环境。

二、2022 年宁夏社会发展存在问题与困难挑战

在党的二十大报告中，习近平总书记指出，世纪疫情影响深远，逆全球化思潮抬头，单边主义、保护主义明显上升，世界经济复苏乏力，局部冲突和动荡频发，全球性问题加剧，世界进入新的动荡变革期。我国发展也进入战略机遇和风险挑战并存、不确定性难预料因素增多的时期，各种“黑天鹅”“灰犀牛”事件随时可能发生。当前，世界经济增长乏力，发达国家经济陷入衰退是大概率事件，对我国经济发展特别是对外贸易也将产生一定程度的影响。在新冠肺炎疫情影响下，国内经济发展也受到冲击，产业链、物流、消费、发展信心都不同程度受到影响，国内大循环并不完全顺畅。固定投资经过多年发展，边际效益也在递减，依靠投资拉动经济存在较大困难。经济是镶嵌在社会中的存在，经济发展也是社会建设的基础，当经济发展存在一定问题时，这些问题也会以一定的形式外溢到社会层面，给社会建设乃至社会稳定构成威胁。所以，尽管宁夏经济持续稳定恢复，发展动力不断增强，但我们也要清醒地看到，在复杂严峻的宏观形势下，受大环境的影响，不确定不稳定因素较多，一些矛盾和困难依然存在，宁夏经济运行仍面临持续显现的需求收缩、供给冲击、预期转弱三重压力，保持经济社会持续向好发展，是推进宁夏社会发展的基础，特别是高效解决群众所急所需所盼、高水平推进社会建设离不开经济的高质量发展。2022 年宁夏社会建设成绩有目共睹，但面对不确定性的宏观形势，宁夏的社会建设也存在一些问题。

（一）就业总量压力和结构矛盾并存，稳就业保就业工作仍需付出艰苦努力

一方面，全区就业总体压力依然较大，根据第七次人口普查数据，全区 15—59 岁人口为 476.1 万人，占总人口数的 66.1%，相较第六次普查时的 63.2%有所下降，但劳动力供给量仍处于高位，叠加连续增长的高校毕业生数量和新冠肺炎疫情反复等因素，给全区就业带来较大压力。2022 年，累计进入全区就业市场求职的高校毕业生有 5.5 万人，但行政事业单位、国企等受毕业生青睐的工作岗位的招考数量并没有随之增加。同时，

伴随着科技创新带动高技术产业不断发展，劳动密集型产业逐步收缩，部分劳动素质技能不强人员择业选择性受限。另一方面，就业结构性矛盾仍然突出。主要表现在三个方面：一是教育结构与企业需求匹配度还不高，区内各类高校专业课程设置与变化较快的产业发展需求协同性不够，高校毕业生就业结构性矛盾愈发突出。二是劳动者技能与企业需求匹配度还不高，宁夏高新技术企业和新兴产业发展较快，特别是文化程度低、职业技能水平低、年龄大的劳动者跟不上企业发展需求，导致出现摩擦性失业。三是就业人群期望与社会用工需求还有差距，劳动者对工资收入、就业环境、职业发展等要求越来越高，加之部分高校中职毕业生有家庭作为后盾而无太大经济压力，“挑工作”“慢就业”的现象愈加凸显。农民工等特殊群体就业问题不容忽视。一是受区内外疫情多点散发及燃油、天然气价格上涨等因素影响，农民工外出自营利润空间收窄，月均收入有所下降。二是受各地疫情防控影响，跨省务工限制增多，影响了农村劳动力外出就业和务工收入。三是受多方面因素影响，建筑施工项目和面积总量下降幅度较大，一定程度上影响了农民工就业和收入。此外，老年就业群体就业问题需要进一步关注，有关部门问卷调查数据结果显示，近七成老年人认为就业困难原因是就业市场对老年人存在偏见，近五成还认为是自身知识和技能跟不上市场需求以及家庭负担较多，无法获得有效的就业信息以及缺乏相关政策支持及就业保障也是老年人勾选数量较多的因素。

（二）社会事业发展仍需加大力度，公共服务供给与群众多样化需求还有一定差距

主要是高质量的教育、医疗、养老、托幼等事业发展还有不少短板。一是优质教育资源总体不足。目前，全区还有一定数量的义务教育“大校额”学校、普通高中“大班额”和百人以下农村小规模学校，“十四五”时期随着新型城镇化会有更多务工人员及随迁子女进入城镇，“乡村弱”“城镇挤”，城市“大班额”“大校额”，农村小规模学校等问题短时期内无法有效破解，对进一步推动教育事业优质均衡发展提出更高要求。二是群众看病就医负担依然较重。目前，全区公共卫生体系不健全、应急反应能力不足的问题突出，医疗服务能力相对于发达地区仍不够强，区域资源配置仍然不均衡、优质资源短缺，居民住院费用个人负担比例仍然偏高，个人卫生支出占卫生总费用的28%左右，群众首选在基层住院看病的认同感不强。特别是重大疾病医疗负担仍然较重，有关单位调查显示，30.5%的受访困难群众反映重大疾病医疗负担较重，主要是受患病影响就业机会与收入来源减少，加之需要长期服药增加大量支出，而且大部分药品不属于医保报销范围，导致家庭背负了沉重的经济负担。三是积极应对人口老龄化问题任重道远。宁夏人口老龄化加快，已经进度中度老龄化社会，全社会对养老保险、医疗保障、养老服务和健康等需求大幅度增加，基本养老保险收支压力增大，卫生总费用和人均医疗费用攀升，空巢、高龄和失能老年人的生活照料和长期照护服务需求持续增加。全区基本养老服务设施建设历史欠账多，多元化养老服务体系还不健全，健康养老产业发展还处于蓄势培育阶段，老年群体精神慰藉服务和产品不足，老龄友好型社会还有不少短板，难以满足广大老年群体多样化多层次养老和发展需求。四是留守儿童关爱问题需要持续关注解决。留守儿童长期缺乏父母的关爱、教育和照顾，在心理上或多或少存在缺乏安全感的情况。据有关单位调研了解，一些留守儿童反映平时上学有同学和老师陪伴感觉还不明显，放寒暑假后父母不在自己心中的孤独感便会强很多；75.0%的留守儿童还存在学习无人辅导的问题，由于留守儿童多数存在隔代监护的现象，爷爷奶奶由于溺爱、代沟，文化程度低或者有所顾虑等原因，大多不能担负起辅导课业的责任，导致相当一部分留守儿童学习状况一般。

（三）社会保障体系建设还不完善，社会保险费用征收、基金保值增值双双面临挑战

2018 年以来，受宏观经济形势和新冠肺炎疫情影响，社会保险参保扩面和人员稳定缴费难度加大，加之 2020 年以来实施力度空前的“减免缓降返补”政策，全区基本养老、失业、工伤等保险累计为企业减免降费 289.93 亿元，当前社会保险运行面临不少压力和挑战。一是资金运行压力不小，主要表现为领取待遇人员增多、实际缴费人员减少，中断缴费人员增多、新增缴费人员减少，基金支出明显增多、可支付月数一再减少。特别是灵活就业人员和农民工参保不稳定，选择性参保、脱保、断保、漏保问题还不同程度存在，网约车司机、外卖骑手、家政服务人员等新业态从业人员及农村“两委”委员、社区返聘人员、在校实习生、超龄劳动者等人员职业伤害保障缺失问题凸显，需要引起有关部门的高度重视。二是人口老龄化压力倍增，主要表现为老龄人口基数大、增长快、支出多，形成老龄高原。根据第七次人口普查数据，宁夏常住人口中60周岁以上占比达到13.53%，比第六次人口普查提高将近4个百分点，高出老龄化社会国际标准3.53个百分点，人口老龄化程度进一步加深，进入典型的“未富先老”社会，给社会保障带来较大压力。三是不平衡压力较大，主要表现为全区社会保险制度体系还有短板，各类社会保险领域都不同程度存在不平衡不充分问题。特别是养老保险尤为突出，基本养老仍然一枝独大，企业、职业年金发展不均衡，个人养老金刚刚启动试点，多层次、多支柱的养老保险体系建设尚不完备；失业、工伤保险基金还没有实现省级统收统支，补充工伤保险、职业伤害保障制度还没建立；国家尚未出台机关事业单位退休人员违纪违法后待遇处理办法；等等。

(四）社会不稳定因素增多，维护社会稳定压力增大

一是失业人数持续增多，对社会稳定构成潜在压力。受多重因素影响，企业特别是中小企业经营陷入困难，企业关停数量增加，裁员人数增多。虽然暂时失业并不会立刻对社会稳定构成威胁，但也会形成较大的社会稳定压力。二是各种社会风险陡然增加。从我们面临的风险看，主要包括政治安全风险、社会治安风险、涉众型投资利益受损群体矛盾风险、劳动就业矛盾风险、房地产和物业领域矛盾风险、退役人员群体矛盾风险、医疗纠纷矛盾风险、家庭婚恋矛盾风险、安全生产风险、自然灾害风险等社会风险。现代社会虽然本身就是一个高风险的社会，但一般情况下，随着经济高速发展，许多矛盾会得以化解，但在经济发展下行周期，社会解决矛盾空间、手段有限，各种社会矛盾风险会不断发酵并产生聚合效应，对社会稳定构成较大威胁。

(五）社会建设存在不平衡、不充分问题

一是城乡之间、区域之间、群体之间收入差距明显，实施共同富裕战略面临困难和挑战。作为衡量贫富差距的基尼系数，从全国来看，近年来维持在 0.46~0.47 区间，已经高于 0.4 的警戒线，说明我国贫富差距较大。就宁夏而言，从区域看，存在川区、中部干旱带、南部山区的自然区隔，发展水平有差异，城乡收入、居民收入也存在较大不平衡，如何推进共同富裕战略的实施，是我们面临的一项长期重要的任务。二是人口老龄化持续加快，人口结构优势不在，养老托育面临许多问题和困难。根据第七次全国人口普查结果（以下简称“七普”），宁夏人口结构总体呈低速增长态势，年平均增长率为 1.35%，比全国平均年增长率高 1.5 倍；家庭户规模缩小，平均每个家庭户人口为 2.65 人，略高于全国平均水平，但下降幅度高于全国平均数；60 岁以下人口占比呈下降趋势，从宁夏历次人口普查数据看，自 1953 年以来尤其是进入新世纪，宁夏人口年龄结构均发生显著变化，60 岁及以上人口为 97.41 万人，占 13.53%；65 岁及以上人口为 69.28 万人，占 9.62%。无论老年人口总量还是占比，均呈明显上升态势，说明宁夏人口老龄化程度进一步加快，人口年龄结构已成老年型结构，养老压力增大。三是基本公共服务均等化水平不高。随着养老人数增加，养老金支付面临一定的压力，以后可能会更加严重。城乡养老金差距较大，农村敬老院专业化水平低。城乡义务教育资源均衡发展还需要进一步推进，农村学生进城学习，租房居住，增加了教育负担，医疗方面“看病难，看病贵”的问题依然存在，在新冠肺炎疫情期间，这种现象尤为突出。四是受经济形势和世纪疫情的影响，人们的心理健康问题突出，急需疏解。经济发展和疫情对人的影响重点不在于生计，而在于对人的心理的影响。虽然我们没有做系统的调研，缺少准确的数据支撑，但仅凭经验观察，就会发现现在患有各种心理疾病的人不在少数，如果不及时加以疏导，其负面情绪会逐渐强化，对社会稳定构成不利影响。

三、2023 年宁夏社会发展形势展望及对策建议

2023 年，是全面贯彻落实党的二十大精神的开局之年，是全面实施“十四五”规划的攻坚之年，也是调整优化新冠肺炎疫情防控措施、更好地统筹疫情防控和经济社会发展的关键之年，在实现经济高质量发展的基础上，突出抓好社会事业建设和保障改善民生各项工作，对稳定社会预期、

促进社会发展、增进民生福祉意义重大。宁夏要坚持以习近平新时代中国特色社会主义思想为指导，深入贯彻落实党的二十大精神和习近平总书记视察宁夏重要讲话精神，围绕建设黄河流域生态保护和高质量发展先行区目标任务，以“三区建设”为重要载体，以居民收入、移民致富、教育质量、健康水平、文明素养、城乡面貌“六大提升行动”为抓手，着力稳就业增收入，持续发展社会事业，切实保障改善民生，加强和改进社会治理，让老百姓获得感更多、幸福感更强、安全感更高。

（一）着力推动民生保障改善，进一步提升共同富裕成色和底色

践行以人民为中心的发展思想，突出抓好“一老一小一青壮”民生工程，在教育、医疗、养老、住房等人民群众最关心的领域精准提供基本公共服务，让群众切实感受到经济发展的力度和民生改善的温度。

1. 继续优先发展教育事业

习近平总书记强调，教育公平是社会公平的重要基础，要不断促进教育发展成果更多更公平惠及全体人民，以教育公平促进社会公平正义。党的二十大报告强调，要坚持以人民为中心发展教育，加快建设高质量教育体系，发展素质教育，促进教育公平。2022 年，全区各级党委、政府要把教育摆在更加突出的位置，坚持教育投入优先安排、教育发展优先规划、教育用地优先保障、教育用人优先补充、教师待遇优先落实，大力促进教育公平，更大力度支持引导教育事业持续均衡发展，加快缩小区域、城乡差距。教育部门要全面落实立德树人根本任务，健全和完善学校思想政治工作体系，强化铸牢中华民族共同体意识教育，教育引导广大师生感党恩、听党话、跟党走。要聚焦人民群众所急所需所盼，推进各级各类教育优质协调发展，提供更加多样、更加公平、更高质量的教育，努力办好人民满意的教育。学前教育要坚持普及普惠方向，启动实施第四期学前教育行动计划，进一步完善学前教育管理体制、办园体制和政策保障机制，积极探索托幼一体化建设，有效保障群众就近就便入园。义务教育要坚持优质均衡方向，继续抓好县域义务教育优质均衡发展，新建改建扩建一批薄弱学校基础设施和办学用房，完善家校协同“双减”机制，更加关注留守儿童、残障儿童等特殊群体，统筹推进城乡、山川义务教育一体化改革发展。普通高中要坚持优质特色方向，办好各级示范性中学，协同推进普高课程改革和高考综合改革，引领各类高中提升学校办学内涵，促进学生自主学习、全面发展。职业教育要坚持产教融合方向，聚焦“六新六特六优”等重点产业发展，深化复合型技术技能人才培养培训模式和评价模式改革，推进产教对接、校企合作，培养更多经济社会发展急需紧缺的技术能手、技能大师。高等教育要坚持优质多元方向，加大宁夏大学“双一流”建设力度，鼓励普通高校深化基础学科、扶持冷门学科、强化应用学科、发展交叉学科，推进应用型高校“双特色”发展，建设一批服务宁夏支柱产业、优势产业和战略性新兴产业的特色学科和紧缺专业，进一步增强创新型、应用型、复合型人才供给能力。同时，要继续大力发展特殊教育，支持老年教育和社区教育发展。

2. 落实落细稳定就业政策

坚持把就业作为经济社会发展的优先目标，推动财政、社保、产业等政策聚力支持稳就业，支持市场主体稳岗扩岗。持续优化创业创新环境，加大对初创实体帮扶力度，完善用工和社保政策，支持灵活就业健康发展。强化就业优先导向，完善就业优先政策，突出抓好重点群体就业，解决好高校毕业生等青年就业问题，健全灵活就业劳动用工和社会保障政策。加大创业扶持力度，鼓励支持农民工等人员返乡入乡创业。聚焦高校毕业生、农民工、就业困难人员等重点群体，分类帮扶、精准施策，构建多元化的帮扶体系。健全就业失业服务管理制度，大规模开展职业技能培训，增强培训服务针对性、有效性。开展和谐劳动关系创建示范活动，加强建筑工地实名制管理，巩固根治欠薪工作成果，加强人力资源市场监管，营造良好的就业环境。

3. 统筹完善卫生健康保障体系

加快国家、自治区级区域医疗中心、市级专科诊疗中心和县域医疗中心建设，推动乡镇卫生院（社区卫生服务中心）服务能力普遍达标，推进优质医疗资源扩容和均衡布局。深化医药卫生体制改革，高质量推进县域医共体（医联体）人员、业务、财务、信息、药械“五统一管理”、一体化运营，促进医保、医疗、医药协同发展和治理，着力构建整合型、医防融合的新型医疗卫生服务体系。大力推进“互联网+医疗健康”示范区建设，补齐心理医生缺失短板。加快县域（区域）互联网、医共体数字化建设，尽快实现医共体和医联体内的信息互联互通，推进电子健康码“一码通用”，实现全生命周期服务，解决群众看病就医的“痛点”和“堵点”问题。深入推进健康宁夏建设，理顺疾病预防控制体制机制，健全自治区、市、县三级公共卫生事件应急指挥体系和预警响应机制，推动公共卫生应急救治中心、传染病医院新改建等项目建设，提高重大突发公共卫生事件应对处置能力。

4. 积极应对人口老龄化问题

树立“大健康、大养老、大服务、大产业”理念，实施积极应对人口老龄化国家战略，以健全完善养老服务体系和健康支撑体系为重点，强化社会协同，扩大产品供给，加强企业培育，优化产业布局，加快推进银发经济发展，催生一批智慧健康养老新产品、新业态、新模式，积极构建健康养老产业发展新格局。要突出抓好加快养老服务领域标准制定，创新“互联网+健康养老”服务模式，推进老年友善医疗机构和老年友好型社区建设，推动三孩生育政策及配套支持措施落地见效，解决好养老服务基本保障问题。自治区有关部门要加强监测评估，指导青铜峡市、贺兰县稳步推进国家积极应对人口老龄化重点联系城市试点工作，推动应对人口老龄化相关政策和改革举措落地，为各市县整体解决人口老龄化问题提供经验路径。各地要推动政产学研用深度合作，加强跨学科、跨领域合作，加速物联网、大数据、云计算、人工智能、区块链、超高清视频、虚拟现实等新一代信息技术在养老领域的集成创新和融合应用，催生新产品新业态新模式，形成优势互补、协作共赢的产业生态和发展环境。

5. 持续强化社会保障体系建设

当前，宁夏已经迈入推动共同富裕的历史阶段，社会保障作为收入分配调节器，最能体现社会公平。面对城镇化、人口老龄化、就业方式多样化带来的新挑战，我们要围绕全覆盖、保基本、多层次、可持续等目标，坚持养老、医疗、失业、工伤、社会救助、住房保障等各方面工作一体谋划、统筹推进、全面落实，用改革的办法推进社会保障体系可持续发展，更好地发挥社会保障再分配功能和为人民生活托底作用，兜住兜牢民生底线，推动全体人民共同富裕取得更为明显的实质性进展，让老百姓有更可靠的社会保障、更舒适的居住条件，满足人民群众对美好生活的热切期盼。继续抓好社会保险扩面工作，大力实施全民参保计划，引导企业职工、灵活就业和新业态从业人员等重点群体积极参加社会保险，认真落实基本养老、基本医疗保险筹资和待遇调整机制，进一步提高社会保险保障能力和水平。继续完善住房保障体系，坚持常态化开展监测评价，通过新建改建、调整闲置等方式积极筹集房源，加快发展保障性租赁住房，解决好新市民、青年人等住房困难群体的住房问题。

（二）着力推动创新高地建设，进一步提升经济社会发展动力和活力

坚持把创新贯穿全局、摆在首位，建设一流创新平台、培育一流创新主体、集聚一流创新团队、厚植一流创新文化，深化产学研结合，加快建设区域创新高地和人才高地。

1. 打造高端创新平台体系

坚持政府引导、市场主导，完善部区合作、东西协作长效机制，引导区内企业、高等院校、科研机构与东部地区建立和完善协同创新共同体，推动东西部人才智力交流互动、科技成果转移转化，提升自主创新和开放合作能力，高水平建设全国东西部科技合作引领区。积极厚植创新力量，围绕产业链布局创新链，积极争创全国重点实验室，建设自治区实验室，布局一批基础学科研究中心、工程技术研究中心，打好关键核心技术攻坚战，突破一批“卡脖子”技术，转化一批重大科技成果。

2. 培育壮大创新“生力军”

加强“双一流”学科建设，加大对青年科研人员支持力度，培育更多高层次人才。聚焦“六优六特六新”等主导产业和战略性新兴产业、未来产业，加强重大创新课题研究，凝练实施一批重点课题和重大科技项目，引导创新型龙头企业牵头成立创新联合体进行攻关。创新“人才+资本+场景”创新项目保障机制，组织实施“揭榜挂帅”研发项目、协同创新项目，鼓励高校院所利用政府补助资金和自筹资金，自主立项、自主管理，让更多“千里马”在宁夏创新创造、竞相奔腾。继续实施企业科技创新后补助政策，推动各类创新要素向园区和企业集聚，支持重点企业牵头组建创新联合体，培育一批“专精特新”和“瞪羚”企业，努力实现国家高新技术企业数量再创历史新高，形成头部企业支撑引领、中小企业众星拱月的科技创新集聚圈。

3. 积极营造更优创新生态

依托国有企业探索发展天使风投创投基金，积极与各类产业基金、知名创投机构合作，健全投、保、贷、补科技金融服务体系，为科技型企业提供良好投融资环境。鼓励青年创业，把青年友好型理念融入城市规划建设管理各方面，支持创新创业平台举办具有全国影响力的创新创业活动。创新管理运行、人才引育、成果转化、激励评价等机制，加强知识产权保护和运用，优化创新资源配置、提升创新活动效能，以体制机制改革为科技创新架梁立柱，打造一流创新生态，最大限度地激发各类创新主体、市场主体、人才团队的创新创业创造活力。

（三）着力推动绿色低碳发展，进一步提升资源利用效率和效益

党中央赋予宁夏建设黄河流域生态保护和高质量发展先行区的时代重任，这既是宁夏的光荣使命，更是宁夏的重大机遇。我们要深入贯彻习近平生态文明思想，大力实施生态优先战略，坚持绿色低碳发展，协同推进降碳、节水、减污、扩绿、增长，全面提升资源生态系统稳定性和生态服务功能，推动形成绿色低碳的产业结构、生产方式、生活方式和空间格局，努力把绿色生态变成宁夏最大财富、打造成宁夏最强优势、塑造成宁夏最亮品牌。

1. 锚定目标推进碳达峰碳中和

科学落实“碳达峰、碳中和”战略目标，进一步完善各行业各领域碳达峰政策方案体系，强化重大项目建设能耗指标保障，推动实施重点用能企业节能改造和能耗在线监测平台企业端建设，创造条件尽早实现能耗“双控”向碳排放总量和强度“双控”转变，坚决遏制“两高”项目盲目发展。坚持节约优先，因地制宜发展绿色能源，利用中部干旱带自然条件，积极发展太阳能、风能等清洁能源，积极推进地热能等清洁取暖，进一步压减煤炭消费，有效应对季节性“煤荒”问题。严格落实建设项目环评“三线一单”硬约束，进一步优化空间布局，系统推进山水林田湖草综合治理，提升全区生态碳汇能力。

2. 坚持严管重罚持续加强污染防治

坚持精准治污、科学治污、依法治污，全面整改第二轮中央生态环境保护督察反馈问题，持续深入推进能源结构、产业结构、交通运输结构调整，全面实施 $PM_{2.5}$ 与臭氧协同治理，抓好工业企业、移动源和面源污染防控，实现减污降碳协同控制和空气质量持续好转。坚持水资源节约利用和充分使用，统筹城乡与生态、产业和环境用水，推行水资源刚性约束制度，加快节水型社会建设，加快推进城市中水回用和工业再生水利用，促进人水协调、城水相宜、产水相适。深化实施“四水同治”，持续改善生态水环境，确保地表水国控断面水质优良比例保持在80%以上，黄河干流断面水质保持Ⅱ类进Ⅱ类出。严格建设用地准入管理，深入推进污染地块和国土空间规划“一张图”管理，探索开展农业污染面源调查监测，确保化肥、农药使用量零增长。

3. 积极倡导绿色生产绿色生活方式

认真落实党中央、国务院关于推动城乡建设绿色发展的意见和自治区党委、政府有关实施意见，推动建设人与自然和谐共生的美丽城市、绿色生态宜居的美丽乡村。积极发展绿色交通，因地制宜建设自行车专用道、人行步道等慢行交通系统，加快充电设施建设，打造城市绿色货运配送基础设施三级网络体系，减少运输污染。推广节能节约低碳节水用品，推动太阳能、再生水等应用，倡导绿色装修，鼓励选用绿色建材、家具、家电。鼓励使用环保再生产品和绿色设计产品，减少一次性消费品和包装用材消耗，积极探索垃圾分类计价、计量收费制度，推动生活垃圾源头减量。继续全面执行绿色建筑标准，大力推广保温一体化、装配式建筑、超低能耗建筑，持续提高装配式建筑占新建建筑面积比例。持续壮大绿色环保产业，大力发展新型材料、清洁能源、装备制造、数字信息、现代化工、轻工纺织等战略性新兴产业，推进垃圾焚烧发电厂建设，加快生活垃圾无害化处理和资源化利用，培育绿色低碳新动能。

（四）着力推动区域城乡协调互动，进一步提升协同发展广度和深度

坚定不移地贯彻实施黄河重大国家战略，落实好“十四五”新型城镇化规划，加快城市群一体化、都市圈同城化、中心城市特色化建设，推动县域经济大发展，持续巩固拓展脱贫攻坚成果同乡村振兴有效衔接，进一步增强区域城乡发展协调性，加快建设黄河流域高质量发展区域样板。

1. 全力打造宁夏沿黄城市群

宁夏要立足黄河“几”字弯都市圈能源富集区、革命老区、民族聚集区、传统农牧区、流域文化发祥区等优势特征，持续推动银川都市圈协同发展，深化沿黄 13 个县（市、区）和宁东能源化工基地分工协作，科学布局生产、生活、生态空间，推进区域基础设施互联互通、产业协同互补互促、生态环境共保共治、公共服务共建共享，促进土地、资本等生产要素高效流动，加强与呼包鄂榆城市群、山西中部城市群、兰（州）西（宁）城市群合作联动，提升宁夏沿黄城市群在黄河中上游的辐射带动作用。同时，认真落实《宁夏回族自治区国土空间规划（2021—2035 年）》，按照自治区第十三次党代会明确的发展定位，突出区域中心城市地域特色，强化分工合作，推进中心城市特色错位发展，形成特色鲜明、优势互补、高效协调的城市发展布局，建设中心引领、多点支撑的城乡融合发展体系。

2. 推动县域经济高质量发展

各地要顺应县城人口流动变化趋势，统筹县城生产、生活、生态、安全需要，按照城市周边型、专业功能型、农业主导型、绿色生态型等不同类型，大力推进以县城为重要载体的新型城镇化，推动人口集中、产业集聚、功能集成、要素集约，进一步提升县城发展质量，引导周边农村人口就近城镇化。有条件的县（市、区）要将城乡基础设施项目整体打包，实行一体化开发建设和统一管护，以县域为基本单元推进城乡融合发展，逐步实现城乡统一的基础设施管护运行机制。着力打造县域经济发展新优势，推动县（市）聚焦主导产业和新兴产业培育，完善“一县一开发区”布局，充分发挥县城和开发区承接农村人口转移的主体作用，不断强化县城承载能力。同时，要把握县域内城乡融合发展方向，科学规划小城镇建设规模、空间布局、功能形态、风貌把控，统筹实施规划布局、基础设施、公共服务、产业发展、生态环保、社会治理“六个一体化”，打造一批融合一二三产、汇集人财物的区域发展小高地，推动城镇村衔接互补，使小城镇成为服务农民的区域中心和农村劳动力就近转移、就地城镇化的承接地。

3. 全面推进乡村振兴

党的二十大报告指出，全面建设社会主义现代化国家，最艰巨最繁重的任务依旧在农村。宁夏乡村发展基础比较薄弱，农业农村现代化任务艰巨，全面推进乡村振兴已成为宁夏实现中国式现代化的关键所在。我们要紧盯“农业强，农村美，农民富”的目标，坚持农业农村现代化一体设计、一并推进，按照自治区第十三次党代会安排部署，把乡村建设摆在美丽新宁夏建设的重要位置，大力实施乡村建设行动，扎实推动巩固拓展脱贫攻坚成果同乡村振兴有效衔接，积极打造塞上乡村乐园，走好中国式现代化的“三农”道路。各市县要全面深化农村改革，培育壮大乡村产业，持续整治农村人居环境，推动城市公共服务向农村延伸，引导农村人口向城镇转移，促进城乡之间要素良性互动、合理流转、协调发展，加快建设乡村全面振兴样板区。要严格落实“四个不摘”要求，持续做好三类户的监测帮扶，防止出现因灾、因病等突发严重困难返贫致贫，加大驻村帮扶、社会帮扶和消费帮扶力度，稳定脱贫群众就业，牢牢守住不发生规模性返贫底线。

（五）着力推动共建共治共享，进一步提升社会治理能力和水平

社会治理是一项抓基层、打基础、固基本的民生工程。党的二十大报告指出，健全共建共治共享的社会治理制度，提升社会治理效能。我们要牢固树立系统观念，深化对社会运行规律和治理规律的认识，不断强化党建引领，推动共建共治共享的社会治理格局加速形成，进一步构建富有活力和效率的现代化社会治理体系。

1. 大力发展全过程人民民主

党的二十大报告指出，全过程人民民主是社会主义民主政治的本质属性，是最广泛、最真实、最管用的民主。当前，我们推进社会主义现代化美丽新宁夏建设，既需要党的全面领导，也需要用民主凝聚社会力量，更需要让人民广泛参与，这样才能真正把实现人民对美好生活的向往作为现代化建设的出发点和落脚点，才能建设全体人民共同富裕的现代化。要持续加强民主政治建设，认真落实中央、自治区党委人大工作会议精神，坚持党的领导、人民当家作主、依法治国有机统一，将人民民主体现到政策制定、经济发展、社会治理等每个环节，落实到人民群众衣食住行、柴米油盐、酸甜苦辣等每件小事，确保全过程人民民主起始于人民意愿充分表达、落实于人民意愿有效实现。要坚持和完善人民代表大会制度，支持各级人大及其常委会依法履职，进一步提高人大代表工作水平，正确有效依法开展监督，真正做到民有所呼、我有所应。不断丰富人大民主民意表达的平台载体，更好地把制度优势转化为治理效能。要更好地发挥人民政协重要渠道和专门协商机构作用，使社会各方面的意见建议及时传递上来，使自治区党委和政府的主张及时传递到社会各界，积极协助党委和政府做好群众工作、维护和实现群众根本利益、促进社会和谐稳定。要坚持大团结大联合，加强中国共产党同各民主党派、无党派人士合作共事，支持工商联更好履行职责，寻求最大公约数，画出最大同心圆。

2. 铸牢中华民族共同体意识

宁夏有着民族团结的光荣传统，长期保持着各民族团结和睦、共同奋斗的大好局面。特别是2016年以来习近平总书记两次视察宁夏，为宁夏进一步做好民族工作提供了根本遵循和行动指南。因此，自治区第十三次党代会确立“加快建设铸牢中华民族共同体意识示范区”的重大任务，体现了宁夏各族人民的共同意志、共同心声，必将引领全区民族工作高质量发展，也必将使宁夏山川中华民族一家亲的氛围越来越浓。全区各级各部门要完整、准确、全面贯彻落实党的民族理论和民族政策，认真落实中央统战工作会议、中央民族工作会议精神，自觉把铸牢中华民族共同体意识贯穿于民族工作全过程各方面，全面提升民族事务治理水平，积极构建“5585”创建模式，坚决守好民族团结生命线，使全区各民族人心归聚、精神相依，形成各民族和睦相处、和衷共济、和谐发展的生动局面。

3. 提升基层社会治理效能

基层党组织是党全部工作和战斗力的基础，在推动基层社会治理现代化中发挥引领作用。各级各部门要以实现共同富裕为工作落脚点，把党建引领贯穿基层社会治理各环节全过程，通过培育多元治理主体、加强监督和正向激励，凝聚社会共识和情感基础，形成推动共同富裕的强大合力。

要继续加强和改进社会治理，认真分析总结市域社会治理现代化试点经验成效，健全政治、法治、德治、自治、智治“五治融合”基层社会治理机制，完善共建共治共享的社会治理制度，建好网格化管理、精细化服务、信息化支撑的基层治理平台，推动政府治理同社会调节、居民自治良性互动，建设人人有责、人人尽责、人人享有的社会治理共同体，加快推进宁夏全域社会治理现代化。要更好地统筹发展和安全，准确把握发展和安全的辩证关系，进一步增强底线思维和极限思维，健全完善大安全大应急框架，突出抓好维护政治安全、经济安全、社会安全、生产安全、生态安全、网络安全等各项工作，完善应急管理体系，提高防灾减灾救灾能力，坚决遏制重特大事故发生，牢牢守住安全发展底线，让城乡居民生活得更安全、更放心。

领域篇

LINGYU PIAN

2022 年宁夏教育事业发展报告

马　静

2022 年，面对艰巨繁重的教育改革发展稳定任务和复杂多变的疫情防控形势，全区教育系统坚持以习近平新时代中国特色社会主义思想为指导，认真学习宣传贯彻党的二十大精神，全面贯彻落实习近平总书记关于教育的重要论述，深入贯彻落实自治区第十三次党代会精神，坚持和加强党对教育工作的全面领导，全面贯彻党的教育方针，落实立德树人根本任务，大力实施教育质量提升行动，学校疫情防控阻击战歼灭战取得阶段性胜利，教育高质量发展迈出坚实步伐，人民群众的教育获得感幸福感不断增强。

一、2022 年宁夏教育事业发展取得的成效

（一）党对教育工作的全面领导坚强有力

坚持不懈用党的创新理论铸魂育人。扎实推进习近平新时代中国特色社会主义思想进课堂进教材进师生头脑工作，在全区高校全面开设习近平新时代中国特色社会主义思想概论课程，持续大学习领航计划，广大师生对习近平新时代中国特色社会主义思想的政治认同、思想认同、情感认同不断增强。培育中小学校党建示范点 35 个、“五星级基层党组织”45 个。深入实施基层党组织“五个一”规范化建设，各级各类学校 100%落实。扎

作者简介　马静，宁夏回族自治区教育科学研究所二级教师。

实推进高校“对标争先”建设计划，1个院系、5个支部获批第三批全国高校“标杆院系”和“样板支部”。中小学党组织领导的校长负责制全面推开。推动学习宣传贯彻党的二十大精神走深走实。坚持跳出教育看教育、立足全局看教育、放眼长远看教育，扎实开展高校党委书记畅谈党的二十大精神、全区教育人才热议党的二十大报告、组建宣讲团到高校进行广泛宣讲等系列活动，对标党的二十大对教育做出的战略部署，精心谋划事关宁夏教育发展的重大项目、重大举措、重大战略，着力将党的二十大精神转化为政策、细化为措施、实化为行动。

（二）立德树人根本任务全面落实

加强和改进学校思想政治工作，着力构建“大思政课”育人格局，联合自治区有关部门共建学校思想政治理论课实践研修基地19个，持续推动省级领导到高校上讲台讲思政课，联合武汉大学、山东大学开展跨省集体备课，不断提升思政课教师教育教学能力和水平。针对“9·20”突发的新冠肺炎疫情，开展“同上一堂心理课”系列讲座13期，52万余名师生线上收听收看，实现疫情期间全区学校因心理问题引发伤亡事故“零发生”。坚持五育并举全面育人。一校一案落实《中小学德育工作指南》。深化体教融合，开齐开足体育课程，培育体育传统特色学校175所。加强学校美育工作，遴选建设学生美育社团50个。强化劳动教育实践，开展学生体质健康监测，遴选培育劳动教育示范学校60所，命名挂牌自治区级劳动教育实践基地23个。加强儿童青少年近视综合防控工作，总体近视率比上年下降0.5%。铸牢中华民族共同体意识。严格落实中央和自治区少数民族支持政策，不断提高民族教育水平，在各级各类学校开设铸牢中华民族共同体意识教育专题课程，在初中学段推广使用《中华民族大团结》统编教材，培育铸牢中华民族共同体意识教育实践基地14个。

（三）基础教育质量显著提升

一是加快推进学前教育普及普惠优质安全发展。实施学前教育发展提升行动计划，支持县（区）新建、改扩建幼儿园29所10.7万平方米，新增幼儿学位9720个。二是加快推进义务教育优质均衡发展。支持县（区）新建、改扩建学校182所，新增校舍面积27.76万平方米，建筑5.1万平米，改造室外运动场地25.62万平方米。加快县域义务教育优质均衡创建，完成大武口区、盐池县义务教育优质均衡发展自治区级评估验收。大力推进乡村教育振兴，创建全国第四批“乡村温馨校园”3所。印发《义务教育质量评价实施方案》《初中学生综合素质评价办法》，初中学生综合素质评价工作全面启动。三是加快推进普通高中教育多样化有特色发展。支持区属学校和市、县（区）50所普通高中改善办学条件，新建扩建校舍面积8.32万平方米。启动实施普通高中多样化发展计划，培育自治区级试点校10所。实施县中帮扶计划，3所山区高中与部署高校签订托管帮扶合作协议。四是加快推进特殊教育拓展融合发展。制订印发《“十四五”特殊教育发展提升行动计划实施方案》，“一人一案”提高残疾儿童少年义务教育普及水平，加快发展面向残疾学生的高中阶段教育，推动特殊教育向两端拓展延伸。

（四）“互联网+教育”示范区建设成果丰硕

2022年10月，宁夏获批第二批国家智慧教育平台整省试点，印发《国家智慧教育平台宁夏整省试点实施方案》，推进宁夏教育云平台与国家智慧教育平台互联互通，整省试点做法得到教育部认可并在全国推广。抓好教育专网建设，实施专网关键节点建设、传输网络质量提升等行动，建成1个自治区核心节点、28个市县枢纽节点，实现全区各级教育行政部门和3442所学校高速互联互通。加快智慧校园建设，出台智慧校园建设管理办法，实施校园数字化能力提升工程，培育智慧校园标杆校198所，有4个县（区）和7所学校被教育部选树为先进典型。推动数字技术融合应用，建成1100多所数字孪生学校，集聚3000多名教师开展网络教学、在线辅导，上线6500多节同步教学课程，有效满足了学生课前预习、课堂学习、课后复习等泛在化学习需求。

（五）教育领域综合改革取得积极进展

不断深化教育评价改革，坚持重点突破、示范引领，遴选评价改革试点40个，在高校教师职称、职业院校“双师型”教师认定、中学生综合素评价等关键领域先行先试，探索从根本上扭转教育功利化倾向。全面启动高考综合改革，普通高考综合改革《宁夏回族自治区深化普通高等学校考试招生综合改革实施方案》正式公布，《普通高中学业水平考试实施办法》等5个配套政策印发实施，新教材选用全面完成，高考命题基地建设加快推进。巩固提升“双减”治理成果。全面规范校外培训行为，加大隐形变异治理力度，扎实推进智慧监管，学科类培训机构压减率达到96%，智慧监管实现“5个100%”受到国务院教育督导委员会和教育部通报表扬。持续提升校内教学质量，强化学校教育主阵地作用，督促学校严格落实教学基本规范，不断提高作业设计水平、课后服务水平、课堂教学水平。持续深化教育督导体制机制改革。印发《自治区教育督导问责实施细则（试行)》，督促各市、县（区）制定教育督导委员会工作规程，加大督导问责力度，对校园安全责任落实不力、安全事故频发的3个县（区）相关负责人进行约谈、相关单位进行通报，树立督导权威，增强督导实效。推动教育对外开放合作。获批3个教育部中外合作办学项目并顺利招生，中外合作办学实现“零”的突破。

（六）服务先行区建设能力持续提升

推动职业教育提质培优。精准对接“六新六特六优”产业发展，坚持产教融合、校企合作，培育葡萄酒、新材料等现代产业学院27个，打造“产学研培赛创”于一体的合作育人平台，产教良性互动、校企优势互补的发展格局逐步形成。实施“双高”“双优”计划，5所高水平高职学校、13个高水平专业群和8所优质中职学校、20个优质专业群示范带动作用明显。优化专业布局，新建紧密对接产业的专业23个，限制新设同质化程度高、岗位需求量小的专业11个，撤销布点较多、基础办学条件较差的专业17个。实施教育强国推进工程项目，新增校舍面积10万平方米。推进高等教育内涵发展。提请自治区党委、政府出台新时代振兴高等教育的《实施意见》和促进高等教育高质量发展重大项目20条。加强高校基础设施建设，实施教育强国推进工程项目，新增校舍建筑面积11.8万平方米。持续推进“双一流”建设，支持宁夏大学西部一流大学和自治区10个国内一流学科、10个西部一流学科二期建设。不断优化学科专业结构，积极推进“四新”建设，新增生态学、环境科学与工程等14个自治区紧缺领域空白专业，获批宁夏大学电子信息工程等141个国家和自治区级一流本科专业建设点。深化产学研用一体化育人模式改革，布局建设葡萄与葡萄酒、枸杞、智能制造等现代产业学院9个。积极争取招生计划，研究生、优质本科、专升本招生计划同比增加4.5%、300%、40.3%。着力提升科研创新能力，促进科技成果转移转化、落地见效，全区高校科技研发经费投入达到6亿元，在研各级科研项目6166项，产学研合作200项。

（七）高素质教师队伍建设不断加强

一是深化师德师风建设。扎实开展“师德建设提升年”活动，从严落实新时代教师职业行为“十项准则”，突出全员全方位全过程师德养成，大力选树宣传“四有”好教师，引导广大教师争做教书育人的“大先生”。加大师德失范行为查处力度，对5名涉事教师给予丧失教师资格、取消年度评优等处理，严惩“害群之马”。二是优化教师资源配置。全面推开县管校聘改革，5.1万多名教师竞聘上岗，交流轮岗2400多人，优质教师资源配置更加均衡。加大校长、教师交流轮岗力度，全面实施乡村教师走教计划，736名教师开展走教教学，农村学校师资不足问题得到有效缓解。三是精准实施教师培训。增强教师培训实效，采取送教到校、名校跟岗、集中培训、导师带教等多种方式进行精准培训，分层分段分科培训骨干教师、骨干校（园）长、校（园）长1.3万名。推进人工智能助推教师队伍建设试点，布局建设8个教师智能研修中心，创新教师线上线下研修模式，全面提高教师的综合素质、专业素养、创新能力，全区10万名大中小幼教师在国家智慧教育平台开展专题研修，参训率、完成率位居全国前列。四是推进名师队伍建设。6名教师被列为国家级名师名校长培养对象，2人入选国家高层次人才特殊支持计划，4人入选乡村优秀青年教师培养奖励计划，认定自治区级骨干教师132名。

（八）人民群众的教育获得感持续增强

促进高校毕业生更高质量更加充分就业，自治区党委、政府出台《关于切实做好高校毕业生等青年就业创业工作若干政策措施》，扎实开展高校党委书记、校长“访企拓岗促就业”专项行动，举办高校毕业生专场招聘会6场次，高校毕业生总体毕业去向落实率89.29%，此项工作走在了全国前列，创造了宁夏经验。保障特殊群体教育权利，3.9万多名义务教育阶段进城务工随迁子女实现公办学校就读。规范民办学校办学行为，北师大银川学校“公参民”顺利完成，全区民办学校分类登记基本完成，公民办学校实现同步招生。加强困难学生资助，下达补助资金 8.7 亿元，资助学生 45.2 万人次，切实减轻了经济困难学生家庭的经济负担。巩固拓展教育脱贫攻坚成果，宁夏大学“玫瑰香飘六盘山 精准帮扶兴产业”获教育部第五届省属高校精准帮扶典型项目。

（九）学校安全稳定得到有效维护

一是全力维护校园政治安全。深入开展维护校园政治安全专项行动，守住了校园不发生重大安全事件的底线。严格落实意识形态责任制，全面加强论坛、讲座、报告会等阵地管理，排查整改问题教材教辅读物 85.1 万册。严密防范宗教向校园渗透传播，持续开展平安宁夏、扫黑除恶、扫黄打非、防范电信网络诈骗等专项行动，实现校园安全稳定“零事件”。二是科学精准抓好校园疫情防控。面对“9·20”突发的新冠肺炎疫情，成立高校疫情防控工作专班，建立厅领导包抓机制，强化校地协同，加强网格化管理，因时因势调整防控策略，坚持从严从紧从细管控，在严格校门管理、消除漏洞隐患、加强心理疏导、强化生活保障等方面落实落细各项防控措施，在短时间内实现了围住、捞干、扑灭，没有发生校内交叉感染，没有因疫情发生校园安全事故，没有发生负面网络舆情。三是扎实推进依法治教。深入学习贯彻习近平法治思想，持续推进法治政府建设，深入推进行政执法“三项制度”落实，组织开展“美好生活·民法典相伴”主题教育实践、“学宪法 讲宪法”等活动，各级各类学校和教育系统广大干部依法执教能力不断提高。四是持续深化校园安全整治。扎实开展“忠诚保平安 喜迎二十大”校园安全大排查大整治、安全生产百日专项整治、校园安全专项整治三年行动，聚焦政治安全、食品安全、防溺水等 22 个方面，深入排查整治，努力穷尽隐患，努力把校园建成最阳光、最安全的地方。

二、2022 年宁夏教育事业发展改革面临的问题及挑战

（一）优质教育资源总体不足

宁夏是西部欠发达省区，发展不足是其最大区情，教育发展不平衡不

充分的问题依然突出，教育还不能完全适应全区经济社会发展需要。目前，宁夏2000人以上义务教育“大校额”学校有105所，占5.8%；55人以上普通高中“大班额”有132个，占4.1%；百人以下农村小规模学校858所，其中教学点434个，另有“空壳学校”203所。“十四五”时期宁夏城镇化年均增速预计在1个百分点左右，预计全区城镇每年增加1万~2万名学生，更多的进城务工人员及随迁子女进入城镇，“乡村弱”“城镇挤”，城市“大班额”“大校额”，农村小规模学校和“空壳学校”等问题将更加突出，对教育供给能力、教育优质资源、教育均衡发展提出了更高要求。

（二）人才自主培养能力较弱

宁夏职业教育适应性不强、吸引力不够、认可度不高的问题比较突出，办学方式、育人模式需改进，不能很好地适应市场需求、产业需求、企业需求，培养适销对路、社会急需、企业抢手的人才数量还比较少。全区高等院校数量少、综合实力弱、特色不鲜明，育才、引才、留才难，现有自主培养的“长江学者”1名、国家级教学名师1名。

（三）教师队伍数量结构不优

目前，宁夏学前教师编制少、待遇水平低、专业化程度不高、流动性大、离职率高，幼儿园92.5%的教职工为聘用人员，聘用教师月收入在1800元到2600元不等。义务教育阶段教师存在区域性、结构性问题，音乐、体育、美术、思政、信息技术、科学等学科教师短缺，农村小规模学校基于“班额”和课程设置来配置专任教师，导致农村小规模学校教师超编和城市学校教师缺编的矛盾凸显。部分职业院校“双师型”教师短缺，全区“双师型”教师占比与国家的要求还有一定差距。

（四）教育评价改革难度较大

用人单位以学历评价人才、家长以分数评价学校和教师等观念转变需要一个较长的过程，全社会支持教育评价改革的氛围还不够浓厚。随着负面清单事项清理，一些旧的制度文件被清理了，但新的标准体系还未建立，顶层设计的相关配套文件尚未出台，各地缺乏上位政策依据，不会改、不敢改，存在定量评价容易、定性评价难，“显性指标”易、“隐形指标”

难，短期评价易、长期评价难等问题。

（五）教育投入保障亟待加强

宁夏在地方财力十分有限的情况下，千方百计地争取中央对地方转移支付，持续压减一般性支出，优先保障教育事业发展，一般公共预算财政教育经费只增不减，但与全国平均水平还有差距。2021 年，全区一般公共预算教育经费增幅 3.23%，低于全国平均增幅 1.94 个百分点，中等职业、普通高中、普通初中、普通小学、幼儿园生均经费均低于全国平均水平 1729 元、2976 元、1736 元、711 元、295 元。

三、2023 年宁夏教育事业展望及发展建议

教育是国之大计、党之大计。习近平总书记在党的二十大报告中指出："教育、科技、人才是全面建设社会主义现代化国家的基础性、战略性支撑。"这一重要论述，阐述了新时代实施科教兴国战略、强化现代化建设人才支撑的重大战略意义，明确了建设教育强国、科技强国、人才强国的出发点，充分体现了以习近平同志为核心的党中央高瞻远瞩的战略考量，充分体现了党和国家对教育的重视程度达到了新的高度，为新时代教育工作指明了前进方向，为加快建设教育强国提供了根本遵循和行动指南。

宁夏教育系统将深入学习宣传贯彻党的二十大精神，全面贯彻落实习近平总书记关于教育的重要论述和视察宁夏重要讲话、指示批示精神，全面贯彻党的教育方针，落实立德树人根本任务，坚持为党育人、为国育才，实施教育质量提升行动，加快推进教育现代化，努力办好人民满意的教育。总体目标是：未来五年，教育主要发展指标和质量水平位居西部地区前列，教育数字化处于全国领先水平，教育综合实力全面提高，人民群众教育获得感幸福感持续增强，教育服务黄河流域生态保护和高质量发展先行区、乡村全面振兴样板区、铸牢中华民族共同体意识示范区建设的能力显著提升。到 2035 年，各级各类教育普及程度达到全国中上水平，基本公共教育服务均等化水平走在全国前列，基本建成教育强区，在幼有所育、学有所教、促进人的全面发展上取得更为明显的实质性进展。2023 年将重点

抓好以下七个方面的工作：

（一）全面落实立德树人根本任务

实施时代新人培育工程，深入推进习近平新时代中国特色社会主义思想进教材进课堂进师生头脑工作，加快推进大中小幼德育一体化发展，探索开展“数字马院”建设，共建共享一批“大思政课”实践教学基地，做优一批品牌示范活动，推出一批思政“金课”，推动思政课程和课程思政协同育人。实施青少年学生夯基育苗工程，强化铸牢中华民族共同体意识教育，形成在全国可复制、可推广的典型经验，打造具有宁夏特色的铸牢中华民族共同体意识教育实践样板。坚持五育并举，深化体教融合，加强学校美育，强化劳动教育实践，实施学生心理品质培育和压力分类疏解专项行动，促进学生全面发展。

（二）大力推动基础教育优质均衡发展

强化学前教育普惠发展，重点扩大城市新增人口、流动人口集中地区的学前教育资源，逐步实现幼儿就近入园，普惠性幼儿园覆盖率达到92%。实施义务教育优质均衡发展和城乡一体化，重点增加城市学位供给，加快推进集团化办学，探索热点学校多校划片入学，实行小升初对口直升，缓解择校热问题，推动义务教育优质均衡发展水平位居西部地区前列。坚持高中阶段多样化发展，“一校一案”改善普通高中办学条件，办好每一所县中，全面化解大班额，满足高考综合改革需要。推进特殊教育融合提质，适宜安置好每一名残疾儿童少年。

（三）积极推动职业教育提质培优

优化职业教育类型定位，支持升格一批职业技术大学，新建一批职业技术学院，支持符合条件的高职院校试办职业教育本科专业，推进职普融通，搭建高素质技术技能人才成长立交桥。深化产教融合、校企合作，培育一批高水平职业教育集团和产教融合实训基地，多措并举打造双师型教师队伍，新设云计算、区块链、智能互联网、畜禽智能化养殖、光伏材料、增材制造等新兴专业，建设一批高水平职业院校和专业，培养一批急需紧缺的“自治区技术能手”和“塞上技能大师”。依托职业院校推进农民培训工程，推出一批特色培训项目，培养一批农村产业和乡村治理急需人才，助力乡村振兴。

（四）加快推动高等教育振兴发展

实施高等学校办学能力提升工程，改善办学条件，加强内涵建设，引导高校科学定位、分类发展，在不同层次、不同领域办出特色、争创一流。优化学科专业结构，加强基础学科、新兴学科、交叉学科建设，重点建设宁夏大学化学工程与技术国家一流学科，支持临床医学、材料科学与工程等20个学科进入国内同类学科前列。推进“一带一路”教育行动，加强与京津冀、长三角、粤港澳大湾区等区域合作交流，深化新阶段闽宁教育协作。聚焦前沿领域和关键技术，完善高校优秀青年人才全链条培养机制，遴选培养一批自治区杰出科技人才、科技领军人才、青年科技人才和科技创新团队，全区高校教师具有博士学位的比例达到30%。

（五）全面深化教育领域综合改革

深化教育评价改革，统筹推动高校教师职称评价、职业院校“双师型”教师认定评价、中学生综合素质评价、小学生德育评价、幼儿园保教质量评价等关键领域改革取得实质性突破。扎实开展“县管校聘”改革，推动县域学校师资均衡配置、结构合理，不断激发教师队伍活力。稳妥推进考试招生制度改革，加强高考命题能力建设，加快建设高考命题基地，组建高考命题队伍。巩固拓展“双减”成果，强化校外培训智慧监管，推动校内教育教学提质，确保学生在校内学足学好，让教育回归育人本质。稳步推进民办义务教育治理，引导规范民办教育发展。

（六）打造高素质专业化创新型教师队伍

强化师德师风建设，大力宣扬师德楷模典型事迹，开展师德师风专项整治。加强校长队伍建设，实施名校（园）长梯队攀升计划，加强与发达省市间的教育协作，培养一批名校（园）长和在全国有一定影响力的教育家型校（园）长。全面提升教师专业素质能力，实施师范教育协同提质计划、基础教育教师精品高端培训计划和强师计划，建立区内与区外培训相结合的良性循环机制，开展5年一周期的中小学（幼儿园）全员轮训，选派教师到东部发达地区和国（境）外实地研修，积极引进全国教育知名专家在宁夏设立名师工作室，遴选培养一批骨干教师、教学名师和在全国有一定影响力的教育家型教师。健全中小学教师工资增长长效联动机制，建立健全教师荣誉表彰制度，营造尊师重教氛围。

（七）大力实施教育数字化战略

优化智慧教育基础环境，实施国家智慧教育平台整省试点，高标准推进教育新基建，推进智慧校园建设，建成多网互通、多端互联、应用丰富、统一管控的教育数字底座。推进教育数字资源共建共享，建立多主体参与、多渠道供给、多形式保障的数字资源公共服务体系，加强优质数字教育资源遴选和引进，实现人人皆学、处处能学、时时可学。探索建立全民终身学习数字档案，推进学分银行建设试点，满足全民灵活多样的学习需求。深化应用融合创新，实现中小学校“三个课堂”100%覆盖，构建智慧教育教学环境，普及智能教学助手，培育一批智慧校园示范校，以教育信息化引领教育现代化。

2022年宁夏卫生健康事业发展研究报告

王维成

2022年，自治区党委、政府深入贯彻落实习近平总书记视察宁夏重要讲话和重要批示指示精神，学习宣传贯彻党的十九届六中全会精神和二十大精神，保障改善民生，全方位维护和保障人民健康，群众幸福感获得感显著提升。

一、建设健康宁夏，提升全民健康水平，进一步增强群众看病就医获得感幸福感

（一）推动将健康融入所有政策

坚持把人民健康放在优先发展的战略地位，加快医药卫生体制改革步伐，健全医疗保障体系，完善药品供应保障机制，从大健康高度出发，打造健康环境和健康社会，发展健康产业，建立更加公平有效的基本医疗卫生制度，形成以健康为中心的经济社会发展模式，不断提高全民健康水平。一是促进农村基层和城市社区卫生改革发展，探索县乡村医疗卫生人员与服务一体化管理，提高基层卫生人员待遇，稳定农村基层卫生队伍，推动家庭签约式服务。鼓励社会参与，多元化举办社区卫生服务机构。全面开放二级以上医院高级职称医师在全区基层和民营医疗机构多地点执业。二

作者简介 王维成，宁夏回族自治区健康教育所所长，主任医师。

是建立合理的财政补偿机制，完善公立医院补偿政策，改革医保支付制度，促进分级诊疗，加快健全重特大疾病医疗保险和救助制度。三是建设“互联网+医疗健康”示范区，充分利用信息化手段促进优质医疗资源纵向流动。四是完善中医药事业发展政策和机制，提升基层中医药服务能力。五是全面推行先看病后付费诊疗模式，扎实推进事业单位法人治理结构改革试点工作。六是强化医疗行为监管措施，促进临床路径管理和单病种限价管理，严格控制医疗费用不合理增长。七是推进以全民健康素养为核心的健康全民行动计划，普及健康知识，支持健康知识传播机构发展，构建集电话、语音、网站、短信、微博、手机平台和自助终端为一体的综合立体服务平台，向社会公众提供健康服务。八是以三级甲等医院为载体，推动公立医院改革，形成适当的利益分配机制，让大医院对基层医院和社区的帮扶责任从行政性要求变成医院内部的需求和意志，增强急慢分治、分级医疗、双向转诊的可操作性。九是促进健康服务业和健康产业的发展，针对全体人群，建立覆盖全生命周期、内涵丰富、结构合理的健康服务业体系，打造一批知名品牌和良性循环的健康服务产业集群，满足广大群众的健康服务需求。

（二）拓展全民健康路径

自治区党委、政府《关于实施全民健康水平提升行动的意见》出台以来，各级政府和各相关部门坚持预防为主、中西医并重，突出重大疾病防控、医疗服务水平提升和保障能力建设，推动261个乡村振兴村（社区）示范先行，实施蓝天、碧水、净土三大保卫战。全区城市生活垃圾无害化处理率达到99.94%，农村卫生厕所普及率一二类县达到91.9%，重点流域水质达到或好于Ⅲ类水体比例达到80%。全区已创建国家级卫生城市5个、卫生县城8个、卫生乡镇3个、自治区卫生县城（区）20个，实现国家卫生城市全覆盖，建设健康“细胞”示范点498个。自治区人民政府与北京大学第一医院签署合作共建国家妇儿区域医疗中心协议，合作共建国家妇儿区域医疗中心，银川市等7家中医医院设立了康复中心（科），建立了脑卒中、高血压和糖尿病等9种重大慢性疾病筛查干预机制。13家医疗机构建立了医养中心。居民健康素养水平达24.16%，经常参加体育锻炼人数比例达36.7%，城乡居民《国民体质测定标准》合格以上的人数比例达90.4%，无烟党政机关建成率达97.6%，人均期望寿命76.6岁，已接近全国平均水平。

（三）优化卫生资源配置

全区医疗卫生机构4571个，其中，医院213家（公立医院66家，民营医院147家），基层医疗卫生机构4242个，专业公共卫生机构95个，其他卫生机构21个。医院按类别划分，综合医院128家，中医医院31家，中西医结合医院4家，民族医院2家，专科医院48家。其中，有三级甲等医院6家，三级乙等医院13家，二级医院86家。在基层医疗卫生机构中，社区卫生服务机构239个，乡镇卫生院205个，村卫生室2159个，各类门诊部68个，诊所（卫生所、医务室、护理站）1571个。在专业公共卫生机构中，疾病预防控制中心25个，卫生监督所24个，妇幼保健机构23个，急救中心（站）3个，采供血机构7个，健康教育机构12个，计划生育技术服务机构1个。全区医疗卫生机构实有床位41191张，其中，医院35703张，占86.68%；基层医疗卫生机构3884张，占9.43%；专业公共卫生机构（妇幼保健机构）1604张，占3.89%。每千人口医疗卫生机构实有床位数5.68张，高于全国平均水平。全区现有卫生人员73112人，其中，卫生技术人员60598人，其他技术人员2405人，管理人员2602人，工勤技能人员4784人，乡村医生和卫生员3040人。在卫生技术人员中，执业（助理）医师22519人，注册护士27255人。每千人口拥有卫生技术人员8.36人、拥有执业（助理）医师3.11人、拥有注册护士3.76人、拥有全科医生0.18人，均高于全国平均水平。

（四）提升医疗服务水平

全区医疗卫生机构总诊疗人次4116.72万人次，居民年平均就诊5.68次。各级医院总诊疗人次2139.06万人次，占51.96%；基层医疗卫生机构诊疗1752.03万人次，占42.56%；专业公共卫生机构诊疗225.63万人次，占5.48%。全区当年医疗卫生机构出院人数107.89万人，居民年住院率14.91%。出院人数中，医院98.92万人，基层医疗卫生机构3.18万人，专业公共卫生机构5.79万人，分别占出院总人数的91.69%、2.95%、5.37%。县（区）域综合医改试点模式在全区23个县（市、区）全面推开，规范建设“互联网+医疗健康”示范区，全面落实现代医院管理制度，自治区西医类、中医类服务能力位居西北五省区前列。县域综合医改向纵深发展，建成医疗集团4个、专科联盟49个、县域紧密型医共体14个，区域紧密型医联体8个，县域内就诊率达到90%。进一步完善自治区多元复合式医保支付方式改革，推进区域点数法总额预算和按病种分值（DIP）付费改革，提高医保基金使用效力。建立巩固健康扶贫成果有效衔接乡村振兴长效机制，在脱贫地区继续实施37种大病患者在定点医院集中救治，确保基本医疗有保障。据国务院深化医药卫生体制改革领导小组通报，宁夏三级公立医院国考排名连年进位，多项指标持续向好，医疗质量和满意度高于全国平均值。

（五）凝聚各方力量打赢疫情防控攻坚战

自治区党委、政府始终把新冠肺炎疫情防控作为重中之重，坚持“外防输入，内防反弹”总策略和“动态清零”总方针，不折不扣地贯彻落实党中央决策部署，阻断疫情社会面传播，切实保障居民生活和就医用药需求，提高疫情防控意识，接种新冠病毒疫苗，提高群体免疫力，普及《传染病防治法》相关知识和公民参与疫情防控的法律责任，引导公众形成自主自律符合自身特点和疫情防控需要的健康生活方式。面对“4·06”

2012—2021年宁夏主要健康指标及相关指数

指标	2012年	2013年	2014年	2015年	2016年	2017年	2018年	2019年	2020年	2021年
婴儿死亡率（‰）	9.78	8.73	7.95	7.46	7.18	6.72	6.03	3.65	3.64	3.50
5岁以下儿童死亡率（‰）	12.58	11.05	10.64	10.18	9.24	8.77	8.04	5.17	5.46	5.22
孕产妇死亡率（1/10万）	27.47	15.10	14.84	19.54	19.98	19.14	17.50	17.61	11.17	10.48
人均期望寿命（岁）	73.57	73.87	74.13	74.31	74.53	74.99	75.70	76.00	76.3	76.6
每千人口执业（助理）医师数	2.01	2.19	2.28	2.37	2.53	2.67	2.82	2.98	3.09	3.11
每千人口注册护士数	1.93	2.14	2.28	2.42	2.68	3.16	3.38	3.50	3.61	3.76
居民健康素养水平（%）	3.82	4.90	5.40	7.10	8.88	10.31	12.88	15.20	19.7	24.16

数据来源：宁夏卫生健康委员会官网。

"4·24""5·21""5·24""9·20"等多起突发疫情，面对需求收缩、供给冲击、预期转弱"三重压力"，积极应对，果断决策，变局加速，有效处置。全区广大干部群众拿出了"打仗攻山头"的勇气和拼劲，防疫情，稳经济，保安全，最大程度地保护了人民生命健康，最大程度地稳住了经济社会发展基本盘。

二、2022年威胁人民群众健康的问题依然突出

（一）传染病、地方病等方面的问题不断出现

新冠肺炎疫情随着病毒的变异，传播力更强，传播速度更快，涉及面更广，感染人数更多，防控难度加大，部分地区和部分干部应对能力不足。宁夏上半年按照"严防第一例输入，严防第一例扩散"的应对策略成功战胜了"4·06""4·24""5·21""5·24"疫情，但随着奥密克戎病毒变异，传播速度加快，"9·20"疫情发生后，宁夏疫情防控形势更加严峻复杂。一些地方层层加码，防控措施引起人民群众不满。基层在防控中也存在一刀切、简单一封了之、乱作为、不作为等现象，信息报送不及时，导致流言满天飞，损害了政府的形象。此外，宁夏局部散发或暴发的传染病如鼠疫、狂犬病、流行性出血热、流行性乙型脑炎等防控压力也不容小觑，甲肝、乙肝长期流行，结核病、艾滋病、性传播疾病等也要引起高度重视。

（二）慢性非传染性疾病患者接近总人口的1/3

慢性非传染性疾病特别是心脑血管病、高血压、糖尿病患者接近总人口的1/3。居民健康知识知晓率偏低，吸烟、过量饮酒、缺乏锻炼、不合理膳食等问题比较普遍，精神卫生、职业健康问题凸显，行为生活方式问题如车祸、自杀、青少年问题、烟草流行、吸毒等社会问题仍未禁绝。

（三）卫生健康体制机制和服务方面的问题

疾病预防控制体制机制改革滞后，医疗需求旺盛，医疗成本增大，医疗费用上涨，医保资金压力加大，医疗资源相对不足。人口老龄化问题日益突出。公共卫生体系不健全、应急反应能力不足，医疗服务能力相对于发达地区仍不够强、基层服务水平不高、区域资源配置仍然不均衡、优质资源短缺仍是制约健康水平提升的短板。居民住院费用个人负

担比例仍然偏高，自费药品较多，个人卫生支出占卫生总费用的 28.51%，群众看病就医负担比较重，群众首选在基层住院看病的认同感不强。户籍常住人口和流动人口基本公共卫生、基本医疗、医保医药保障服务等变化使城乡医疗卫生资源供需矛盾、结构布局调整面临挑战，老年人照护、康复护理、医养结合、健康管理等医疗服务需求大幅增加，需要更多的家庭医生签约服务，全科医生不足问题凸显，妇产儿童等相关医疗保健服务供需矛盾突出。

三、2023 年宁夏卫生健康事业发展对策与建议

（一）人民健康是现代化最重要的指标，也是人民幸福生活的基础

党的二十大报告指出，把保障人民健康放在优先发展的战略位置，完善人民健康促进政策。这就要求各级党委、政府要从影响健康因素的广泛性出发，关注生命全周期、健康全过程，将人民健康作为制定实施各项公共政策的重要考量，统筹调配全社会卫生健康资源，将维护人民健康的范畴从疾病防治拓展到影响健康的各个领域，实现健康与经济社会协调发展，全方位全周期保障人民健康。一方面，要以改革创新为动力，抓好持续深化医药卫生体制改革、加快优质医疗资源扩容和区域均衡布局、提高应对突发公共卫生事件能力、落实中医药特色发展的政策措施等工作。另一方面，要突出健康优先发展制度体系建设，坚持预防为主方针，完善国民健康促进政策，优化重大疾病防控策略措施，广泛开展全民共建共享的健康行动，持续提高广大人民群众的健康水平。要织牢公共卫生防护网，积极应对人口老龄化，推进健康宁夏建设的全局性、整体性、协同性，鼓励和引导单位、社区、家庭、个人行动起来，对主要的健康问题及影响因素采取有效的干预措施，形成政府积极主导、社会广泛参与、个人自主自律的良好局面，让健康“影响因子”融入财政、教育、城市建设、乡村振兴等各项政策之中。

（二）预防是最经济最有效的健康策略

一要重视重大疾病防控。重点是注射疫苗、全民健身、定期体检、健康教育与健康促进、推动，将健康融入所有政策。以心脑血管、癌症、高

血压、糖尿病等慢性病为突破口，对宁夏死因顺位靠前、发病率高的重大慢性病组织筛查，最大程度减少人群患病；对妇幼、老年等重点人群做好“两癌”筛查、新生儿先天性疾病筛查和老年疾病的筛查，早发现早救治，推动疾病治疗向健康管理转变。二要抓实健康宁夏行动。以实施健康素养促进项目、创建健康促进县（区）、创建营养健康食堂（餐厅）、打造“10分钟健身圈”、“健康宁夏母亲行动”、“合理膳食均衡营养”、“三减三健”等活动为载体，全社会动员、多部门联动，促进全民健康水平提升。三要广泛开展健康细胞建设。启动健康企业、健康机关、健康家庭、健康学校、健康社区创建工作，培育出一批具有典型示范作用的健康细胞，以点及面，推动全社会健康环境改善、健康服务优化和健康行为养成。

（三）提升能力是医疗服务的重中之重

一要推进优质医疗资源扩容和均衡布局。围绕“大病诊治不出自治区”目标推进国家区域医疗中心建设，围绕“一般病在市县解决”目标推进自治区区域医疗中心建设，围绕“日常病在基层解决”目标推进县域紧密型医共体、医联体和重点专科建设。二要促进医疗机构提档升级。每个市要建成1所三级甲等综合医院，70%的县级综合医院达到三级乙等标准，并加快市、县妇幼保健机构规范化建设，完善中医专科专病防治体系。三要提升传染病防控救治能力。自治区建1所生物安全三级实验室，五市各建1所生物安全二级实验室，加快自治区重大疫情救治基地、地市级综合医院传染病病区和18个县级综合医院标准化感染性疾病科建设，形成自治区、市、县三级传染病救治体系。

（四）夯实基础是提升全民健康水平的关键

加大城市社区卫生服务中心和乡镇卫生院建设，每个县打造1~3个县域医疗分中心，强化乡村卫生一体化管理，提升村卫生室标准化建设和健康管理水平。规范发热门诊、发热哨点诊室设置和管理，基层“守门人”的作用得到有效发挥，在各乡镇（街道办）建立完善乡镇（街道办）、村（居）、公安派出所三方联动机制。普及《传染病防治法》相关知识，引导群体提高免疫力，要强调个人健康责任，倡导公众自主自律，养成符合自身的健康生活方式。

（五）改革创新是卫生健康事业发展的强大动力

一要推进疾控体系改革。按照“先立后破，不立不破”的原则理顺疾病预防控制体制机制，明确各级疾控机构的功能定位，提升专业能力，健全自治区、市、县（市、区）三级疾病预防控制机构和专科疾病防治机构为骨干，医疗机构为依托，基层医疗卫生机构为网底的疾病预防控制体系，健全预警响应机制，全面提升防控和救治能力。二要深化医药卫生体制改革。加快推进县域综合改革，促进医保、医疗、医药协同发展和治理，加快推进县（区）域医共体（医联体）人员、业务、财务、信息、药械“五统一管理”、一体化运营，形成责任、管理、服务和利益共同体，着力构建整合型、医防融合的新型医疗卫生服务体系。三要大力推进“互联网+医疗健康”示范区建设。加快县域（区域）互联网、医共体数字化建设，尽快实现医共体和医联体内的信息互联互通，推进电子健康码“一码通用”，实现全生命周期服务，解决群众看病就医的“痛点”和“堵点”问题。

（六）推动实施“十大工程”是全民健康水平提升的重要支撑

自治区党委、政府确定了健康素养提升、健康细胞创建、人均预期寿命提升、医疗卫生机构达标、医疗服务能力提升、中医药服务能力提升、医疗卫生人才培养、智慧医疗健康升级、重点领域改革创新、健康产业培育“十大工程”和30项具体任务。各级政府和各相关部门要以此为抓手，认真落实习近平总书记关于卫生与健康工作的重要论述和视察宁夏重要讲话精神，坚持以人民为中心，全面贯彻新时代党的卫生健康工作方针。一要压实责任抓好落实。实施全民健康水平提升行动不是一地区一域之事，也不是哪个部门的一家之责。卫生健康部门要切实负起牵头抓总职责，定期梳理工作推进中的重要经验、重要情况、需要解决的重点难点问题和对策建议，积极主动协调相关部门共同推进工作落实。各相关部门要以积极主动的态度、求真务实的作风，推动形成整体一盘棋、上下一条心、各司其职、各负其责、紧密协同、齐抓共管的合力。二要统筹规划抓好落实。各部门、各市、县（区）要把思想和行动统一到自治区党委的决策部署上来，在工作落实中，做到系统谋划、统筹推进。要将提升行动与常态化疫情防控结合起来，与黄河流域生态保护和高质量发展先行区建设结合起来，用提升行动推动先行区建设，确保“十四五”卫生健康规划落地见效。三要聚焦问题抓好落实。各部门、各市、县（区）必须瞄着问题去、追着问题走、迎着问题上。要认真查摆薄弱环节，深入分析问题的性质和症结，弄清楚哪些是认识问题、哪些是工作问题、哪些是体制机制问题，对症下药，聚焦短板，精准施策，把短板补起来，使弱项强起来。四要强化督查抓好落实。各市、县（区）要认真研究全民健康水平提升行动效能目标评价指标，充分发挥“风向标”“指挥棒”作用，聚焦重点目标、重大任务、重要环节，建立健全奖惩机制，把全民健康水平提升行动评估结果与年度资金安排挂钩，树立鲜明导向，推动健康宁夏建设迈上新台阶。

2022年宁夏社会保险事业发展报告

李　明　夏　勇

2022年，全区各级社会保险经办机构坚持以习近平新时代中国特色社会主义思想为指导，认真学习宣传贯彻党的二十大及自治区第十三次党代会精神，全面落实习近平总书记视察宁夏重要讲话和指示批示精神，以及在《求是》杂志发表的《促进我国社会保障事业高质量发展、可持续发展》重要文章精神，扎实推进社会保险制度改革。牢记“国之大者”，坚持“党建红”引领“社保蓝”，以“双强双带”（党建强、业务强，机关带系统、系统带基层）试点擦亮社保服务底色，着力解决人民群众的急难愁盼问题，聚焦中心抓重点、完善制度补短板、出台政策惠民生、优化服务促改革，社会保障统筹层次不断提升，多层次多支柱养老保险体系逐步完善，人民群众的获得感、幸福感、安全感不断增强。企业职工养老保险全国统筹数据整理评估质量位列全国第三，养老“静默认证”做法被国务院政务信息转发，职业年金虚账做实经验被人社部转发，工伤政务服务打包“一件事”得到人社部和自治区政府领导肯定。

作者简介　李明，宁夏回族自治区人力资源和社会保障厅党组成员，社会保险事业管理局局长；夏勇，宁夏回族自治区社会保险事业管理局综合处处长。

一、2022年宁夏社会保险事业发展现状

（一）坚持以党的二十大精神为指引，社保系统政治建设全面加强

1. 深入学习宣传贯彻党的二十大精神

全区各级社会保险经办机构坚持把学习宣传贯彻党的二十大精神摆在重要突出位置，作为当前和今后一个时期首要的政治任务，认真贯彻落实自治区十三届二次全会精神，按照自治区党委《关于学习宣传贯彻党的二十大精神的意见》，自治区人社厅党组、自治区社保局党总支坚持先学一步，抓住“关键少数”，示范带动全区社保系统跟进学、全面学、深入学。采取各种形式，及时组织全体党员干部认真收听收看党的二十大开幕会实况，印发社保系统学习宣传贯彻党的二十大精神通知，召开专题会议进行研究部署，对习近平总书记在党的二十大报告中关于“健全社会保障体系”重要讲话精神进行集中学习研讨，深刻领悟“两个确立”的决定性意义。坚持把学习宣传贯彻党的二十大精神与自治区第十三次党代会精神紧密结合，厅局主要党员领导干部全程参加自治区党委和人社厅党组理论学习培训班，抓好《党的二十大报告学习辅导百问》《二十大党章修正案学习问答》以及《中国共产党宁夏回族自治区第十三次代表大会报告辅导读本》的全面学习，研究制定党的二十大报告和自治区第十三次党代会报告部署社保任务工作落实计划，建立健全任务推进清单和落实台账，加速推进党的二十大报告和党代会部署社保任务落实落地；坚持把学习宣传贯彻党的二十大精神与开展习近平总书记视察宁夏重要讲话和重要指示批示精神“大学习、大讨论、大宣传、大实践”活动紧密结合，先后组织40多名干部深入基层和企业调研，围绕社会保险参保、待遇发放、收入提升、乡村振兴以及减免缓降社保费等热点焦点问题解难纾困；坚持把学习宣传贯彻党的二十大精神与推进社保重点改革紧密结合，多次召开工作推进会，加强形势分析，研究制定工作举措，统筹推进社保各项工作落实到位。

2. 全面加强社保系统党的建设

紧扣“五型”（政治型、服务型、实干型、文明型、廉洁型）模范机关建设，扎实推进落实“三强九严”制度，在全区社保经办系统深入开展

“双强双带”党建试点，组织局机关 8 个党支部和 5 个市县（区）党组织参加试点工作。2022 年七一前，举办自治区社保局党总支“双强双带”党建试点启动会暨庆祝中国共产党成立 101 周年“读经典好书，建书香社保”主题党日活动，组织制订试点计划，每个基层党组织结合职能任务，修订完善各自的党建工作法和服务品牌。自治区社保局党总支建立了以“强化五项机制，夯实五个载体，搭建五个平台，优化五个窗口，打造五个社保”为主体的“五轮驱动”工作法，形成了“阳光社保普惠民生，服务群众勇当先锋”的行业品牌，积极协调太平洋人寿保险股份有限公司天津分公司、长江养老保险股份有限公司、津联（天津）资产管理有限公司等为“百万移民致富提升行动”包抓点捐赠体育生活用品及道路硬化、修建自行车棚和安装路灯，共计投入资金 90 余万元，选派多名干部长年驻点帮扶，助力乡村振兴。长年坚持抓好党员干部理论学习，每周一问、每月讲堂学习品牌被自治区教育厅、自治区党委宣传部等八部门命名为“终身学习品牌”。局总支书记撰写的《用党的百年奋斗历史经验引领推动社保高质量发展》一文被《中国社会保障》杂志刊发，自治区社保局党总支被人社厅机关党委表彰为人社系统“先进基层党组织”。

3. 扎实推进社保行风作风建设

坚持作风建设永远在路上。认真贯彻落实中央、自治区全面从严治党各项要求，严格执行中央八项规定精神、自治区加强作风建设“八条禁令”和人社厅党组“十二个严禁”。2022 年初召开全区社会保险工作会议和党建党风廉政建设工作会议，人社厅党组成员、局总支书记、局长与各处长、支部书记层层签订党风廉政建设责任书，每季度听取一次局班子成员和各支部落实全面从严治党和党风廉政建设主体责任暨“一岗双责”履行职责报告，全面压实管党治党责任。深入组织开展两个专项整治行动，修订完善《自治区社会保险稽核规程》，编印《社会保险工作职务犯罪案件警示录及典型案例剖析》，加强廉政教育。全面梳理近年来社会保险工作开展情况，做好自治区人大常委会听取和审议社会保险工作准备。采取面对面沟通、实地调研和召开座谈会等方式，高标准完成自治区政协十一届五次会议提案 7 件，办结率和提案人满意率 100%。以“打造人民生活福地，构建更加全面更多层次的社保体系”为主题组织举办2022年“政府开放日”活动，50多名行业企业、退休人员、机关事业单位和媒体实地观摩宁夏社会保障卡服务大厅和银川市民大厅社保经办服务窗口，座谈交流并开展问卷调查倾听民意呼声。及时印发做好疫情期间社保经办工作的通知，安排33人次下沉社区疫情防控志愿服务，40多名干部值班值守机关保障社保业务通畅，全力助力疫情防控和民生服务。抽调人员组成工作组，对全区各个社保经办服务窗口进行两轮明察暗访，及时发现和解决人民群众的烦心事揪心事操心事。局领导带队，先后深入到全区多个市县（区）开展调研，实地到近百家企业开展“三送五进”社保降费缓缴政策宣传，发送宣传手册5万多份，通过致企业负责人一封公开信的方式，促进政策落实“直达快享”和“即申即享”。

（二）深化社保制度改革，多层次社保体系加快完善

坚持把实现好、维护好、发展好最广大人民根本利益摆在更加突出的位置，坚持在发展中保障和改善民生，紧紧抓住人民最关心最直接最现实的利益问题，奋楫笃行，攻坚克难，加快推进全区社保体系建设进入快车道，社会保险民生保障安全网、收入分配调节器、经济运行减震器作用进一步显现。

1. 深入实施全民参保计划，持续扩大社会保险覆盖面

按照习近平总书记“全面建成小康社会，一个也不能少；共同富裕路上，一个也不能掉队”的重要讲话要求，深入推进实施全民参保计划，持续扩大社会保险覆盖面。一是加强联动参保。与公安、民政、卫健等多部门联合，建立覆盖所有人群的全民参保数据库。二是完善参保制度。累计筹集资金近6亿元，将2.42万名老工伤人员纳入工伤保险统筹管理，印发进一步做好公务员工伤保险管理工作通知和落实中小微企业优先参加工伤保险制度，出台基层快递网点优先参加工伤保险政策，联合9个部门出台《关于进一步做好工程建设项目参加工伤保险工作的通知》，健全被征地农民、农民工、灵活就业人员参保制度，将城乡居民养老保险“一制十二档”调整为“一制六档”，提高最低缴费标准。三是优化缴费方式。社保费全部交由税务一票征收，开通“我的宁夏”“掌上12333”APP缴费渠道，由

传统缴费调整为线上线下同步进行，逐步推进参保扩面，从制度全覆盖向人群全覆盖迈进。截至2022年10月底，基本养老、失业、工伤保险参保人数分别达到506.46万人、115.56万人、145.77万人，分别完成年度目标任务的104.86%、104.11%、 99.84%。24万名被征地农民按新政策参加养老保险，新开工工程建设项目工伤保险参保率高于自治区任务2个百分点。

2. 积极推进养老保险全国统筹，加快构建多层次社会保障体系

制定企业职工基本养老保险全国统筹制度工作方案和考核办法，完成国务院办公厅《关于印发企业职工基本养老保险全国统筹改革方案的通知》（国办发〔2021〕11号）中明确的改革任务。通过3个月连续奋战，对11.2亿条企业职工养老保险历史数据进行5轮核查整理，对报送人社部评估的数据和材料进行8版讨论修改完善，一次性顺利通过人社部验收，全国统筹数据整理评估质量位列全国第三，为全国统筹系统上线运行打下坚实基础。认真落实企业职工基本养老保险工作考核奖惩办法，积极争取将考核事项纳入年度效能考核指标体系，并赋予权重得分。按照国办发〔2022〕7号文件精神，制定宁夏个人养老金政策，将区本级和银川市纳入全国试点，逐步推进个人养老金发展。加大职业年金投资运营规模，累计投资总净值达119.05亿元。圆满完成477家区本级全额拨款机关事业单位2017—2018年度职业年金汇总及征缴核定工作，做实资金4.1亿元，涉及3.2万人。率先出台与缴费年限挂钩的遗属待遇、病残津贴政策，出台工伤预防五年行动计划和工伤预防费使用管理、工伤康复暂行办法，规范工伤医疗服务和就医管理，联合有关部门制定危险化学品企业工伤预防能力提升培训工程实施方案，开展尘肺病重点行业工伤保险预防专项行动，加快完善工伤预防、补偿、康复“三位一体”制度体系建设，完善工程建设项目参加工伤保险工作机制，及时保障工伤职工待遇。

3. 全面落实社会保险待遇，夯实兜牢民生托底保障

坚持把社保待遇落实作为共享改革成果、推进共同富裕的重要抓手，积极为人民生活幸福安康托底。配合完成企业离休人员和建国前老工人待遇调整工作。提早准备2022年企事业单位退休人员养老金调整方案，做好信息系统调试、人员数据核对工作，为全区70.4万退休职工人均调整养老

金4%。持续开展城乡居民基础养老金4年提标计划，月人均增加5元，全区城乡居民月人均养老金水平达到244元。在历年完成计发待遇数据基础上，精准测算确定2021年中人待遇修正指数报自治区人社厅审定。率先探索建立养老保险待遇统发新模式。制定《基本养老保险待遇及代发资金集中统一支付规程》，建立完善“全区集中统一，数据全程在线，传输实时加密，跨行实名发放，网银秒级到账”的养老待遇“秒发”新模式，通过系统数据加密、全程批量处理，代发系统自动识别精准对账、稽核预警，基本实现了发放资金的“零差错”，获得人社部、财政部领导批示全国推广。截至2022年10月底，养老保险集中统一发放1451.83万笔，发放金额296.13亿元，发送养老金到账短信服务1496.82万条。出台《工伤保险医疗服务和就医管理办法》，率先建立完善“全区联网互认，工伤信息共享，费用补助秒付，资金集中清算，全程智能监控”的全区工伤医疗“同城化”结算“秒付”模式，取消工伤保险证明材料43项。全区通过工伤医疗机构互认、简化旧伤复发确认程序、取消转诊转院审批手续等多项突破性创新性举措，有效解决了工伤职工跑腿多、垫资压力大的问题，2022年以来工伤保险基金通过即时结算累计支出医疗费4830.22万元。

4. 严厉打击欺诈骗保，切实筑牢基金安全管理堤坝

不断健全完善社会保障基金监管体系，守护好人民群众的每一分“养命钱”“保命钱”。加强基金预决算管理，实现精算平衡。加大对市县（区）社保扩面参保的责任考核力度，对未完成参保任务的不予拨付工伤调剂金。针对基金管理链条长、环节多、覆盖人群广、基金使用量大等特点，建立健全基金风险预警分析机制，加强要情分析研判和案例分析评查。建立健全基金管理风险排查稽核监控机制，完善政策、信息、经办、监督“四位一体”风险防控体系，推进稽核监控常态化，增强针对性有效性。建立健全部门联防联控机制，与高院、民政、卫健、司法、疾控等部门及时共享服刑和死亡人员信息，筛查比对疑点数据，对发现的问题及时做出处理。建立健全基金管理内控机制，坚持待遇发放“进规程、进系统”，待遇领取全程网络稽核检查，业务经办全过程留痕。出台社会保险经办机构岗位权限管理实施细则，坚持业务、财务、信息、监督岗位互斥，

重要核心岗位人员轮岗制度，相对稳定基层民生中心、村（社区）社保专管员队伍，加强内部审计稽核，确保经办队伍廉洁奉公。积极推进基金管理提升年行动，进一步强化参保单位与社保经办机构责任，督促参保单位及时报送退休人员死亡信息。采取“以督代训”方式指导市县开展工作，截至10月底，全区共实地稽核参保单位1032户，涉及17.67万人，追回少缴社会保险费505.16万元；核查享受待遇56.34万人次，追回违规金额792.06万元。

5. 不断畅通多渠道服务方式，加快推进社保数字化转型升级

积极适应疫情防控和人员跨区域流动等实际，坚持线上线下经办服务一体化，推进社保“一卡通”。加快构建一体化服务网络，积极完善全国统一的社会保险公共服务平台，逐步健全完善部省市县乡五级社会保障管理体系和服务网络，主动适应人口大规模流动、就业快速变动的趋势，做好社保关系登记和转移接续。统筹制订《宁夏“数字人社”便民服务创新提升行动实施方案》《宁夏社会保险经办服务事项“跨省通办”实施方案》，全面推行综合柜员制，推广退休档案提前预审制、正常退休人员审核制和“八办并举”（数据共享“网上办”，移动终端“掌上办”，窗网融合“打包办”，创新模式“综合办”，非必要件“容缺办”，个性定制“预约办”，高频事项“就近办”，扶弱助老“上门办”）服务创新，80余项业务“掌上快办”，281项不见面办理，17项“跨省通办”，13项社保高频业务下沉乡镇就近办。率先探索企业开办与社保登记同步“秒批”，实现企业开办、社保登记、网报开通、缴费核定等“一日办结”。积极开展适老化精准化服务，保留老年人熟悉的传统服务，在办事大厅设立老年人服务专用通道，工伤政务服务、退休档案提前预审、正常退休人员审核等实行“打包一件事”。印发《社保经办“适老化”服务工作方案》，通过共享实名验证、疫苗接种、核酸采集、住院等数据，实现“静默认证”、人脸识别自助认证和高龄老人上门认证，解决了老年群体的服务难题。

积极推进社保“一卡通”。加快推进全数据共享、全服务上网、全业务用卡，出台社保卡申领使用管理办法（试行），规范社保卡申领使用管理工作走在全国前列。率先倾力打造电子社保卡主扫被扫“秒闪”宁夏模式，

成功实现社保卡与残疾人证“卡证合一”。19个部门联合印发《关于全面推进社会保障卡在政府公共服务领域应用的通知》，强力推动社保卡在文化旅游、图书借阅、政府公共服务领域一卡通用，推进各行各业惠农直补、培训补贴、高龄补贴、养老金发放等进社保卡。开通人社96项应用、电子社保卡37个签发渠道，电子社保卡与医保电子凭证在就医购药过程中并行使用，移动支付线上应用。累计发放社保卡723.98万张，社保卡发卡覆盖100.52%的户籍人口，签发电子社保卡647.45万张。发放残疾人社保卡16.69万张，社保卡作为惠民惠农财政补贴资金发放载体的综合应用工作迈出实质性步伐。

6. 用好政策红利，持续打好助企纾困组合拳

顶格执行“减免缓降返补”政策，打好应对新冠肺炎疫情助企纾困稳岗组合拳，连续多年按全口径城镇单位就业人员平均工资核定缴费基数，将养老保险单位缴费比例由20%下调至16%，失业保险由2%降至1%，工伤保险以基准费率下调20%。对符合条件的困难行业企业和单位给予缓缴社保费且免收滞纳金。2022年1—10月，为企业降低社保缴费基数和缴费比例54.46亿元，其中养老保险、失业保险、工伤保险分别为42.06亿元、10.91亿元、1.49亿元，惠及企业5万多家。缓缴社保费2.79亿元，享受企业达771家。2018年以来，累计为企业减免降费289.93亿元。

二、2022年宁夏社会保险事业发展存在的问题

（一）制度体系存在短板

养老保险虽然实现了全国统筹，但仍呈现基本养老一枝独大的现象，第二支柱（企业、职业年金）发展仍不均衡，第三支柱（个人养老金）正在启动实施当中，多层次、多支柱的养老保险体系建设尚不完备。失业、工伤保险基金还没有实现省级统收统支。补充工伤保险、职业伤害保障制度还没建立。工伤保险尚未实现全国异地就医即时结算。国家尚未出台机关事业单位退休人员违纪违法后待遇处理办法。与养老保险全国统筹和其他保险省级统筹相适应的经办管理服务体系有待完善。

（二）参保扩面难度增大

2018年以来全区常住人口年均增速1.34%，养老保险参保人数年均增速6.04%，灵活就业人员和农民工参保不稳定，缴费积极性不高，还不同程度存在选择性参保、脱保、断保、漏保问题。网约车司机、外卖骑手、家政服务人员等新业态从业人员及农村“两委”委员、社区返聘人员、在校实习生、超龄劳动者等人员职业伤害保障缺失问题凸显。

（三）基金收支压力增大

七普数据显示，宁夏60周岁以上人口占比13.53%，比六普增加3.95%，高出老龄化社会国际标准3.53%。调增退休人员养老金、社保费“双降”和减免，企业职工养老保险基金积累减少。由于制度建立之前没有基金积累，制度转轨形成的历史负债较高，发放的压力增大。

（四）欺诈骗保时有发生

主要是死亡和服刑人员冒领、跨制度和跨省份重复领取社保待遇问题。由于社保参保数据国家和省区（内）互连共享机制尚不健全，社保部门获取数据渠道单一，时效性不强，联防联控制度有待加强。社保稽核手段措施尚不完善，追缴的法律依据不足，冒领后，孤寡老人、五保户等困难群体和城乡居民养老保险个人账户抵扣资金少，追缴难度大。

（五）经办能力不适应统筹层次需要

2018年“五险合一”之前，宁夏建立了社保半垂管体制。2018年社保、医保分设以后，原半垂管模式改为市县分级管理。习近平总书记在《促进我国社会保障事业高质量发展、可持续发展》重要文章中指出，要“加强社会保障精细化管理”，全国人社“十四五”规划提出：“建立与养老保险全国统筹相适应的经办管理服务体系，逐步建成垂直管理的经办组织架构，统一管理全国统筹基金。”这与养老保险全国统筹和目前宁夏建立的企业职工基本养老保险基金省级统收统支制度以及省级统筹的失业、工伤保险制度不相适应和匹配，不利于加强全国统筹后事权和基金的监管。按照行业惯例，社保人均服务量为1:6000，全区社保业务办件服务比为1:12711人，稽核岗位39人，专业化队伍薄弱。乡镇民生服务中心和村（社区）一级社保专管员队伍严重力量不足，一人多岗、流动性大等问题还很突出，基金管理问题专项治理任务艰巨。

三、对促进宁夏社会保险事业发展思路

（一）深刻领悟“两个确立”的决定性意义，认真学习宣传贯彻党的二十大精神

切实提高政治站位，强化主体责任，认真学习贯彻习近平总书记在党的二十大报告中关于健全社会保障体系的重要制度安排，紧紧抓住人民最关心最直接最现实的利益问题，坚持尽力而为、量力而行，在发展中保障和改善民生，着力健全覆盖全民、统筹城乡、公平统一、安全规范、可持续的多层次社保体系，实现好、维护好、发展好最广大人民根本利益。按照中央、自治区党委、自治区人社厅党组的统一部署，结合社保实际，与区直机关“五学五比”活动相结合，统筹谋划、及时跟进、融合推动，同自治区人社厅“三学三讲六提升”结合，认真抓好社保局“三学三讲四提升”学习载体落实，引导党员干部在学习贯彻党的二十大精神中走在前、做表率。充分利用横幅、宣传栏、电子屏等载体，大力宣传党的二十大精神，弘扬主旋律、传播正能量。坚决走好以社会保险为主体的社会保障“第一方阵”，履行主力军职责，加快构建覆盖全民的多层次社会保障体系，固根基，扬优势，补短板，强弱项，推动宁夏社会保障事业高质量、可持续发展。

（二）完善制度体系，补齐政策短板

加强社保制度设计，完善制度体系。实施基本养老保险全国统筹，落实养老保险省级统筹考核奖惩办法。完善机关事业单位养老保险和企业、职业年金制度。选择银川市先行开展个人养老金试点，加快个人养老金发展。跟进实施渐进式延迟法定退休年龄政策。推动失业、工伤保险省级统收统支。跟进国家出台违纪违法人员待遇计发政策。探索建立补充工伤保险和职业伤害保障制度，健全完善工伤预防、补偿、康复“三位一体”制度体系建设。

（三）推进全民参保，提升保障水平

全面实施全民参保计划，加强数据共享，摸清新就业形态从业人员等

参保底数，推进全民参保。实施低保对象、重度残疾等困难群体城乡居民养老保险费代缴政策，强化工程建设项目参加工伤保险。加强政策宣传，用好效能考核“指挥棒”，扩大社保覆盖面。健全基本养老保险筹资和待遇调整机制，实施城乡居民基础养老金提标计划，稳步提高和按时足额发放养老保险待遇。完善失业保险保障标准与物价上涨挂钩联动机制。建立工伤保险待遇正常调增机制。助力实施共同富裕战略，打造人民生活福地。

（四）强化基金监管，确保安全运行

开展基金中长期收支预算分析，建立预警机制，坚持精算平衡。建立社保费征缴“统模式”，促进参保缴费。健全社保基金保值增值和安全监管体系，做好划转国有资本充实社保基金和基金投资运营。强化人防、制防、技防、群防“四防协同”，加强内控管理，完善政策、经办、信息、监督“四位一体”风险防控机制，用好信息化监管手段，严厉打击欺诈骗保、套保违法行为。

（五）聚焦数字赋能，统筹社保纾困

健全完善统一的社会保险公共服务平台，推进社保业务网上快办、跨省通办，打造一体化服务。坚持“八办并举”，推进综窗服务改革，扩大不见面服务范围，落实好“一门一窗一网一卡一次办结”服务承诺。建立与养老保险全国统筹相适应的经办管理体系。拓展社保卡综合应用。实现社保异地经办、业务通办精准高效。完善养老认证方式，优化“适老化”服务路径，为老年人、残疾人等群体提供人性化服务。紧扣疫情防控、经济发展等形势任务，深入企业调研指导，加大“三送五进”政策宣传力度，统筹推进社保助企纾困政策落实，打好政策“组合拳”，确保政策落地见效，助力经济发展。

2022年宁夏就业形势发展报告

陈菲雨

就业是最大的民生，也是经济发展最基本的支撑。党的十八大以来，自治区党委和政府高度重视就业工作，将就业摆在“六稳”工作、“六保”任务之首。党的二十大报告明确提出，实施就业优先战略，强化就业优先政策，健全就业公共服务体系，加强困难群体就业兜底帮扶，消除影响平等就业的不合理限制和就业歧视，使人人都有通过勤奋劳动实现自身发展的机会。2022年，自治区党委和政府坚持稳中求进工作总基调，以改革创新为根本动力，以实现更加充分更高质量就业为主要目标，深入实施就业优先战略，健全有利于更充分更高质量就业促进机制，完善就业优先政策体系，全区就业工作有序推进，就业形势基本稳定。

一、2022年宁夏就业基本情况及主要特点

2022年，宁夏各级党委、政府始终将就业作为改善民生的头等大事，将促进就业作为经济社会发展优先目标，采取多种措施扩大就业，取得显著成效。2022年1—9月，新增城镇就业超过7.5万人，全区城镇调查失业率平均值为5.4%，总体来看，全区就业形势稳中向好，呈现出一些新趋势、新特点。

作者简介　陈菲雨，国家统计局宁夏调查总队三级主任科员，中级统计师。

（一）保持就业稳定的基础条件持续增强

1. 市场主体数量持续增加

市场主体是市场经济的微观基础。保市场主体是稳就业、保民生、促发展的关键。截至 2022 年 9 月底，全区市场主体数量为 74.9 万户，同比增长 6.8%。2022 年 1—9 月，新登记市场主体 9.6 万户，同比增长 4.6%。

2. 经济结构持续优化

十八大以来，自治区政府相继出台一系列鼓励经济发展的政策，推动全区第一产业快速发展，第二产业成为经济增长的有力支撑，第三产业成为吸纳就业的主阵地，经济增长拉动就业能力不断增强。2022 年三季度，宁夏三次产业结构为 7.2:47.0:45.8，与上年同期相比，第一产业比重下降 0.2 个百分点，第二产业比重提高 3.9 个百分点，第三产业比重下降 3.7 个百分点，标志着经济结构不断优化，经济增长拉动就业能力不断增强。截至 2022 年 9 月，全区第一二三产业就业人员比重为 23:25.8:51.2，服务业已成为吸纳就业的主阵地。

3. 创新创业持续深入

创新、创业是经济腾飞的重要推动力。2022 年，宁夏改革完善创新创业的体制机制，推出一系列财税政策、金融政策和就业政策等，全区各地积极贯彻落实，持续释放政策效能。劳动力调查数据显示，2022 年 9 月底，全区创业者占就业人口比重由 2021 年的 5.6%上升至 2022 年的 8.8%，上升了 3.2 个百分点。同时，各种新产业、新模式、新业态不断涌现，从事互联网业务的从业人员占就业人口的比重由 2021 年的 1.5%上升至 2022 年的 2.0%，有效激发了社会活力，释放了创造力，成为近年来全区经济发展的一大亮点。

（二）就业形势平稳向好

1. 就业规模持续扩大

2022 年，全区就业优先政策发力显效，经济持续发展创造更多就业岗位。据自治区人力资源和社会保障厅数据显示，截至 2022 年 9 月底，全区城镇新增就业 7.6 万人，完成全年任务 100.7%；失业人员实现再就业 5.1 万人，完成全年任务 101.2%；就业困难人员实现就业 1.0 万人，完成全年目标任务的140.7%。

2. 城镇调查失业率持续走低

2022年1—9月，全区城镇调查失业率总体呈回落走势。分月看，1—3月受季节性因素和春节后找工作人员增多影响，全区城镇调查失业率高位运行，一季度全区城镇调查失业率整体高于全国水平0.1个百分点；二季度，虽然4月份受吴忠、同心和银川散发疫情影响，但因为全区重点工程项目开工吸纳更多灵活就业人员，政策效应逐渐显现，二季度全区城镇调查失业率平均值有所下降整体低于全国水平0.3个百分点；7—9月，宁夏城镇新增就业持续增多，城镇调查失业率持续下降，比二季度下降0.3个百分点，整体低于全国水平0.2个百分点。

3. 劳动力市场活跃度较高

前三季度，全区劳动力市场活力渐强，就业形势平稳向好，劳动参与率为61.2%，就业人口比为58.8%。二季度以来，气候转暖，各地重大项目建设如火如荼，建筑业、交通运输业等行业吸纳灵活就业人员能力进一步突显，农业就业人口及临时性用工增加，劳动力市场整体活跃度显著提升，劳动参与率和就业人口比分别为63.2%和60.9%，较一季度分别提高6.2、6.7个百分点。三季度，经济整体平稳运行，旅游业迎来黄金季，此外正值暑假，部分学生积极寻找兼职，劳动力市场活跃度持续上升，劳动参与率和就业人口比较二季度分别提高0.8、0.9个百分点。

（三）就业质量稳步提高

1. 劳动者受教育程度持续提升

劳动力调查数据显示，近五年来，接受高职以上教育程度的劳动者占比持续攀升，由2018年的26.2%上升至2022年的27.7%，提高了1.5个百分点（见表1）。

2. 劳动者收入水平稳步提升

宁夏居民收支调查数据显示，2022年前三季度，宁夏城乡居民人均可支配收入分别为28953元、10523元，与上年同期相比分别增长5.3%、7.3%。

3. 就业更加充分更有保障

劳动力调查数据显示，前三季度，全区城镇就业人员周平均工作时间

表 1　劳动力受教育程度变化表

	2018 年	2019 年	2020 年	2021 年	2022 年
1.未上过学	5.1%	6.4%	6.7%	6.3%	5.7%
2.小学	15.2%	14.9%	15.3%	17.9%	18.7%
3.初中	37.0%	36.8%	35.1%	32.5%	33.2%
4.普通高中	11.9%	11.5%	10.7%	10.2%	10.2%
5.中等职业教育	4.6%	4.6%	4.9%	4.5%	4.5%
6.高等职业教育	0.8%	0.9%	0.9%	0.9%	1.0%
7.大学专科	13.7%	12.7%	13.2%	13.2%	11.7%
8.大学本科	11.0%	11.4%	12.4%	13.5%	14.0%
9.研究生	0.7%	0.8%	0.8%	1.0%	1.0%

分别为 51.1 小时、51.2 小时和 51.7 小时，就业人员周平均工作时间持续增加，说明当年就业形势较为稳定，生产经营持续向好。分年龄段看，40—44 岁人群周平均工作时间最长，为 54.2 小时；其次是 35—39 岁人群，周平均工作时间 54 小时；30—34 岁人群周平均工作时间 53.4 小时。分行业看，位居周平均工作时长前三位的行业分别是住宿餐饮业、居民服务业和建筑业，周平均工作时长分别为 59.4 小时、56.3 小时、55.6 小时，说明就业形势总体稳定，生产经营持续向好，就业者实现了更加充分的就业。

（四）重点人群就业形势好转

1. 高校毕业生就业保持稳定

宁夏区内共有 19 所普通高校、高职院校。2022 年，宁夏高校应届毕业生约 4.6 万人，较 2021 年增长 22%，创历史新高。为了促进宁夏高校毕业生就业，自治区教育厅印发《全区高校毕业生就业推进工作实施方案》，全面摸清毕业生生源信息，征集岗位需求信息。自治区党委、政府办公厅印发《关于切实做好高校毕业生等青年就业创业工作若干政策措施》，通过发放补贴等形式，引导鼓励高校毕业生到企业、基层和一线就业，支持其积极投身商贸物流、文化旅游、创意创作等第三产业。各部门紧扣稳就业保就业目标任务，多措并举推动毕业生实现就业。人社部门积极打造“线上+线下”全方位就业服务模式，先后开展“公共服务进校园”“大中城市联合招聘”“全区民企招聘月”等专场特色活动。教育部门指导督促各高校校长书记开展“访企拓岗”专项行动，先后牵头举办了全区高职院校、本科院校夏季校园招聘会、高校毕业生银川经开区专场招聘会等。截至2022年8月，全区已组织线上线下招聘活动700多场次，提供有效岗位13.9万个，为2.4万名2022届困难毕业生发放求职创业补贴4787万元，截至2022年9月底，全区高校毕业生总体就业去向落实率为95.6%。

2. 农民工就业总量稳步提升

2022年，宁夏坚持就业优先政策，出台了援企稳岗、稳经济保增长促增收等一系列促进农民工就业的政策措施，为农民工就业保驾护航。随着各项政策措施落地生效，宁夏农村劳动力外出就业积极性提高，外出从业劳动力、本地非农务工劳动力总量双双上升。据农民工监测调查资料显示，三季度，农村外出从业劳动力95.2万人，比上年同期增加2.2万人，增长2.4%。其中，住户中季末外出劳动力64.3万人，同比增加1.6万人，增长2.6%；举家外出劳动力30.9万人，同比增加0.6万人，增长1.9%。本地非农从业劳动力34.6万人，同比增加0.1万人，增长0.3%。其中，本地非农自营劳动力10.8万人，同比下降3.8%；本地非农务工劳动力23.8万人，同比上升2.2%。

3. 退役军人就业情况总体较好

为了了解宁夏退役军人就业生活现状，国家统计局宁夏调查总队在银川、吴忠、隆德、平罗等14个市县抽选了655名退役军人开展专题调研。调研结果显示，宁夏退役军人就业情况良好，满意度较高。一是近六成退役军人实现就业且相对稳定。调研结果显示，57.2%的被访退役军人实现退役后再就业。实现就业的退役军人中有七成能够在退役后1年内找到工作，已就业的退役军人总体就业比较稳定，有44.7%的被访退役军人在退役后没有更换过工作，28.0%的更换过2次以下。二是退役军人社会适应能力较强且生活满意度良好。调研结果显示，近八成退役军人能够尽快适应社会生活，其中49.6%能够在6个月以内适应社会生活，28.4%能够在6个月以上1年以内适应社会生活。从工作状态看，65.2%的被访退役军人对目前从事的工作表示“满意”；从生活状态看，63.9%的被访退役军人对目前的生活状态“非常满意”或“比较满意”。从薪酬保障看，50.3%的退役军人月薪在 3001~5000 元，80.0%的退役军人所在单位为其缴纳了社会保险。三是退役军人政策知晓度、认同度较高。调研结果显示，退役军人对宁夏就业创业政策较为满意，其中 16.5%的被访退役军人认为“非常满意，对本人就业创业非常有帮助”，38.9%的认为“比较满意”。从国家的退役政策能否满足生活需要看，15.9%的被访退役军人表示“完全满足，能够感受到国家的关怀”，33.6%的认为“基本满足，生活基本有保障”，38.0%的认为“部分满足，在一些方面政策支持还不够”，12.5%的认为“无法满足，退役后生活难以维持”。

4. 老年群体就业积极性较高

时代在发展，养老服务需求也在变化，不少“老当益壮”的老年人有精力、有能力，更愿意选择“发挥余热”，通过再就业获取更高收入，满足更高层次的精神生活需求。2022 年 9 月，国家统计局宁夏调查总队依托劳动力调查样本，在全区抽选 50 名 60 岁以上的老年人口开展专题调研。调查结果显示，老年人就业意愿较强，近八成有工作的老年人对本职工作感到满意或比较满意。一是老年人就业意愿增强，近八成对工作较为满意。2022 年 9 月，60 岁及以上老年群体劳动参与率、就业人口比分别为 28.8%和 28.4%，参与就业积极性较高。当问及就业的老年人“您对您的工作是否满意?”时，60.0%的回答“满意”，20.0%的回答“比较满意”，20%的回答“一般”。二是农业、林业、牧业、渔业、批发零售业以及房地产业成为老年人就业的主要行业。据劳动力调查数据显示，在老年群体主要从事的行业中，农业、林业、牧业、渔业、批发零售业以及建筑业占比居前，分别为 68.7%、7.8%和 4.2%。按单位或生产经营活动类型分，经营农村家庭承包地（家庭农林牧渔生产经营活动）、私营企业、非农个体经营户以及灵活就业占比较高，分别为 64.8%、11.8%、10.0%和 5.0%。三是周平均工作时间较短。据劳动力调查数据显示，宁夏老年就业群体周平均工作时间为 47.3 小时，低于全体就业者 4 小时，说明虽然老年人积极参与工作，但因为体力有限或兼职，周平均工作时间较短。

二、2022年宁夏劳动力市场存在的主要问题

（一）就业压力依然较大

第七次人口普查数据显示，全区15—59岁的人口为476.1万人，占总人口数的66.1%，与第六次人口普查相比下降了2.9个百分点。虽然人口老龄化程度进一步加快，但劳动力供给量仍处于高位，加之近年高校毕业生大批涌入劳动力市场，给就业带来较大压力。2022年，累计进入全区就业市场求职的高校毕业生有5.5万人，但行政事业单位、国企等受毕业生青睐的工作岗位的招考数量并没有随之增加。同时，伴随着科技创新带动高技术产业不断发展，劳动密集型产业逐步收缩，部分素质技能不强的人员无法寻找到合适的就业岗位。

（二）就业结构性矛盾仍然突出

随着经济社会发展，全区就业结构性矛盾依然存在，主要表现在三个方面：一是教育结构与企业需求不匹配。近年来，产业结构调整步伐加快，而教育结构改革的迟滞导致高校专业课程设置与市场需求不匹配，毕业生仅凭专业难以很好地就业，结构性矛盾愈发突出。二是劳动者技能与企业需求不匹配。随着高新技术企业快速发展，企业对就业者职业技能的要求不断提高，部分年龄大、文化程度低、缺少职业技能的劳动者无法满足企业需求，出现隐性失业。三是求职者就业期望与用人单位用工需求不相符。随着社会不断发展，劳动者对工资收入、就业环境、职业发展等要求越来越高，“挑工作”“慢就业”现象加剧。

（三）重点群体就业压力不减

一是高校毕业生群体就业难，“慢就业”现象突显。高校扩招、人口增长导致高学历人才供给出现“井喷”，经济结构调整、求职者就业观念与现实偏差较大等因素导致本该处于强势竞争力的高学历青年群体失去了竞争优势。2022年6月的劳动力调查数据显示，16—34岁青年失业人口中本科学历占比最高，为42.2%；其次为大学专科和初中文化程度的人，占比分别为22.0%和16.1%。近四成毕业生认为“找不到合适的工作”。在从未工作过的高校毕业生中，55.6%的为2022届毕业生，30.6%的为2019—2021届往届

毕业生。从未工作过的高校毕业生中，37.5%的认为自己“找不到合适的工作”。无太大经济压力、对精神需求、职业发展要求高是高校毕业生选择“慢就业”的主要因素。

二是农民工群体受疫情影响就业限制多。2022 年，受区内外疫情多点散发及燃油、天然气价格上涨等因素影响，外出自营利润空间收窄，农民工群体每人月均收入有所下降。受各地疫情防控影响，跨省务工疫情防控流程多，往往需要查验健康码、多次核酸检测、集中封控，影响农村劳动力外出就业。农民工文化水平较低，在就业市场上往往处于劣势，就业方向主要以劳动强度大、技术含量低的工作为主，多数农民工以前没有参加过职业技能培训，技能缺乏问题突出，不符合新时代企业产业转型需求。

三是退役军人群体就业信息不畅、竞争力弱。调研结果显示，18.2%的被访退役军人认为“形势非常严峻，就业非常困难”，54.5%的被访退役军人认为“形势比较严峻，就业比较困难”。走访了解，受大环境和疫情影响，近两年宁夏企业、事业单位接收退役军人的数量较往年减少，退役军人就业创业压力与日俱增。再就业竞争力弱，职业技能偏低。调研结果显示，宁夏退役军人学历较低，15.9%的为本科及以上学历，43.2%的为大专，28.7%的为高中，12.2%的为初中及以下。调研了解到，近年来，很多适龄青年离开学校后即参军入伍，提升了部队的基层力量，但是因为大部分人缺少社会经验，专业不对口或专业面太窄，使得他们进入社会后面临很大就业压力。退役军人获取就业信息渠道较窄。调研结果显示，56.6%的被访退役军人通过“战友之间相互介绍”了解本地就业创业信息，38.2%的通过“社区、小区宣传栏”了解，36.3%的通过“政府网站”了解，35.9%的通过“微博、微信等网络渠道”，获取就业信息渠道单一、方式传统。现有退役军人就业创业信息服务平台作用发挥有限，部分退役军人因使用网络检索能力欠缺，难以在服务平台或各大招聘网站上找到合适工作，部分退役军人关注退役军人事务局公众号，但受众面有限。

四是老年群体就业保障不足。问卷调查结果显示，七成老年人认为就业困难的主要原因是就业市场对老年人存在偏见，近五成老年人认为就业困难的主要原因是自身知识和技能跟不上市场需求以及家庭负担较多、无法获得有效的就业信息以及缺乏相关政策支持及就业保障。

三、对推进宁夏高质量就业的思考建议

（一）在新产业、新业态、新模式中扩展就业创业机会

新冠肺炎疫情对传统行业产生了巨大冲击，但也涌现出很多线上服务、网络直播、小区团购等新就业形式。应以此为契机，进一步打破传统业态的治理思维，探索新的监管机制，建立新业态新形式的治理规则。进一步营造和鼓励就业形式创新的政策氛围，支持大众基于互联网平台开展微创新，探索对创造性劳动给予合理分成，降低创业风险，激活全社会创新创业创富积极性。宁夏妇女就业、创业发展空间依然较大，可以进一步探索适合妇女就业创业的工作机会，确保妇女既可以照顾家庭又能通过工作获取收入。

（二）多措并举吸纳优秀人才留宁工作

一是利用网站、微信、微博、抖音等新媒体进一步加强引进人才的政策宣传，扩大政策宣传的覆盖面，引导高校毕业生、社会优秀青年用好人才引进的各项优惠政策，扩大人才引进政策的社会知晓度，最大限度释放政策红利，为全区引进人才。二是加大重点企业稳岗力度，鼓励并协助企业对新引进的先进人才发放生活补贴，在一定程度上提高人才补贴各项标准，做到从政治上关心、生活上体贴、科技上支持，为人才创造良好舒适就业环境。三是完善人才培养机制，推广产学研用协同育人模式，建立梯度培养机制，实施知识更新工程、技能提升行动，开展“人才+产业”行动计划，探索建立“政府出钱，企业育才”的人才培养储备机制，培养青年科技人才后备军。加强创新型、应用型、技能型人才培养，壮大高水平和高技能人才队伍。

（三）健全完善社会保障制度

一是充分发挥失业保险保生活、防失业、促就业作用，通过下调养老、失业、工伤保险费率和运用失业保险为符合条件的困难企业发放社保补贴、岗位补贴和职业技能培训补贴等措施，帮助企业困难职工稳定岗位。二是不断健全完善失业保险制度，及时为符合条件的失业人员发放失业保险金并缴纳职工医疗保险，逐年增大全区失业保险金征缴额度和支出力度，逐

步提高待遇水平。三是积极探索建立适应灵活就业特点的社会保障机制，完善适应灵活就业支持政策，并向外卖、快递等职业新业态倾斜，发挥行业协会作用，提高灵活就业者合法权益保障水平。

（四）加强就业人员职业技能培训

一是加强各项培训资金的投入，尤其对城镇失业人员、农村转移劳动力、大学生和农民创业、跨省转移的外来劳动力参加职业技能培训实行补贴。二是积极鼓励企业在岗职工和未就业的大学毕业生，到职业技能培训机构参加主要产业、新兴产业所需要的技术工种的培训，促进岗位与技能相匹配。三是不断丰富和改进职业技能培训的项目，结合各地区产业发展特色，加入新业态、新产业下的培训科目，根据经济发展现状取消针对性不强、岗位饱和的项目，加强部门间职业技术证书的认定，始终把职业培训作为提升劳动者就业技能和职业转换能力的基础性工作，帮助劳动者实现更高质量的就业。

社会治理篇

SHEHUI ZHILI PIAN

十八大以来宁夏社会建设：成就、经验与启示

杨永芳

十八大以来，在党中央的坚强领导和亲切关怀下，自治区党委、政府带领全区各族群众沿着习近平总书记指引的方向，踔厉奋发，真抓实干，宁夏社会建设和民生保障事业取得辉煌成就。奋进新征程，我们要继续以习近平新时代中国特色社会主义思想为指导，把党的二十大精神部署贯穿在宁夏社会发展的方方面面，以新气象新作为新担当，推动经济社会高质量发展，为建设社会主义现代化美丽新宁夏勇毅前行。

一、十八大以来宁夏社会建设成就非凡

十八大以来，宁夏始终坚持民生导向，民生保障和社会发展取得丰硕成果，725 万各族群众的获得感、幸福感和安全感得到了前所未有的提升。

（一）社会建设稳步推进，民生福祉提质增效

1. 努力实现更高质量就业，城乡居民收入稳步增长

就业是最大的民生。十八大以来，自治区党委、政府高度重视就业工作，努力实现更高质量和更充分就业，让每一个有就业意愿的人都能在劳动中实现个人价值。一是扎实推进就业优先战略。坚持就业优先理念，促进经济增长与扩大就业联动，促进产业发展与挖掘就业潜力协同，促进新

作者简介　杨永芳，宁夏社会科学院社会学法学研究所研究员。

兴业态发展与拓宽就业新空间结合，支持劳动者实现多元化就业。不断加大财政投入，建成多层级就业创业服务平台，为城乡劳动力提供高效便捷的就业创业服务。二是多措并举推动高质量就业创业。实施创新驱动发展战略，通过宁东能源化工基地、沿黄城市带基础设施等一批重点项目建设，吸纳大批农村剩余劳动力，缓解了转移劳动力就业的供求矛盾。加强职业技能培训，帮助劳动者实现更高质量就业。三是重点群体就业帮扶稳步推进。切实做好高校毕业生、农民工、退役军人等重点群体就业，加大就业困难人员帮扶力度。近五年来，全区城镇新增就业年均 7.5 万多人，城镇登记失业率低于 4.5%，农村劳动力转移就业年均 75 万多人，累计发放创业担保贷款 71.14 亿元，创业带动就业 32.04 万人。四是着力提升居民收入。实施居民收入提升行动，健全工资合理增长机制，完善最低工资和工资支付保障制度，切实提高劳动者特别是一线劳动者劳动报酬，确保居民收入增长与经济发展同步。十年来，全区年人均可支配收入由 2012 年的 13104 元增加到 2021 年的 27904 元，年均增长 8.8%，其中，城镇常住居民人均可支配收入 38291 元，农村常住居民人均可支配收入 15337 元，农村居民人均可支配收入增幅大于城镇居民。

2. 办好人民满意的教育，打造西部人才高地

百年大计，教育为本。十八大以来，宁夏教育事业发展驶入快车道，为全区经济社会高质量发展做出重大贡献。一是现代教育体系日趋完备。基础教育增速提效，全区学前教育资源布局更加均衡、办园条件显著改善、保教质量持续提高。2018 年，全区 19 个县（市、区）义务教育基本均衡发展通过国家评估认定，国检通过比例位居西部省区前列。高等教育成果丰硕，全区形成了由 1 所“211 工程”高校、2 所多科性大学、4 所本科学院（含独立学院）、3 所国家百所示范性高职学院和 5 所自治区高职学院组成的结构合理的高等教育体系。职业教育整合资源调整布局，高职规模持续扩大。截至 2021 年底，全区共有各级各类学校 3442 所，教职工 12 万人，在校生 157.3 万人。二是教育事业改革取得积极成效。2021 年，宁夏稳步实施基础教育质量提升行动，加快发展学前教育，扎实推进义务教育优质均衡发展，普通高中向多样化特色发展迈进。加快高等教育内涵式发

展步伐，持续推进宁夏大学西部一流高校建设和自治区 10 个国内一流学科、10 个西部一流学科建设，有序推进宁夏师范学院“升大创博”工作。全国“互联网+教育”示范区建设成绩斐然，智能化云平台上线运行，建成教育区块链、智慧门户、资源中心、开放平台等系统，数字学校支撑空中课堂，教育信息化发展排名进入全国前 6 位。抓好“双减”工作，全区学科类培训机构压减 94%，非学科类培训机构管理更规范。十年来，全区教育经费总投入 2114 亿元，教育服务经济社会能力持续增强。

3. 医疗卫生事业迈上新台阶，为“健康宁夏”提供强大保障

十八大以来，自治区党委、政府全面深化医药卫生体制改革，加强基层医疗卫生服务体系建设，推进公共卫生服务均等化，为“健康宁夏”建设提供了有力保障。一是不断完善医疗卫生服务体系。全区医疗卫生机构、卫生技术人员总量快速增长，社会办医积极性空前高涨，截至 2021 年，全区医疗卫生机构达 4574 个，其中，医院 218 家（公立医院 66 家，民营医院 152 家），基层医疗卫生机构 4247 个。基层医疗卫生机构中，社区卫生服务中心 38 个，社区卫生服务站 193 个，乡镇卫生院 205 个，村卫生室 2172 个，各类门诊部 59 个，诊所（卫生所、医务室、护理站）1580 个。每千人口医疗卫生机构实有床位数 5.73 张，高于全国平均水平。全区卫生机构人员数 7.31 万人，卫生技术人员 6.06 万人。二是不断提升健康服务能力。公共卫生服务均等化显著提升，对高血压、糖尿病等慢性病患者规范管理率达 85%。实施生命全周期健康维护行动，全区人均预期寿命提高到 76.6 岁，婴儿死亡率、5 岁以下儿童死亡率、孕产妇死亡率分别下降到 3.5‰、5.22‰和 11.48/10 万。加快完善城市社区卫生服务体系，实施乡镇卫生院服务能力提升行动，紧密型医共体医联体建设覆盖所有二级以上公立医院、乡镇卫生院和 90%以上社区卫生服务机构。三是加大医药卫生体制改革。率先在全国提出药品“三统一”改革模式，建立覆盖城乡的药品供应保障体系。实现农村基层卫生机构标准化建设全覆盖，在盐池县率先开展创新支付制度提高卫生效益改革试点。优化资源配置，打造医疗集团、纵向医联体、一体化管理、专科联盟等 4 种形式的医疗联合体，积极构建分级诊疗体系，为全国卫生领域改革创新提供了宁夏经验。综合医改

成效整体处于全国前列，中卫市被确定为国家公立医院综合改革示范市。四是不断推进“健康宁夏”建设。全面加强“互联网+医疗”示范区建设，推动宁夏区域卫生信息云平台建设，远程会诊等应用服务全面推开，“国家、自治区、市、县、乡”五级远程医疗服务体系初步建成。

4. 社会保障事业快速发展，提升城乡居民获得感

十八大以来，宁夏健全覆盖全民、统筹城乡、保障适度、多层次社会保障体系，让改革发展成果更多更公平惠及全区各族群众。一是社会保险事业发展蒸蒸日上。按照中央提出的“兜底线，织密网，建机制”的要求，紧紧抓住加快非公有制经济发展、集中解决社会保险历史遗留问题、新型城镇化建设等有利时机，全力推进社会保险制度体系建设，养老保险制度框架更加成熟定型。率先实现企业职工基本养老保险省级统筹，率先整省实施城乡居民养老保险制度。先后制定出台降低企业职工养老保险费率、缴费基数、已参保和未参保企业职工补缴、跨省流动人员养老保险关系转移接续等政策，解决企业职工养老保险出现的新情况新问题。率先在全国实施全民参保计划，推进工伤保险、失业保险、城镇居民和城镇职工医疗保险实现区级统筹，增强社会保险风险防范能力和基金调剂保障能力。启动跨省异地就医直接结算工作，先后实现了住院、普通门诊和高血压、糖尿病等5个门诊慢特病病种的跨省直接结算，实现了基本医保、大病保险、医疗救助、扶贫保跨省异地就医住院费“一站式”结算。截至2021年底，全区城镇职工基本养老保险、失业保险、工伤保险、城乡居民养老保险参保人数分别达252.11万人、109.07万人、143.79万人、230.8万人，各项基金累计结余381.57亿元，基金运行平稳有序。二是社会救助制度为困难群众保驾护航。强化社会救助制度体系建设，在原有的城乡低保、五保供养和特困灾民救助基础上，加强医疗、教育、住房、就业等专项救助，救助水平不断提高。截至2021年底，全区共保障城乡低保对象43万人，特困人员9658人，已脱贫贫困人口纳入兜底保障19.1万人，城乡低保标准每人每月提高到650元，享受高龄津贴人数近11万人，困难群众基本生活保障更加有力。针对特困供养人员、低保对象、脱贫不稳定人口等特殊困难群体，通过建立动态参保缴费机制、财政全额补贴、定额补助等举措，

确保易返贫致贫人口及时纳入三重保障范围。三是社会福利制度建设与时俱进。立足区情，充分发挥政府主导作用，广泛动员社会力量参与福利机构、养老机构建设运营。促进养老产业与文化、旅游、健康等产业融合发展，支持宁夏中房、隆光、宝丰等企业兴办社区“嵌入式”养老机构。截至 2021 年底，全区各类养老机构 168 个，社区日间照料中心 201 个，农村老饭桌 615 个，设立养老机构护理型床位 1.24 万张，建成医养结合机构 23 家。

（二）新型城镇化建设突飞猛进，城乡社会面貌日新月异

1. 加快完善城乡基础设施，夯实高质量发展“硬支撑”

十八大以来，宁夏加强网络型基础设施建设，加快推进铁路干线、高铁主通道和银川河东机场改扩建等重大项目进度，加大现代物流、能源保障等领域基础设施网络建设力度，推动水电热气、停车等公共设施和城市基础设施智能化改造。截至 2021 年末，圆了“高铁梦”，实现了县县通高速、乡乡通油路、村村通公路，构建起经济快速发展的骨干通道。十年来，宁夏交通基础设施投资 1491 亿元，四通八达的基础设施交通网，成为广大群众感受最显著的重要发展成果之一。

2. 着力改善人居环境，乡村面貌焕然一新

政府对改善农村面貌发挥了主导作用，在公共设施建设方面既是出资者也是项目组织实施者。自治区制订了《美丽乡村实施方案》和《宁夏村庄布局规划(2015—2030 年)》，使乡村建设走上了科学化规范化轨道。十年来，累计支持建设“美丽小城镇”147 个，占全区乡镇的 91.8%；建设“美丽村庄”1089 个，整治旧村 3216 个，占全区村庄的 94.7%，乡村面貌实现质的提升。加大危房危窑改造力度，重视农村人居环境整治，深入推进以“两处理、两改造”为重点的农村环境综合整治，有效地促进了美丽乡村建设。

3. 推进新型城镇化进程，城乡融合发展迈出大步伐

近年来，宁夏大力实施区域中心城市带动、沿黄城市带发展、中南部大县城建设和黄河流域生态保护和高质量发展先行区建设等一系列战略，有序推进农业转移人口市民化，城镇建设由规模扩张向质量提升转变，城

镇品质不断提升。截至2021年底，全区常住人口725万人，常住人口城镇化率达66.04%，高于全国平均水平，城镇化处于动力强劲、潜力巨大的高速发展阶段。

（三）打赢脱贫攻坚战，开启乡村全面振兴新征程

1. 打赢脱贫攻坚战，做好与乡村振兴有效衔接

十八大以来，宁夏构建起政府、社会、市场协同的大扶贫格局和广泛参与、合力攻坚的社会动员体系。深化闽宁对口扶贫协作，福建省30多个县（市、区）分别与宁夏9个贫困县（区）结对帮扶，累计投入帮扶资金30.67亿元，实施了一大批基础设施、社会事业项目。2020年底，宁夏全面打赢脱贫攻坚战，全区9个贫困县（区）脱贫“摘帽”，1100个贫困村脱贫出列，80.3万农村建档立卡贫困人口脱贫，宁夏成功翻越脱贫路上的最后一座高山。2021年，宁夏出台《关于实现巩固拓展脱贫攻坚成果同乡村振兴有效衔接的实施意见》，聚焦12个重点县，做好与乡村振兴的有效衔接。

2. 开启乡村振兴新征程，打造乡村振兴样板区

站在新起点上，按照自治区第十三次党代会部署，宁夏聚焦乡村产业、人才、文化、生态、组织五个方面，以特色农业提质增效推进产业振兴，以建强人才队伍推进人才振兴，以涵养文明乡风推进文化振兴，以宜居宜业推进生态振兴，以提升治理效能推进组织振兴，全力打造乡村振兴样板区。

二、十八大以来宁夏社会民生事业取得辉煌成就的基本经验

总结十年辉煌成就经验，意在启示当下，烛照未来，对继续“建设美丽新宁夏，共圆伟大中国梦”及建设社会主义现代化强国都具有重大现实意义。

（一）以习近平新时代中国特色社会主义思想领航，始终坚持和加强党的全面领导，是社会民生事业取得辉煌成就的根本保障

回首十年奋斗路，宁夏爬坡前行的每一点进步、收获的每一项成就，根本在于习近平总书记的指路领航，在于习近平新时代中国特色社会主义

思想的科学指引，在于坚持和加强党对各项工作的全面统一领导，在于宁夏各级党组织自觉维护党中央权威，自觉在思想上政治上行动上同党中央保持高度一致，在于坚定不移把党的基本理论、基本路线、基本纲领在宁夏大地落地落细落实，在于把党的各项决策部署贯穿于社会建设和社会发展的方方面面。实践证明，只要我们牢牢坚持中国共产党的领导，贯彻好落实好习近平总书记视察宁夏重要讲话和重要指示批示精神，就能凝聚起万众一心、共克时艰的磅礴力量，把民生实践切实变成满足人民日益增长的美好生活需要的福祉。

（二）坚持以人民为中心的发展思想，为了人民，依靠人民，是社会民生事业取得辉煌成就的本质要求

“江山就是人民，人民就是江山，打江山、守江山，守的是人民的心。”党的十八大以来，宁夏始终坚持以人民为中心的发展思想，以维护最广大人民的根本利益为出发点，想人民群众之所想，急人民群众之所急，聚焦广大群众关心的就业、教育、住房、社会保障等领域，用心用力保障和改善民生。从 2007 年开始实施 10 项民生计划、为民办 30 件实事以来，宁夏每年都把民生计划作为政府部门的头等大事组织力量落细落实，每年将 75%以上财力用于民生事业，累计支出 9300 多亿元。让人民过上好日子，是一切工作的出发点落脚点。十年来，从脱贫攻坚到全面小康，从乡村振兴到先行区建设，宁夏发展奋进的征途上，正是坚持了以人民为中心的发展思想，我们的社会建设事业才不断迈上新台阶，并得到广大人民群众的拥护支持。实践证明，只要我们坚持人民至上，把人民对美好生活的向往作为奋斗目标，改革发展成果才能更多更公平地惠及全体人民。为了人民而发展，发展才有意义；依靠人民而发展，发展才有动力。新的赶考路上，只有不忘初心、牢记使命，把人民放在心中最高位置，顺应老百姓对美好生活的新期盼，以造福人民为最大政绩，以实干实现民意，以行动温暖民心，用党员干部的“辛苦指数”换取人民群众的“幸福指数”，才能激发全区各族群众的创造伟力，才能始终拥有面对挑战、面向未来的不竭动力，才能守住民心、勇立潮头，不断走向新的胜利。

（三）始终坚持发展为党执政兴国的第一要务，以高质量发展创造高品质生活，是社会民生事业取得辉煌成就的动力源泉

发展是党执政兴国的第一要务。必须坚持在发展中保障和改善民生，高质量发展是全面建设社会主义现代化国家的首要任务。十八大以来，宁夏坚持以新发展理念引领新发展、实现新跨越，把发展作为最大任务，着力破解发展不平衡不充分的难题，地区生产总值年均增长7.1%，跨越3个千亿元大关，产业发展质量和效益实现重大转变。宁夏把打赢脱贫攻坚战作为头等大事，成功翻越脱贫路上的“六盘山”，西海固地区彻底甩掉了绝对贫困的“帽子”，习近平总书记亲自命名的闽宁镇从“干沙滩”变成了“金沙滩”，在共同富裕道路上迈出了新的步伐。把改革开放作为关键一招，架起全面深化改革的“四梁八柱”，积极融入“一带一路”建设，国际经贸拓展到169个国家和地区，逐步从开放腹地走向开放前沿。改革的宁夏、开放的宁夏受到越来越多企业客商的青睐，携手发展的“关系网”越织越密。十年间，全区地区生产总值从2131亿元跃升至4522亿元，年均增长7.5%；人均生产总值由32609元跃升到62549元，年均增长6.2%。地方财政一般预算收入由264亿元增加到460亿元，年均增长7.7%，这十年是宁夏一路高歌、突飞猛进的十年。实践证明，只要我们大抓发展、抓大发展、抓高质量发展，我们就能实现从跟跑向并跑、领跑转变，奋力走出一条具有宁夏特色的高质量发展新路子，就一定能为老百姓创造更高品质的生活。新征程再出发，我们必须坚持守正创新，以高质量发展全力答好建成社会主义现代化强国的新时代“宁夏答卷”。

（四）团结奋斗，勇于担当，强烈的责任感使命感，是社会民生事业取得辉煌成就的关键法宝

“小康梦、强国梦、中国梦，归根到底是老百姓的幸福梦。”十八大以来，自治区党委、政府顺应全区725万各族群众过上富裕新生活的热切期盼，坚定使命任务的政治担当，增强政治自觉、思想自觉和行动自觉，以强烈的责任感使命感，带领全区各族群众团结奋斗、踔厉奋发，大力弘扬“不到长城非好汉”的革命精神、激发“走好新时代长征路”的奋斗精神、发扬“社会主义是干出来的”实干精神，不怕苦、不畏难、不自满、不懈怠，敢于担当，甘于奉献。大到先行区建设、缩小城乡差距、山川差距、收入差距的顶层设计，小到山区孩子们的营养午餐、建立贫困学生资助体系、危房危窑改造、公益岗位开发等等，一枝一叶总关情，始终和群众想在一起、干在一起，锲而不舍，只争朝夕，一张蓝图绘到底，一任接着一任干。正是依靠这种功成不必在我、功成必定有我的奋斗精神，提振了全区广大干部群众想干事、能干事、能干成事的精气神，在社会民生领域创造了一个又一个叫得响的“宁夏经验”“宁夏方案”，打开了宁夏社会发展的新天地，全区各族群众发自内心地喊出“黄河水甜，共产党好”。实践证明，只要我们按照党中央的部署，团结奋斗，敢于斗争，像石榴籽一样紧紧抱在一起，铸牢中华民族共同体意识，就能让各族群众的幸福梦变成现实。前进路上，我们要始终牢记嘱托，继续发扬“社会主义是干出来的”的伟大精神，不断增强广大群众的志气、骨气、底气，不信邪、不怕鬼、不怕压，凝心聚力，勇毅前行，撸起袖子加油干。继续确保全区上下政通人和、民族团结、宗教和顺、社会稳定，就一定能赢得主动，赢得优势，赢得未来，建设好发展好现代化美丽新宁夏。

三、对新时代宁夏社会发展的思考建议

2022 年是我国迈向新征程的重要年份，党的二十大为我们勾画了宏伟蓝图。面对复杂严峻的国际形势和诸多不确定性因素影响，建设美丽新宁夏，实现共同富裕目标，必须不折不扣贯彻落实好党的二十大精神，坚定信心，心系民生，为全面建设社会主义现代化国家提供源源不竭的社会动能。

（一）加强社会建设，在高质量发展中办好民生工程

1. 实现更加稳定更可持续的就业，让人民群众顺心

就业是最大的民生。当前，要凝心聚力打好就业收入扩增战。实施助企纾困稳岗行动，将阶段性缓缴企业社保费政策扩大到受疫情影响较大、生产经营困难的 22 个行业、中小微企业、个体工商户，将大型企业稳岗返还标准由 30%提高到 50%。实施青年就业创业促进行动，发挥创业担保基金撬动作用，适当降低贷款门槛，扩大贷款覆盖面，鼓励高校毕业生、退

役军人、返乡入乡人员等积极运用网络平台、创业孵化基地等载体自主创业、灵活就业。实施农村劳动力转移就业促进行动，加大区内外劳务协作力度，促进农村劳动力有组织地到区外就业、在家门口就地就近就业。实施困难人员就业援助行动，加大公益性岗位开发、畅通失业登记渠道、实施精准帮扶，保障下岗失业人员、零就业家庭人员、家庭困难毕业生等人员有岗位有就业。实施职业技能提升行动，强化困难群体就业技能培训，促进劳动者长技能、好就业。实施居民收入提升行动，健全工资合理增长机制，切实提高劳动者特别是一线劳动者劳动报酬，确保居民收入增长与经济发展同步。

2. 发展更加均衡更为优质的教育，让人民群众放心

教育、科技、人才是全面建设社会主义现代化国家的基础性、战略性支撑。要加快建设高质量教育体系，推动宁夏大学“部区合建”和“双一流”建设，支持宁夏医科大学建设行业特色大学，支持北方民族大学建设特色高水平现代民族大学，支持宁夏师范学院“升大创博”，以教育高质量发展助力宁夏“三区建设”。加快推进教育质量提升行动取得重大突破，启动学前教育行动计划，扶持民办园提供普惠性服务。推进“县管校聘”改革，进一步优化中小学教师资源配置，提升教师队伍活力。推进职业教育提质培优，坚持产教融合、校企合作，培育更多“大国工匠”。加快“互联网+教育”示范区建设，完善教育大数据中心，争取并加快建设国家智慧教育平台全省域试点，形成在全国可复制可推广的数字化教育新模式。

3. 提供更完善更高质量健康服务，让人民群众舒心

以健康宁夏建设为统领，树立人民健康至上理念，以全方位全周期保障人民健康为目标，以全民健康水平提升行动为抓手，构建与经济社会发展相匹配的公共卫生体系、医疗服务体系和全民健康促进体系。始终坚持预防为主策略，全面加大健康干预力度，着力提升医疗服务能力和基层医疗水平。提升基层医疗服务能力和水平，推进优质医疗资源扩容和均衡布局，建设国家区域医疗中心，加快医疗机构提档升级。加强城市社区卫生服务中心和乡镇卫生院建设，夯实提升全民健康的基础设施。加快县域（区域）互联网、医共体数字化建设，推进“互联网+医疗健康”示范区建

设。加强重大疫情防控救治体系和应急能力建设，有效遏制重大传染性疾病传播。推动全民健身和全民健康深度融合，发挥体育运动作用，促进户外运动发展，助力健康宁夏建设。

4. 健全覆盖全民、统筹城乡、公平统一、安全规范、可持续的多层次社会保障体系，让人民群众安心

继续推进实施全民参保计划，将新兴产业、现代服务业、互联网、新业态、非公经济组织等行业和灵活就业人员、农民工等群体作为参保重点，加大应保尽保扩面力度。规范社保基金管理，进一步强化基金运行风险研判和精算分析，落实社保基金预算执行差值率控制在10%以内要求，确保基金收支平衡。摸清困难群众底数和实际需求，从医疗、教育、住房等多个层面加大社会救助力度，特别是做好疫情之下低收入群体临时救助。统筹城乡社会救助，将特困救助供养未成年人年龄从16周岁延长至18周岁。健全残疾人福利服务体系，落实残疾人“两项补贴”动态调整机制。积极争取长期护理保险国家试点，并与失能失智老年人补贴制度衔接，在“低起点，广覆盖，保基本，可持续”基础上，优先覆盖重度失能老年群体，逐步扩大覆盖范围。

（二）推进新型城镇化建设，促进人口长期均衡发展

1. 制定人口长期发展战略，促进人口长期均衡发展

对欠发达地区而言，确保人口数量、结构、分布在一个合理区间，有助于巩固拓展脱贫攻坚成果，促进人口与经济、社会、资源、环境协调可持续发展。为此，必须利用智库和第三方力量加强人口发展态势的监测研判，实现各部门间人口服务基础信息融合共享、动态更新。制定人口长期发展战略，完善人口空间规划布局，提高人口素质，促进人口长期均衡发展。加强政策宣传解读，及时回应群众关切，建立生育支持政策体系，实施三孩生育政策及配套支持措施，提振生育水平。尊重生育的社会价值，鼓励夫妻共担育儿责任，破除高价彩礼等陈规陋习，构建新型婚育文化氛围。

2. 健全医养康养服务体系，有效应对人口老龄化问题

首先，要不断强化家庭养老功能。弘扬敬老养老孝老的传统美德，提

升家庭照护能力，积极发展“互联网+居家养老”，夯实居家养老的基础。其次，补齐城乡社区养老短板。探索社区互助式养老，鼓励老年人开展多种形式的志愿服务。探索城市社区日间照料中心和城乡老饭桌等为老服务可持续运营的好办法，依托整合现有资源，发展乡镇综合养老服务中心或养老服务综合体。再次，建设功能完善的养老机构。支持建设“嵌入式”社区养老服务机构，提升医养结合服务能力。加强专业养老护理队伍建设，提高从业者社会地位和待遇，推动建设老年友好型社会。

（三）推进乡村振兴战略，打造乡村全面振兴样板区

1. 围绕特色产业发展，在“农业强”上求突破

全面推进乡村振兴，必须坚持农业农村优先发展，立足特色资源，从产业振兴入手。一是做强做优特色产业。依托龙头企业和产业园区，大力发展葡萄酒、枸杞、牛奶、肉牛、滩羊、冷链蔬菜六大特色产业，着力打造“中国葡萄酒之都”“中国高端奶之乡”“中国滩羊之乡”“中国枸杞之乡”，走好农业产业振兴之路。二是促进产业融合发展。将特色产业发展与乡村旅游、休闲农业、健康养老、电子商务等新产业新业态相融合，推动乡村产业从单一种养向一二三产业融合发展转变。三是探索产业振兴与农户利益联结新路径。发展现代特色农业，必须把保障农民利益放在第一位，探索建立更加有效、更加长效的利益联结机制，确保农户持续获益。

2. 围绕生态与人文环境建设，在“农村美”上求突破

以生态保护、“乡村建设行动”和文化建设为抓手，全力打造“塞上乡村乐园”，走好美丽乡村建设之路。一是实现生态宜居。大力发展高效节水农业，加强农业面源污染治理，持续深化农村环境卫生整治提升行动，科学推进“厕所革命”，不断提升农户改善生活生产环境的内生动力。二是深入推进乡村建设行动。重点抓好农村道路、交通运输、农田水利、农村饮水、清洁能源、乡村物流、农房质量安全、村级综合服务设施等方面工作，推动公共服务资源下沉。三是加强文化建设。深入开发乡土文化资源，打造乡村文化旅游消费新亮点。做好“红色+”文章，推进红色文旅融合，拓宽农民增收途径，为全面推进乡村振兴赋能添彩。

3. 围绕组织和人才队伍建设，在“农民富”上求突破

生活富裕是推动乡村全面振兴的根本目的，实现共同富裕目标关键靠人，核心在人才。一要加强农村基层党组织建设。推进乡村组织振兴，要坚持以政治引领，加强农村党组织和党员队伍建设，充分发挥农村基层党组织的政治堡垒作用。要进一步完善自治、法治、德治、智治相结合的乡村治理体系，发挥自治强基、法治保障、德治教化、智治支撑作用，推动基层治理迈上新台阶。二要壮大培养乡村人才队伍。注重打造过硬的干部队伍，吸引高素质技能人才，培养新型高素质农民。

宁夏建设乡村全面振兴样板区中的乡村治理问题研究

李保平

基层治理是“中国之治”的基石，乡村治理又是基层治理的末梢。在国家治理体系中，乡村治理居于底层但地位非常重要，是乡村全面振兴的基础性工程。正因为如此，自治区第十三次党代会提出建设乡村全面振兴样板区，农民不能缺席，乡村不能掉队，农业不能滞后。部署实施乡村建设行动，通过统筹县域城镇和乡村规划管理，提升乡村水电路气讯网保障能力，深入实施综合服务设施、农房质量安全、人居环境整治、农村饮水安全、基本公共服务等提升工程，发展壮大村集体经济，加强农村精神文明建设，持续提升乡村治理水平。乡村治理的目标是形成人人有责、人人尽责、人人享有的乡村治理共同体。从历史经验与社会现实看，任何一个共同体的打造都离不开政治、经济、社会、文化四个维度的建设。因此，乡村治理表面上看似一个单纯的治理问题，实际上是一个涵盖发展、民生、服务、规制的综合性工程。治理中既有发展的经济命题，也有社会建设中的诸多民生事项，更有对乡村文化的引领与农民价值观的重塑。所以，乡村治理的逻辑是政治、经济、社会、文化建设的相互牵引和互促互惠，而经济发展在乡村治理中居于最为基础的位置。正如一切问题都可以归结为治理问题一样，治理是发展中的治理，是以人为中心，服务于人的

作者简介 李保平，宁夏社会科学院社会学法学研究所研究员。

治理，是一种基于政治权利、经济发展、社会保障、文化教化而非静态管制或统治的现代秩序形态，这是治理区别于历史上管理、管制包括统治的关键所在。

一、党的十八大以来，宁夏乡村治理事业取得长足进步，为建设乡村全面振兴样板区奠定了坚实的治理基础

古人云：“郡县治，天下安。”古代的基层在郡县，县以下实行乡绅自治。当代的基层在乡村，在一个农业人口比重较大的国度，可以说是乡村治，则郡县治，郡县治则国家安。

（一）实施精准扶贫和乡村振兴战略，为乡村治理奠定了坚实的物质条件

2020 年，宁夏与全国人民一道如期完成全面建成小康社会目标，实现了 80.3 万人口全部脱贫，9 个贫困县全部“摘帽”，建立了乡村医保全覆盖和对特殊人群的兜底性保障，历史性地解决了绝对贫困问题，迈向了全面建设社会主义现代化的新征程。这是一项前无古人的历史伟业，不但极大地提高了人民群众的幸福感、安全感、满意度，也为乡村治理共同体建设打下了物质基础，增强了广大农民感党恩、听党话、跟党走的信心和决心。

（二）建立“五治”融合的基层治理体系，形成乡村治理的基本制度框架

以政治引领乡村基层组织建设，夯实党的执政根基；以法治规范乡村治理，为乡村治理提供高质量的法治保障；以德治教化村民思想观念，提升村民道德素养；以自治激发内生动力，筑牢乡村治理根基；以智治提供现代专业技术服务，赋能乡村治理，为乡村治理提供强大支撑。

（三）治理资源不断向乡村基层倾斜，乡村治理能力水平显著提升

为夯实基层治理根基，自治区党委专门制定出台宁夏回族自治区《关于完善基层治理体系，提高基层治理能力的若干意见》，创新乡村治理、社区治理、社团治理、学校治理、企业治理、宗教治理等 6 个领域基层治理，形成 1+6 政策体系，推动治理资源不断下沉，进一步完善基层治理体系，强化基层治理能力，乡村治理效果持续显现。

二、宁夏乡村治理中存在的短板弱项

治理是一项永恒的事业，不存在完美的治理，治理只有进行时，没有完成时。虽然宁夏乡村治理取得积极进展，成绩有目共睹，但社会治理不可能一蹴而就，总会在解决完老问题后，新的问题也随即产生。治理的目的是解决矛盾纠纷，更是通过制度建设，减少矛盾问题的发生概率，提高解决问题的质效。所以，治理的逻辑在于通过个案处理与经验积累，最终达到推进治理体系和治理能力现代化的目的。其中，治理体系现代化尤为重要，是治理能力现代化的决定性因素。与治理体系和治理能力现代化这个高水平治理要求相比，实事求是地讲，宁夏的乡村治理确实还存在一定的差距。

（一）基层干部对乡村治理缺乏深刻理解与认知，加之传统路径依赖，许多乡村干部还没有从思想上真正实现从乡村管理到乡村治理的转变

从管理到治理不但是治理方式的转变，也是一场深刻的思想革命。由于受传统观念和计划经济时代的影响，乡村干部工作中往往管理思维大于治理，习惯于为民作主，一个人说了算，人治痕迹明显，履职中忽视程序正义，把权力监督看成是对个人的一种不信任，认为权力制约是妨碍了工作效率，对相关制度存在一定程度的抵触情绪，导致乡村治理在实践层面法治化程度不高。德治由于缺少关键的抓手，流于形式口号，无法发挥德治教化作用，自治工作由于基层乡村社区忙于政府事务，成为行政末梢，基层干部无暇顾及自治事务，加之缺乏有效抓手，村民参与意识不足，整体推进乏力。

（二）在城镇化不断加速的背景下，乡村人才外流严重，乡村治理人才缺乏，乡村干部素质不高，乡贤数量不足

宁夏城镇化正处于快速发展时期，大量农村劳动力进入城市，在城市生活工作日渐成为一种常态，形成了一种有别于传统的生计模式。乡村青壮年外流，使得乡村空心化日益严重，直接影响到乡村治理的绩效。正是因为乡村治理人才的缺失，导致大部分乡村治理工作创新不够，缺乏与本村实际的结合，治理内容相互模仿痕迹重，同质化程度较高。近年来，随着驻村工作的开展，大量驻村干部充实到乡村干部队伍中，对改变乡村干部的思想观念、提升乡村干部的能力素质发挥了重要作用，但由此也形成了一种对驻村干部的“路径依赖”。按照当下乡村干部的实际能力水平，如果驻村干部撤离，部分乡村治理成效存在下滑的可能。

（三）乡村治理体现为全面落实上级要求，对上级负责，与乡村实际结合度不高，导致上下存在脱节现象，形式主义普遍存在

上面千条线，下面一根针。这句话不但是对基层工作繁杂辛苦的形象表达，也反映了乡村治理工作对上不对下的实际。乡村治理对上负责的优势是可以把党和政府的各项惠民政策及时传递到农民手中，防止惠民政策存在“最后一公里”问题，有效预防村级腐败。但这种只对上不对下的治理方式，使得乡村治理工作不能深入，始终悬浮于乡村之上，不能全面融入群众的乡村生活中，有效反映群众生活诉求和治理需要。对群众而言，乡村治理往往是“他者”的舞台，是政府和村干部的事，与自身关系不大。同时，这种对上不对下的工作态度，也造成基层特有的形式主义：一是奉行文牍主义原则。基层干部有相当一部分精力都用在写各种汇报、总结材料上，有年初计划、中期考核、年终总结等不同环节，中间还有不同部门要的各种材料。在基层同志看来，工作干得好不好，与工作实际效果关系不大，关键在于有没有材料，材料写得好不好，有没有创新，上级领导是否满意。二是表格数字满天飞。随着信息化的推进，数字管理成为基层治理的重要抓手，基层工作的重要内容就是填报各种数据报表，以满足上面工作要求，应付各种检查考核。有些数据要得很急，早晨要，中午12点前必须报，导致数据造假现象普遍存在。三是不管实绩要痕迹。按照一般理解，考核是为了推进工作，以工作实际效果为准，但在实践中由于一些工作相对务虚，无法用成效说话，上级考核主要看工作痕迹，有了痕迹，说明干了工作，痕迹越充分，说明干得越好。调研中会发现，许多基层社区都设有专门的展厅，没有展厅的，都有展板，专门展示工作取得的成绩。这些展示展板，平时关门或收起来，遇有领导考察视察，便作为创想亮点工作进行介绍，对每一位领导讲的都是同样的内容。四是不问实际成效，但求形式合规。在基层行政决策中，弥漫着走程序的意识，制度“虚置”

现象严重。随着全面从严治党的持续推进，对各级干部问责力度不断加大，基层政府不像以前直接拍板决定某项工程项目由谁做，而是严格按照相关要求，扎扎实实走程序，为行政决策合法性背书。走法定程序只是“先上船，再买门票”，这种形式主义的做法使得程序规定并没有发挥应有的价值和作用，空转现象严重，是导致政绩工程、形象工程、基层腐败禁而不止，多发高发的重要原因。五是“一俊遮百丑”选择考察点。在基层发展过程中，由于不同乡村（社区）自然禀赋不同，发展程度有差异是正常现象，但在基层，一般都会选择发展比较好的典型“示范村”作为专门的参观考察点，用典型代表一般，遮蔽了乡村（社区）发展不平衡的真相，资源向示范村持续聚集，造成资源浪费，误导了上级领导，也引起群众不满。六是只对上不对下。当下基层的形式主义基本上都是对上的，没有或者很少有针对群众搞的形式主义。只对上不对下，这是基层形式主义区别于一般形式主义的最大特点。一般人们认为官僚主义与形式主义是一对孪生子，官僚主义主要对下不对上；但通过我们对基层形式主义的观察，虽然不能排除官僚主义的因素，但官僚主义并非基层形式主义产生的主要原因，基层形式主义的产生原因更为复杂。

（四）乡村治理中群众积极性不高，参与度不强

与管理的单向度和强调整体性不同，治理是注重政府与社会双向互动，鼓励个体积极参与的事业。乡村治理中群众参与度不高的问题，是基层治理中存在的较为突出的现象。群众参与度不高的原因是多种多样的，既有空心化导致的参与能力不足的问题，也有自上而下治理产生的利益疏离，更有乡村发展的阶段性与现代治理统一性要求之间存在的张力。宁夏在全国属西部欠发达地区，虽然经历了建国 70 多年的历史巨变，特别是改革开放 40 年的快速发展，但农村发展的阶段性特征还非常明显。费孝通先生在 20 世纪 80 年代研究中国农村“乡土重建”时，指出我们正处在一个“三级两跳”的时代关口，在未完成乡土社会到工业社会的转型过程中，又面临跳进信息社会的时代要求，由此急需处理技术的跃进速度远远超出人类已有的社会组织对技术的需求这一重要问题。由于部分留守村民仍然处于传统农业社会向工业社会、信息社会转变阶段，“三级两跳”的社会结构特征使得村民素质和传统社会组织跟不上工业化、信息化时代的治理要求，选择“服从”而非“参与”也许是一种无奈的结局。

（五）乡村治理存在较为严重的内卷化和形式主义现象

在新中国成立后的若干年内，农业、农村一直是国家汲取治理资源的重要场域。随着改革开放不断深入，我国社会主义现代化建设取得巨大成绩，国家有能力开始反哺农业农村，大量的治理资源开始自上而下进入农村，称之为“资源下乡”，农民开始享有国家改革发展的红利。为了保障资源分配的公平性，维护农民合法权益，国家自上而下加大了对乡村治理的考核监督。这种监督考核有效保障了治理资源的精准到位，但也产生了乡村治理工作疲于应付各种检查、填报各种报表、参加各类会议、整理各种资料等形式化、内卷化问题。从实际工作看，乡村治理中存在的这种内卷化和形式主义的东西，也与信息壁垒有关。乡村是基础数据的来源，报送有关数据是乡村工作的重要环节，由于许多数据部门间信息不能共享，乡村需要针对不同部门填报相同数据，造成重复性劳动。另外，基层信息基础设施往往由不同的供应商提供服务，设备不兼容也导致村干部需要下载各种版本的APP，才能完成不同的工作任务，无形中增加了工作的负担。

（六）乡村治理水平与治理能力存在一定程度的差异和分层现象，示范村与普通村、后进村治理存在较大差距

现在的乡村已经不是传统社会里的乡村，也不同于计划经济时代“二元”结构意义上的乡村，经过改革开放40余年的发展，乡村不断在发生嬗变。有些乡村消失了，有些乡村衰落了，有些乡村处于维持性阶段，也有一些乡村获得了快速发展，已经与城镇无异。与经济社会发展的不平衡现象一样，乡村治理客观上也存在一定程度的差异性。如果说经济社会发展不平衡更多的是一种客观现象的话，乡村治理的不平衡，人为因素可能要大一点。在脱贫攻坚过程中，为了总结经验，鼓励后劲，各地都打造了许多示范样板村，单位帮扶、领导包抓制度又进一步强化了示范的意义。一些头脑灵活的村干部，看到了示范带来的资源聚集效应，因此积极争取示范以获取资源。这样，在各种荣誉资源的累积效应下，示范村在经济发展、村容村貌、基础设施、集体经济、村民收入、民主管理等方面与普通村、后进村之间的距离逐渐拉大。随着示范村吸纳资源能力不断提升，最后反映在乡村治理中，形成了村治中示范村、普通村、后进村并存的“差序格局”。由于持续不断地锦上添花，有些地方这种差距还在不断扩大。正因为“示范村”不具有普遍意义，鉴于普通村、后进村数量占据多数，如何均衡治理资源，关注普通村、后进村，找到普通村和后进村推进乡村治理的新路子，提升普通村、后进村的治理水平，是我们面临的一项新的任务。

三、对推进宁夏乡村治理体系与能力现代化的思考

（一）准确认识乡村治理的科学内涵，提高乡村干部对乡村治理的认知水平

治理的概念是20世纪90年代以后才从国外传入我国的，以区别于传统的管理、管制和统治。治理强调充分发挥市场、社会的作用，突出治理主体的多元性和互动性。显然，在中国语境下，强调治理主体的多元性并不等于承认治理主体地位的平等，但多主体的参与应是治理的应有之义。在宁夏乡村治理实践中，“治理”一词虽然经常被人们提及，挂在嘴上，写在墙上，见于各种文件之中，但对治理的理解千差万别，许多基层干部在具体工作中仍然是一种管理思维，对发挥多元主体参与治理，思考不够，招数不多，究其原因主要是对治理理解不深、学习不够。学习是行动的先导，只有让广大干部深刻理解乡村治理的科学内涵，掌握精髓要义，才有可能在实际工作中贯彻治理的理念，落实治理举措。所以，强化基层干部特别是村级干部对治理理论的学习，准确把握乡村治理的科学内涵，掌握乡村治理的相关要求，是乡村治理有效推进的先决条件。

（二）以系统思维推进乡村治理，注重发挥治理要素在乡村治理中的作用，打造乡村治理共同体

共同体建设是一个复杂的系统工程，迄今为止人类社会已经历多种共同体，从血缘共同体、家庭共同体、社会共同体、文化共同体到政治共同体、人类命运共同体等不一而足。虽然有如此之多的共同体，但共同体的建构有相似的规律，一般而言，政治（法治）、经济、社会、文化构成共同

体建设的四个面向，它们分别解决共同体建设中的最为关键的三个问题：权利、利益、认同。自治区第十三次党代会提出要打造乡村治理共同体，就必须要着眼于乡村经济发展、民主政治和乡村文化建设，在乡村治理中关注农民的权利问题、利益问题和精神文化需求，而非单纯地将乡村治理看成是一种维护社会和谐稳定的行政工作。国内外的历史证明，没有发展就没有治理，没有参与就没有治理，没有认同也没有治理，治理是物质、规范与精神的有机结合。所以，从某种意义上说，治理的根基在治理之外，只有寓治理于乡村的不断发展中，从政治、经济、社会、文化等不同面向持续用力，避免单向度的行政思维，才能收到长久的治理质效。

（三）大力发展村集体经济，以集体经济活力激发村民参与治理积极性，发挥自治强基作用

党的十九大报告中，提出基层治理要走法治、德治与自治融合发展的路子。自治是基层治理的重要环节，也是乡村治理的基础。基层自治实践中群众参与意愿不高，原因既有自身参与能力不足的问题，也与自上而下的议题设定不能满足群众需要，与群众的需求联系不紧密有关。我们在调研中发现，凡是经济发达地区的乡村和村集体经济搞得好的乡村，群众参与自治事项的积极性普遍较高。近年来，宁夏把壮大村集体经济作为精准扶贫和乡村振兴的重点工作来抓，收到了较好的效果，村集体经济从无到有，从小到大，不断积累，取得了显著的成绩。但我们也看到，当前村集体经济在发展中也存在一些令人担忧的现象，个别地方村集体经济以发展积累为名不分红，管理上集权化程度较高，经营活动不容他人置喙，集体经济有成为个别村干部专属财产的风险。要通过制度机制建设夯实集体所有制根基，坚持村集体经济的集体属性，防止村集体经济在改革过程中逐渐演化为少数人占有、使用和享有的财产，村民成为打工者或局外人。只有通过不断壮大村集体经济，让农民从集体经济发展中得到好处，才能“以财聚人”。与此同时，让广大农民行使作为村集体经济“所有者”的各项权利，把民主参与和自身利益结合起来，撬动农民参与乡村治理的积极性，是提升乡村自治能力的一条有效路径。

（四）切实落实基层减负要求，解决乡村治理中存在的各种形式主义，为乡村治理创造时间和空间条件

近年来，基层负担重逐渐成为一种常态，基层干部把大量时间耗在填制各种报表、应付各种检查、参加各种会议上，村务工作行政化日趋严重。村务行政化不但加剧了乡村干部的工作负担，也极大地挤压了乡村治理空间，导致法治泛化，自治弱化，德治虚化。为减轻基层负担，自治区党委、政府多次出台文件，明确提出要求，要求把基层减负作为一项重要工作任务来抓。但从目前落实情况看，形势还不容乐观，据笔者在基层调查，基层负担仍然较重，大量应该由部门完成的工作，仍由基层社区承担。落实党中央、国务院和自治区党委、政府要求，切实减轻基层特别是城乡社区的工作负担，使他们有一定的时间、空间，做一些与乡村实际和村民利益密切相关的事，把法治、德治、自治制度落实落细，是今后一个时期基层工作的一项重要任务。一是科学把握政策出台的密度，给基层落实政策一个相对宽裕的时间空间。通过制定符合实际的考核办法，最大限度地减少形式主义产生的土壤。二是坚持推进人民民主和党的自我革命两条道路不动摇，保持两条道路的均衡性。在强化党的自我革命的基础上，充分发挥人民民主的巨大伟力，通过实施全过程人民民主，培育基层自治能力，提升基层自治水平，充分发挥人民民主的监督作用，改变基层政府对上负责，对下无责的现状。基层干得好与坏，最终由人民群众说了算，只有如此，才能从根本上清除基层形式主义产生的根源。三是改变现有干部管理制度，形成能上能下、能者上、庸者下的用人导向和干事创业环境。现今干部出事多是因为贪污腐败，搞形式主义的干部不但处理得较少，许多还因为政绩工程步步高升，所谓干得好，不如说得好，既要干得好，也要学会宣传包装，不然干得再好也是白搭等基层干部中存在的现象，说明我们用人制度还存在许多问题，特别是干部制度执行中倾听群众意见不足，存在走过场现象。四是加强治理资源向基层倾斜。不但人力资源向基层倾斜，物质等资源也要向基层倾斜，尽可能地减少中间环节，在基层形成责权利相匹配的治理体系，使得基层干部有权、有责、有利益，切实解决说的不会干、干的不会说、说了也白说的治理困境。五是加强监督检查督查，创新监督检查督查方式。向梁言顺书记学习，更多采取暗访形式，“一竿子插到底”解决基层形式主义问题，以铁的事实戳穿形式主义的种种谎言，让形式主义当场出丑，暴露在阳光下无处遁形。

（五）改革示范村和单位帮扶中事实存在的资源配置不均问题，探索一体均衡推进乡村治理的新路子

自治区第十三次党代会提出加快建设乡村全面振兴样板区，推动乡村振兴走在西部前列。时间紧，任务重。典型示范的本意是在相同甚至较差的条件下做得更好，用典型事迹发挥引领带动作用，同时积累探索发展经验，为全面推进某项工作创造条件。但现实中的示范村建设逐渐演变为政策资源堆砌的样板（形象）工程，不但远离典型示范的本义，同时也基本不具备可复制性。要恢复示范的本来含义，摒弃政策资源叠加的做法，践行“社会主义是干出来的”的伟大号召，把立足本村实际，依靠自我发展，真正做得好、可复制的示范村建立起来，为打造乡村振兴样板区提供经验借鉴。单位帮扶体现了一方有难、八方支援的社会主义制度的巨大优势，在精准扶贫战略实施中发挥了重要作用。由于不同单位资源禀赋不同，在实际工作中也产生了一些问题：一是不同单位的帮扶力度不同，进一步拉大村级之间发展的距离，加剧了村治分层的形成。二是一些地方政府以帮扶单位提供的帮扶资源多少论英雄，给资源贫乏的单位造成一定的压力，帮扶工作也不同程度受到影响。考虑到精准扶贫阶段性任务已经完成，乡村振兴主要靠激发乡村自身发展动力，资源堆砌短时间内可能效果明显，但从长期看，并不利于乡村长远利益，无助于解决乡村全面振兴问题。建议进一步规范单位帮扶中的资源使用，可将单位帮扶与扶贫资源使用适度分离，建立单位帮扶资源库，有钱出钱，有力出力，有智献智，由自治区各级乡村振兴局依据乡村振兴样板区建设实际需要统一分配使用帮扶资源。这样做，不但能够减少单位帮扶资源不均衡现象，也可有效地平衡不同单位扶贫效果不同的问题，防止帮扶过程中“嫌贫爱富”现象的发生。同时，这种方式也有利于根据乡村实际和规划投放资源，避免了多头投入、盲目投入带来的资源浪费，保护了农民的财产权益和合法利益。

贺兰县农村宅基地制度改革：实践、问题与思考

狄国忠　陈晓伟　杨海燕

农村宅基地制度是我国土地制度的重要组成部分，是我国农村土地所有制的基本制度，是维护农民基本居住权益的有力保障。中共中央国务院《关于做好2022年全面推进乡村振兴重点工作的意见》明确要求："稳慎推进农村宅基地制度改革试点，规范开展房地一体宅基地确权登记。稳妥有序推进农村集体经营性建设用地入市。推动开展集体经营性建设用地使用权抵押融资。依法依规有序开展全域土地综合整治试点。"①贺兰县作为国家农村宅基地制度改革试点县，在保障农户"宅基地资格权"前提下，"农民可以暂不行使宅基地使用权，村级集体经济组织可以有计划地引导农户分期分批退出原有的闲置或低效宅基地，转变为集体经营性建设用地后可用于发展仓储物流、分拣加工、市场冷链等生产性服务业，在延长拓宽产业链，提升产业竞争力、产品附加值的同时，壮大集体经济。农户可以将退出的宅基地和闲置房屋入股企业或合作社发展民宿、加工、养殖等产业并获得利润分红，增加财产性收入。"② 贺兰县农村宅基地制度改革，在

作者简介　狄国忠，宁夏区委党校（宁夏行政学院）社会与文化教研部主任，教授；陈晓伟，贺兰县委党校（贺兰行政学院）常务副校长；杨海燕，贺兰县委党校（贺兰行政学院）讲师。

①中共中央国务院关于做好二〇二二年全面推进乡村振兴重点工作的意见[N].人民日报，2022-02-23.

②张晓慧.贺兰县185户农民获宅基地资格权证书[N].宁夏日报，2021-11-19.

解决农村宅基地深层次矛盾和问题上进行探路，力求探索出“可复制、可推广”的经验做法，助力全面推进乡村振兴。

一、贺兰县农村宅基地制度改革的做法及创新

截至2022年10月，贺兰县已颁发农村宅基地资格权证1300余本，全面完成农村宅基地使用权和农民房屋所有权“两证合一”确权颁证，完成32个建制村的“多规合一”实用性村庄规划编制，建立了农村宅基地管理信息数据库和规划动态调整及“留白”机制，先后出台《贺兰县农村宅基地资格权认定办法（试行）》《贺兰县农村宅基地有偿使用办法（试行）》《贺兰县农村宅基地和建房审批管理办法（试行）》《贺兰县农村宅基地使用权和农房所有权抵押融资办法（试行）》等配套政策。

（一）探索闲置宅基地“入股经营”

农村宅基地制度改革中，为了让农户闲置宅基地和闲置住宅效益最大化，农户以协议的方式，将自家闲置宅基地和闲置住宅授权委托给村集体经济组织，村集体经济组织对流转过来的闲置宅基地和闲置住宅进行统一管理、经营、出租、入股、招商合作等，并按照一定比例收取管理费用。同时，农户以契约方式，将闲置宅基地和闲置住宅作价入股村集体经济，并协商确定分红比例。星光村位于贺兰县立岗镇，是一个有着200多年历史的古村落，共有610户1700人。近年来，星光村年轻人外出务工，村里只剩下十几名留守老人，院落闲置率达90%。根据贺兰县宅基地改革制度，宅基地改革试点选在立岗镇星光村。考虑到星光村的实际状况，该村采取“企业+合作社+农户”的形式进行“入股经营”试点，鼓励农民将宅基地和房屋入股参与经营，以实现闲置宅基地的有效使用。

1.“租金+利润”方式

农户将宅基地和房屋租给投资人（第三方）经营，投资人每年向农户支付宅基地和房屋保底租金1000元，每年将经营宅基地和房屋产生利润的70%返还给投资人、30%由村集体分配（其中，农户占20%，村集体占10%），形成农民稳定增收致富的长效机制。

2.“有偿转变为集体用地”的方式

农户将原有的闲置或低效宅基地，有偿转变为集体经营性建设用地，由村集体与第三方投资运营机构合作改造，村集体参与保底和分红等。星光村八社共 71 户、52 座宅基地，其中 6 座有偿征用后作为公共设施建设用地，其余 46 座分期分批改造。同时，结合宅基地改革试点，星光村规划在沿黄路两侧建设乡村养老项目，此养老项目在满足本村老人养老的同时，面向全国旅居养老机构开放，促进村集体经济与农户双增收。

3.“直接入股村集体经济组织”的方式

星光村 2 社和 11 社空心化率极高，房屋危旧严重，在保留农户“宅基地资格权”的前提下，农户将宅基地和危房作价入股到村集体组织，村集体经济组织实施养殖、加工等经济项目，村集体与农户形成利益共同体。

（二）探索闲置宅基地使用权转变机制

在探索农村闲置宅基地和闲置住宅退出过程中，引导进城落户的农民和通过继承获得住宅房屋所有权的非集体经济组织成员，通过多种方式自愿有偿退出宅基地。根据贺兰县宅基地改革要求，这项改革地点选择在常信乡新民村的 8 社和 9 社。新民村的 8 社、9 社有 84 户，共有宅基地 80 宗，宅基地总面积 56 亩。其中，多户一宅 7 宗，面积 2 亩；一户一宅 68 宗，面积 48 亩；一户两宅及以上 3 宗，面积 2 亩；非本村集体成员占有宅基地 2 宗，面积 1.5 亩；闲置宅基地共计 37 宗，面积 26 亩，闲置率 46.3%，其中，闲置废弃宅基地 15 宗，面积 10 亩；季节性闲置宅基地 5 宗，面积 4 亩；长期闲置宅基地 17 宗，面积 12 亩。新民村按照“一户一宅，面积法定”的原则，探索宅基地使用权暂时退出和长期退出机制。在前期调查和征求意见的基础上，根据有关法律法规，允许进城落户农民按照依法自愿有偿原则退出宅基地。对不符合现行有关法律和政策规定的“一户多宅”等问题，区分不同情形进行处理：属于合情合理的，探索采取有偿方式引导退出；违法违规占用的，根据实际情况依法处置，应当退出的必须无偿退出。退出补偿标准参照常信乡的耕地补偿标准 37500 元/亩，建筑物 200~400 元/米^2，辅助用房 50~150 元/米^2。对腾退出来的宅基地，依法依规纳入城乡建设用地、集体经营性建设用地，并入市交易。因地制宜招商引资，探索建设高标准畜禽生产基地，以点带面，引导周边群众“出户入园”，实现村集体和农户共建共治共享。

（三）探索闲置宅基地转变为集体建设用地

在农村宅基地制度改革中，村集体经济组织利用从农户手中转变过来的闲置宅基地和闲置住宅，采取自营、出租、入股、合作等多种方式，发展乡村旅游、文化体验、电子商务等乡村产业新业态。兰光村位于立岗镇，2012 年开始建设中心村，建设住宅楼 42 栋，共有住房 1478 套，按照有关安置政策，兰光村居民全部搬上楼集中居住。2021 年 10 月，召开村民代表大会，讨论村集体建设用地入市，将兰光村 4 社、6 社旧宅基地拆迁后，转变为村集体经营性建设用地，并以 6.47 万元/亩的评估单价，把 47.2 亩地挂牌入市拍卖，拍卖成功后，除财政局收取部分代办费用外，其余费用全部用于壮大村集体经济，同时，拍卖的企业拥有使用权。通过闲置宅基地使用权的转变，一方面，企业扩大经营规模，建设冷链、冷库、办公楼、教学楼等，进行辣椒标准化生产和深加工，推动辣椒产业的发展，另一方面，企业平均每天吸纳 400 多名周边农民在基地务工，辐射带动周边农户增收致富。同样，习岗镇的红旗村也拍卖集体土地使用权，并通过引入企业参与本村产业发展。红旗村地理位置优越，毗邻银川市花卉市场。2021 年，红旗村将 77.91 亩的集体建设用地使用权，以 918.84 万元的价格拍卖给宁夏盛唐市政园林工程有限责任公司，此公司利用流转的建设用地经营花卉仓储物流等产业。当前，红旗村在花卉仓储物流、农副产品及花鸟鱼虫销售、花卉及农副产品展示交易、旅游观光采摘、特色民宿、房车露营等经营项目不断发展，壮大村集体经济，带动农民增收致富。

二、贺兰县农村宅基地制度改革中存在的问题

农村宅基地制度改革，减少了农村土地资源浪费，有效缓解了城市建设用地紧张，增加了农民财产性收入，搭建了农村土地与社会资本连接的桥梁，但是农村闲置宅基地改革也面临诸多社会问题。

（一）农村宅基地改革周期较长，带来农民社会保障风险问题

随着城镇化的推进，农村人口自然减少和城镇人口有序增加仍然是一

种趋势。推行农村宅基地制度改革，引导农民自愿有偿退出宅基地使用权的探索意义重大。同时，有些人对于农村闲置宅基地使用权的认知存在把握不精准的问题，主要是忽视了大部分农村宅基地暂时闲置的社会保障价值。现实中多数进城的农民，仍然不愿意放弃宅基地使用权，期望将自家农村宅基地留作退路。因为宅基地使用权具有社会保障属性，也就是说，在城镇化发展的背景下，进城落户农民的宅基地与房屋仍是他们所保留的一份“保险”。此外，对于进城落户的农民来说，存在着城市生活成本高、就业不稳定等问题，保留农村的宅基地和房屋则为其返乡提供了社会保障的作用。

（二）农村宅基地改革的补偿方式单一，影响农民的子女教育、医疗等基本民生

在农村宅基地制度改革中，绝大部分地区都是对退出宅基地使用权的农户进行现金或实物形式补偿。这种方式补偿的优势是给予农户及时直接的收益，却没有考虑到农户在退出宅基地使用权、离开农村的同时，也失去了农村集体成员的身份。农民离开农村进入城市生活，如果没有一技之长或者就业不稳定，难以较快融入和适应城市生活，他们在子女教育、医疗等方面的压力和负担必然加重。因此，仅仅通过一次性的现金或实物补偿，难以补偿农民长期的、持续性的损失，这种单一补偿方式直接或间接地影响退出宅基地农民的生活和发展。

（三）农村宅基地资格权审批和“使用权”保障不充分，影响村民自身权益和投资人的积极性

在我国土地制度下，农民享有宅基地使用权。近年来，有关政策严格限制宅基地批建，使得农村宅基地修建总体上处于收紧的状态，客观上限制了部分农户取得宅基地资格权。“宅基地使用权”具备财产属性和身份属性。农户在拥有“宅基地资格权”的前提下，可以进入市场流转“宅基地使用权”。但是，宅基地使用权在市场化流转时，存在农户权益的充分保障以及投资人的“使用权”能否获得有效保障的问题，这是一个需要进一步研究明确的问题。宅基地“三权分置”创设的目的是让“宅基地使用权”更具有灵活性。但在实践中，投资人担心的是，通过市场流转过来的“宅基地使用权”能否得到有效保障。

三、深化贺兰县农村宅基地制度改革的对策建议

农村宅基地制度改革，是激活农村资源要素、建设生态宜居美丽乡村、提高乡村治理能力的推动力量，有助于保障农民的切身利益，推动农村社会稳定发展。我们要以问题为导向，在深化农村宅基地制度改革中促进农业农村现代化。

（一）建立完善农民的社会保障制度

农村宅基地是农民具有福利性质的社会保障。当前，农民享受的福利政策不多，因而在农村宅基地制度改革中要更加重视农村宅基地的潜在价值。因此，给予农民特别是参加农村宅基地改革的农民更多的保障性措施，将会减少农村宅基地流转后对农民生产生活的负面影响，更能有效地开展农村宅基地改革。一是给予农民廉租房及经济适用房政策。对于退出农村宅基地的农村居民，给予他们廉租房及经济适用房等政策，为退出农村宅基地使用权进城的农民自身发展奠定基础。二是给予最低生活保障。对参与农村宅基地改革的农民进行社保补偿，保障农民退出农村宅基地后有一定的基本生活保障，为他们今后的生产生活打下良好基础。三是探索养老保险方式。尝试将农民宅基地的使用权作为条件，农民与村集体、政府签订养老协议，让农村老人的“宅基地使用权”成为养老的资源。

（二）完善和丰富补偿方式

农村宅基地制度改革中，农民宅基地使用权退出的补偿方式不必拘泥于单一的补偿方式。在补偿方式的设计上，有关部门要深入实地调查，了解农民所需、了解地方所需，结合实际情况提出有针对性的补偿方式。一是以货币或者实物的方式补偿。对于离开农村完全融入城市的农村居民来说，农村宅基地转换主要以货币补偿的方式，或者采用房屋等实物补偿的方式。二是对农民进行就业技能培训。在农村宅基地制度改革中，筹划出一部分资金，对农民进行电工、焊工、面点师等实用性强的专业培训，并对他们进行理论和实际操作考试，考试合格者发给国家职业技能等级证书，引导农民底气十足的就业。三是采取收益补偿的方式。村集体经济组织将

流转整合的土地以股份形式用于投资，让农民间接地以宅基地使用权投资和收益。村集体经济组织还可以利用整合土地开发集体经济项目，让农民分享红利，并为农民提供就业机会。总之，要通过多元化的补偿方式，把选择的权利交到农民的手里，充分保障其权益。

（三）完善农民“宅基地资格权”的赋予机制，保障“宅基地使用权”的收益

农户宅基地资格权，是农户的农村集体经济组织成员权，是农民居住权的重要保障。随着农村人口的变化，一些农户需要新增农户宅基地资格权，农户宅基地资格权的审批应当适应经济社会发展的要求并不断完善；农户宅基地使用权，建立在农户宅基地资格权的基础之上，既可以自己使用宅基地，也可以将自己的宅基地使用权通过适当的方式流转。农户宅基地使用权流转退出机制，主要适用于已经进城落户并拥有闲置农村宅基地的农民，也包括尚未进城落户但在城市拥有住宅，还在农村有闲置宅基地的农民。一是创新宅基地退出机制。农村宅基地制度改革中，要采取合理的且不低于市场的价格退出宅基地使用权，然后再自愿有偿分配给有住房需求的农民，并明确界定宅基地原拥有者与宅基地使用者的权责关系。二是促进农户宅基地使用权有效流转。探索运用多种渠道将农户宅基地使用权进行抵押、短期或长期租赁、转让，农村集体经济组织牵头引进经营主体等，经营流转的农户宅基地。三是守住“宅基地资格权”底线。农户宅基地资格权认定后，可以退出使用权，保留资格权。在农户有需要时，可以凭资格权证书向所属集体经济组织申请宅基地建房，保障其居住权，打消农民退出宅基地后成为“无地无房无证”者的后顾之忧，让农民放心退出宅基地。四是规范和保障社会资本对“宅基地使用权”的运营。完善农村宅基地使用权转变后的运营办法，防止一些农村集体经济组织以及房地产商大肆炒卖流转的宅基地，违法在农村进行房地产开发。

宁夏义务教育学校标准化建设实践和路径选择①

孔炜莉

党的二十大报告指出，教育、科技、人才是全面建设社会主义现代化国家的基础性、战略性支撑，强调要坚持教育优先发展，办好人民满意的教育。近年来，宁夏以促进教育公平和提高教育质量为目标，加强中小学标准化建设，努力实现人民群众从“有学上”到“上好学”的美好期盼。面对新时代新征程，宁夏将深刻领会和切实贯彻二十大精神，发展更加优质均衡的义务教育，不断增强人民群众的获得感、幸福感。

一、宁夏义务教育学校标准化建设实践与成效

（一）教育经费保障机制不断健全，有力保障学校标准化建设

近年来，自治区持续加大教育经费投入，严格按照“一个不低于，两个只增不减”要求，坚持把义务教育作为教育投入的重中之重，优先保障义务教育优质均衡发展。“一个不低于”是中央提出的保证国家财政性教育经费支出占国内生产总值的比例一般不低于4%。2020年，全区地方教育经费总投入为279.19亿元，比2016年增长34.71%，年均增长率7.73%。

作者简介 孔炜莉，宁夏社会科学院社会学法学研究所研究馆员。

①本文为自治区哲学社会科学规划项目“宁夏实施义务教育质量提升行动路径研究”（项目编号：21NXBJY02）阶段性成果。文中相关数据资料除标注外，均来源于自治区教育厅。

其中，国家财政性教育经费为246.2亿元，比2016年增长37.15%，年均增长率8.22%，宁夏教育投入总量和国家财政性教育经费保障水平持续提高。国家财政性教育经费占全区生产总值的比例为6.28%，比2016年增长0.58个百分点。2016年以来，国家财政性教育经费占GDP的比例保持在5%以上，超出国家规定的4%目标，优先将教育事业作为政府财政支出重点领域给予保障。

“两个只增不减”是指确保财政一般公共预算教育支出逐年只增不减，确保按在校学生人数平均的一般公共预算教育支出逐年只增不减。2020年，宁夏一般公共预算教育经费支出（包括教育事业费，基建经费和教育费附加）为207.22亿元，比2016年增长38.41%，年均增长率8.47%。受疫情的影响，全区经济下行加大了财政收支矛盾，2020年全区财政经常性收入比上年降低5.61%，但是对教育的财政投入始终坚持只增不减，一般公共预算教育经费首次突破200亿元，比上年增加15.53%，增幅是9年来最高。除了2018年外，一般公共预算教育经费的增幅均高于财政经常性收入，2020年最高，高出21.14个百分点。自2018年开始，宁夏教育经费开始统计各级教育生均一般公共预算指标。2020年，宁夏义务教育生均一般公共预算教育事业经费支出中，普通小学为12085.48元，比2018年增长22.36%；普通初中为15665.52元，增长17.67%，三年来均呈逐年增长趋势，只增不减的公共财政教育经费保障了义务教育标准化建设的顺利开展（见表1）。

表1　2016—2020年宁夏一般公共预算教育经费支出情况

年份	一般公共预算教育经费支出（亿元）	一般公共预算教育经费支出比上年增长（%）	占一般公共预算支出比例（%）	财政经常性收入本年比上年增长（%）	与财政经常性收入增长幅度比较（百分点）
2016	149.71	7.57	11.93	6.21	1.36
2017	166.80	11.41	12.12	7.29	4.12
2018	167.97	0.70	11.84	4.39	-3.69
2019	179.36	6.78	12.47	0.20	6.58
2020	207.22	15.53	14.00	-5.61	21.14

数据来源：全国教育经费执行情况统计公告（2016—2020年），宁夏回族自治区人民政府工作报告（2016—2020年）。

（二）着力改善基础环境，推进中小学校标准化建设

1. 优化城乡教育结构布局

随着宁夏城镇化建设日益加快，乡村人口不断向城镇流动，群众对子女教育的需求从“有学上”转变为“上好学”转变，城镇优质教育资源吸引乡村学生到城镇上学。自治区按照常住人口规模和学龄人口变化趋势，科学规划义务教育服务半径和办学规模，以满足群众的教育需求。与2016年相比，2021年，全区义务教育阶段在校生为89.06万人，增长3.86%，其中城镇中小学在校生72.77万人，增长15.73%；乡村在校生16.29万人，减少28.77%。全区中小学校共有1815所（含教学点），比2016年减少17.69%，其中，城镇有中小学591所，增加7.65%；乡村有中小学786所，减少36.2%；教学点共有438个，增加3.3%，其中乡村教学点增加5.84%。全区义务教育阶段共有班数21432个，比2016年增加2.42%，其中，城镇中小学班数15364个，增加22%；乡村中小学班数6068个，减少27.17%。随着城乡学龄人口的转变，城镇学校逐年增长，乡村学校则逐年减少。为了避免“大班额”，城镇班级数量更是逐年递增，城镇班数涨幅比例高出在校生比例6.27个百分点，说明缓解了“大班额”问题。针对全区义务教育“城镇挤，乡村弱”现象，自治区不断优化城乡中小学结构布局，逐步建立健全与城镇化发展和乡村振兴相适应的义务教育结构。

2. 持续扩大城乡中小学校办学规模

近年来，宁夏着力加强城镇学校、乡镇寄宿制、乡村小规模学校建设，以集团化办学模式不断扩大优质教育资源覆盖面。2022年，宁夏支持县（区）新建、改扩建学校182所，新增校舍面积27.76万平方米，建筑面积5.1万平方米，改造室外运动场地25.62万平方米，从而保障学生就学需求。全区各地通过不同手段增加学位，扩大办学规模。银川市兴庆区近三年累计投入13.2亿元，新建、改扩建基础教育学校25所，新增学位2.2万余个。2022年兴庆区新建翻扩建城乡4所学校，新增中小学学位3600个。①固原市原州区近十年来落实项目资金超过13亿元，实施学校标准化建设工

①银川市兴庆区“上新”四所学校新增3870个学位[N].银川晚报，2022-11-16.

程，新建、改扩建基础教育学校 90 多所，改造校舍 17 万平方米、运动场地 30 万平方米，有效化解“择校热”问题。[①]经过扩大中小学办学规模，确保外来务工人员随迁子女享有与城镇学生同等的优质教育资源。截至 2021 年，全区义务教育阶段进城务工随迁子女占在校生总数的 11.5%，在公办学校就读的学生占进城务工随迁子女总数的 98.6%，实现进城务工人员子女在城镇入学“零门槛”。[②]

3. 不断改善城乡中小学校办学条件

全区各地积极按照义务教育优质均衡发展标准，不断改善中小学办学条件，在生均教学及辅助用房面积、体育运动场馆面积、教学仪器设备等资源配置上均有提升，尽可能满足师生的需求。据 2021 年宁夏教育统计手册显示，全区中小学（含教学点）校舍建筑面积共计 919.89 万平方米，比上年增加 47.34 万平方米，增长 5.43%；学生运动场面积 1028.09 万平方米，比上年增加 22.09 万平方米，增长 2.20%；拥有图书 2298.24 万册，比上年增加 37.88 万册，增长 1.68%；中小学生均图书分别 33.97 册和 21.92 册，小学比上年减少 0.13 册，普通初中比上年增加 1.36 册；教学仪器设备值共计 33.14 亿元，其中小学为 20.17 亿元，初中 12.97 亿元，比上年增加 2.75 亿元，增长 9.05%，中小学配置水平均有提升。

4. 义务教育普及水平巩固提高

随着宁夏积极推进中小学标准化建设，全区义务教育普及水平进一步巩固提高。2021 年，宁夏普通小学有 1567 所，比 2016 年增加 2.02%；小学在校生有 60.37 万人，较 2016 年增加 3.59%；小学六年巩固率达 100.3%，提高 6.3 个百分点。普通初中有 248 所，比 2016 年增加 1.22%；在校生 28.69 万人，增加 4.44%；初中三年巩固率达 99.60%，提高 6.6 个百分点。小学、初中生师比分别为 17.25、13.60，比 2016 年分别增加 0.16、–0.32。全区中小学校 66 人以上超大班额完全消除，56 人以上大班额比例 1.01%，远远低

①10 年投入 70 亿！原州区教育迈向“优质均衡”[N].宁夏日报,2022–11–15.

②王兆清. 宁夏全力保障随迁子女就学 [OL]. 宁夏教育厅微信公众号，2022–01–27.

于国家要求的5%，基本实现小学45人、普通初中50人班额办学标准，基本满足城镇学龄人口就近入学需求（见表2）。

表2 宁夏义务教育发展情况

年份	学校数(所)		在校生(万人)		巩固率(%)		师生比	
	小学	普通初中	小学	普通初中	小学六年	初中三年	小学	初中
2016	1536	245	58.28	27.47	94.0	93.0	17.09	13.92
2017	1353	247	58.14	27.92	96.02	95.02	16.98	13.84
2018	1250	244	58.15	29.05	99.86	97.72	16.86	14.19
2019	1731	252	58.41	29.88	100.3	99.8	17.0	14.5
2020	1633	247	59.24	29.26	100.30	99.60	17.52	14.15
2021	1567	248	60.37	28.69	100.30	99.60	17.25	13.60
增幅(%)	2.02	1.22	3.59	4.44	6.3	6.6	0.16	-0.32

数据来源：宁夏教育统计手册（2016—2021年）、宁夏教育事业发展统计公报（2016—2021年）。

（三）改造教育信息化基础环境，加快智慧校园建设

自2018年宁夏成为全国首个省级“互联网+教育”示范区以来，宁夏积极打造教育信息化基础设施建设，形成覆盖各级各类学校，集教学应用、资源共享、网络教研、学校管理等功能于一体的宁夏教育云平台，打通教育资源和管理服务平台壁垒。截至2022年10月，平台整合4800万件优质数字教育资源并免费开放，全区100%的中小学校、99%的教师、97%的适龄学生同在教育云上共享优质教育资源。新冠肺炎疫情期间，全区中小学充分利用教育云平台，保证线上线下有效衔接，保障学生停课不停学。全区所有学校200兆以上带宽接入率、数字校园建设覆盖率、班级数字教学设备配备率、在线互动教室普及率等均达到100%，实现优质教育资源城乡全覆盖。实施专网关键节点建设、传输网络质量提升等行动，打通偏远地区乡村学校网络接入通道，形成1个省级核心节点、28个市县枢纽节点的专网体系，实现全区教育体系互联互通。加快智慧校园建设，实施校园数字化能力提升工程，培育智慧校园标杆校198所，有4个县（区）和7所学校被教育部选树为先进典型。2022年10月，宁夏获批成为国家智慧教育平台整省试点，促进宁夏与国家优质教育资源联通共享。宁夏将加快新型教育基础设施建设，加强数字教育资源建设和智能升级，全力向数字化

转型和高质量发展迈进。

（四）深化中小学教师资源配置，提高义务教育质量

2022 年，宁夏全面推开县管校聘改革，5.1 万多名教师竞聘上岗，交流轮岗 2400 多人，优质教师资源配置更加均衡。加大校长、教师交流轮岗力度，全面实施“乡村小规模学校教师走教支持计划”，全区共有 736 名城镇骨干教师开展走教教学。推进人工智能助推教师队伍建设试点，建设 8 个教师智能研修中心，城乡教师队伍改革的综合效应逐步显现。通过建立事业编制周转池对教师编制进行动态调整，在总量内最大程度地盘活调配教师编制和岗位数量，实现了教师资源跨地区、跨层级、跨部门的统筹管理和动态使用。2021 年自治区向缺编严重的市、县（区）及教育厅直属中小学校下达编制 3200 多个，有效缓解了城乡中小学教师地域分布不均衡和结构性短缺问题。截至 2021 年底，宁夏共有中小学专任教师有 5.61 万人，其中，小学城镇专任教师 2.46 万人、乡村教师 1.04 万人，普通初中城镇专任教师 1.83 万人、乡村教师 0.28 万人。近年来，城镇中小学生师比逐年下降，城乡师资差距逐步缩小，教师教学压力有所减轻，教师队伍活力不断增强，进一步提升教学能力和教育质量。

二、宁夏义务教育学校标准化建设存在的问题

（一）传统理念不适应现代化学校标准化建设的要求

目前，全区各级教育行政人员对中小学标准化建设工作有很高的积极性，但思想上仅限于满足完成上级领导安排的工作任务，对学校标准化建设完全以国家义务教育优质均衡发展评估标准为准，侧重于学校数量、校舍面积、体育活动场所、仪器设备、多媒体等硬件设施建设，忽视学生综合素养、校园文化、教学效果等软件建设。例如“互联网+教育”示范区建设，有的管理者简单地认为只要投入资金建设信息化基础设施，就是“互联网+教育”，就能实现教育现代化，没有认识到教育信息化在现代教育中的战略地位和对学生全面发展产生的深远意义，传统的观念思维仍不能适应人民满意的教育需求。

（二）城乡、区域之间标准化建设仍不均衡

目前，全区学校标准化建设与人民群众需求之间仍有一定差距，城乡、区域之间不均衡还普遍存在，仍然需要进一步扩大义务教育优质资源覆盖面。宁夏各地标准化建设主要依靠国家、自治区投入资金，各级地方财政资金支持能力有限，学校标准化、信息化等教学设备资金存在缺口现象，薄弱学校基础设施、办学环境、人工智能还存在诸多短板。有的学校图书馆建设还不能达到标准，有的学校仪器设备陈旧老化，有的学校缺少3D打印、VR教室、创客空间等新型的信息化新环境，与建设目标仍有较大的差距。虽然宁夏教育系统网络带宽普遍提高，但是各地学校网络带宽建设参差不齐，数字化校园建设有较大差别，有的地区使用千兆、万兆教育专网，有的互联网带宽500兆，还有的带宽200兆。加上日常运行和网络安全的监管等技术支撑能力不足，致使网络声像信息不能正常快速进行网络传递，影响网络课堂同步教学效果。

（三）人口流动对城镇中小学标准化建设提出更高要求

城镇人口总量的大幅增加，对城镇教育资源形成压力，城镇中小学标准化建设更受到严峻的考验。随着市场经济发展和城镇化的推进，乡村人口向城镇流动逐步增加，宁夏城乡人口不均衡现象将进一步加剧，致使义务教育阶段学龄人口在城乡区域空间的分布不均衡。例如宁夏普通小学，近年来全区城镇小学的学校数、班数、在校生均有不同程度的增长，而乡村学校、班数、学生均呈现下降趋势，仅有小规模学校数量增加，由此导致学校标准化建设不均衡的矛盾更加显现。同时，城镇学校建设不能与实际居住人口相匹配，城镇住宅首期项目与配套学校建设尚未完全实现同步规划、同步建设、同步交付使用，城镇义务教育供需失衡给学校标准化建设带来巨大挑战。城镇学龄人口就学压力持续加大，中小学实际学位不能满足学生就近入学，2000人以上大校额依然存在，“城镇挤，农村弱”等问题仍然没有得到完成化解，与学龄人口的就学需求仍有差距。

（四）城乡教师队资源配置不均衡及队伍结构性短缺

宁夏城镇学龄人口的集聚增长，导致城镇中小学校教师资源不足问题更加凸显。据宁夏党委编办2021年资料显示，全区有14个市、县（区）

教师编制处于缺口状态，主要集中在人口密集的城镇。与 2016 年相比，2021 年宁夏城镇专任教师增幅分别低于班数、在校生数量 10.72 和 2.34 个百分点，专任教师数量相对于学生数量而言普遍不足。城镇小学生师比由 2016 年的 19.03 上升到 2021 年的 19.1，比全区平均水平高出 1.85；师班比由 2.58 下降到 2.43，高出全区平均水平 0.17，每位城镇小学教师负责的学生和班级数量逐渐增多、负担日益加重。乡村学龄人口不断向城镇流入，但乡村教师编制却无法从学龄人口流出地转移到流入地，“学生流动，编制没动”问题尚未根本破解，致使原本紧缺的城镇教师编制缺口日益扩大。

宁夏乡村中小学“师多生少”问题与城镇中小学“师少生多”形成鲜明对比。以乡村小学为例，2021 年，宁夏乡村小学生师比由 2016 年的 14.12 下降到 12.86，低于全区平均水平 4.39；师班比由 1.81 上升到 1.94，低于全区 0.32，平均每位乡村小学教师负责的学生逐渐减少，每位教师负责的班级数量却逐渐增加。虽然教师数量相对于日益减少的学生数量“明显过剩”，但是乡村学校班级的教学工作量不会因为学生数量的减少、班级规模的变小而改变，大部分乡村教师身兼数职，同时教授跨年级、跨学科的多个班级、多门课程，教师平均教学工作总量增多。从核定的乡村小学教师编制数量和教师配备情况看，“超编缺人”和学科教师结构性短缺是乡村小规模学校面临的现实问题，影响着乡村学校后续发展。一方面，乡村小学教师超编问题较为突出，特别是宁南山区存在县域内教师整体超编现象；另一方面，乡村小学教师结构性短缺问题依然突出，许多学校普遍缺专职音体美、科学、信息技术和心理健康等教师，难以满足学生多样化的知识需求。

三、宁夏优化义务教育学校标准化建设的路径选择

（一）树立现代化教育理念，促进学生全面发展

教育系统行政领导干部要转变传统的执政思维模式，紧跟时代步伐，真正把以人为本落实在教育高质量发展的各个环节当中。加强中小学校硬件基础设施建设的同时，也要强化校园文化、学生核心素养等软实力建设。

如今，义务教育体系把立德树人成效作为检验教育教学的根本标准，着力全面提升中小学生综合素养。这就需要我们树立现代化教育理念，既要加强学校硬件设施，也要注重学生德智体美劳的全面发展。推进学校资源配置、教学效果和校园文化建设深度融合。在保障学校资源配置基础上，大力开展以“五育”为主题的跨学科教育教学和课外校外实践活动。加强心理健康教育课程体系建设，做好学生心理健康日常教育和心理疾病早期干预，促进心理健康教育的稳步持续发展。进一步加大对乡村困境儿童、留守儿童的心理疏导，持续推进对他们的关爱保护措施。

（二）建立多元投入机制，保障城乡标准化建设均衡发展

优化经费支出结构，灵活运用国家生均公用经费政策，探索学校标准化建设经费持续投入的保障机制。建立多元经费筹措机制，使政府和企业取长补短，保障教育信息化建设经费长效机制。改善乡村中小学基础设施建设，转变教育设施陈旧老化现象，保证网络课堂资源的迅速快捷传递，巩固推进帮扶互助远程“互动课堂”的顺利开展。除了各级政府投入外，可以考虑对参与企业实行积极的税收优惠政策，鼓励他们为学校提供优质服务，以企业捐助或价格折扣的方式解决资金问题，鼓励中国电信、中国移动、中国联通等企业对学校网络费用给予减免政策。[①]完善教师人工智能和信息化培训中心，争取建成教师发展智能实验室，开展必要的学校智能教学设施建设，优化人工智能教学应用环境。

（三）积极顺应城镇化发展趋势，优化教育资源配置

宁夏第十三次党代会提出构建“一带一主一副”城镇发展新格局，将有力促进人口、资源、生产要素等加快向城镇聚集流动，实现对现有全区城镇中小学教育发展格局的重塑。我们需要积极顺应城镇化发展趋势，超前谋划布局宁夏城乡教育布局，按照“超前规划，科学调控，合理编班”原则，综合考虑人口流动、学龄人口分布、学校规模、服务半径，以及公共基础设施配置、生态环境等因素，推进城镇中小学建设与“一带一主一

---

①王继新，张伟平.信息化助力县域内教育化均衡发展研究[J].中国电化教育，2018(2).

副”城镇发展新格局同步规划、同步建设，逐步形成与城市发展相适应的教育布局。建议调整优化乡村学校建设布局，按照乡村人口流动迁移规律，在有利于推进乡村振兴发展、确保学生上学便利的基础上，实现对教育资源、乡村学校布局的优化调整，推动乡村小规模学校相对集中办学，不断满足群众对高质量教育的需求，以教育振兴带动乡村全面振兴。

（四）全面推进教师队伍体制改革，提高城乡教育质量

坚持以“编制要服务于义务教育事业发展”为总原则，综合考量生师比、班师比、教师工作量以及跨年级、跨学科教学等多种因素核定教师编制标准，综合运用考录招聘、“三支一扶”等多种方式增加教师总量，着力破解义务教育阶段教师编制供给短缺困境。结合市、县（区）学校布局调整、不同学段中小学生规模变化等情况，科学确定调整时限，对全区中小学教师编制进行有时段的动态调整，进一步提高编制使用质效。建立以居住证学龄人口为依据的教师编制动态核定机制，根据学龄人口的空间流动定期调整教师编制总量和结构，有效破解学龄人口空间流动性与教师编制地域固定性之间的矛盾。[①] 继续加大乡村中小学音体美、信息技术、心理健康等学科教师补充力度，加强城镇优秀教师、校长向乡村学校、薄弱学校流动，引导大学生回乡开展文体教学和社会实践活动，扩大优质资源覆盖面，提升乡村中小学校育人能力。

---

①邬志辉，陈昌盛.我国义务教育阶段教师编制供求矛盾及改革思路[J].教育研究，2018(8).

党建引领宁夏城乡社区治理调查研究

——以银川、吴忠4个社区为例

徐东海　石海霞

《中共中央 国务院关于加强和完善城乡社区治理的意见》提出，健全完善城乡社区治理体系要“充分发挥基层党组织领导核心作用”①。党的二十大报告明确提出：“健全共建共治共享的社会治理制度……健全城乡社区治理体系……推进以党建引领基层治理。”可以看出，加强党对城乡社区治理的全面领导，是全力推进基层治理体系和基层治理能力现代化建设的应有之义；加强党对城乡社区治理的全面领导，就要坚持党建引领城乡社区治理。因而，在新时代中国特色社会主义现代化建设背景下，坚持党建引领城乡社区治理具有鲜明的实践性指向意义。

宁夏回族自治区党委、政府坚决贯彻党和国家关于党建引领城乡社区治理各项工作精神，于2020年出台《中共宁夏回族自治区委员会关于完善基层治理体系提高基层治理能力的若干意见》；按照自治区第十三次党代会“推动社会治理和服务中心向基层下移”有关要求，于2022年8月和11月相继出台《宁夏回族自治区城乡社区服务体系建设规划》《宁夏回族自

作者简介　徐东海，宁夏大学民族社会学专业在读博士研究生，宁夏社会科学院社会学法学研究所助理研究员；石海霞，宁夏大学思政专业在读硕士研究生，银川市兴庆区月牙湖回民第二中学二级教师。

①民政部编写组.中共中央　国务院关于加强和完善城乡社区治理的意见[M].北京：人民出版社，2017：3.

治区基层治理指标体系（试行）》等政策文件，积极深化“党建引领城乡社区治理”实践、探索适合宁夏区情特点的“党建带共建共治共享”治理模式。通过党建引领城乡社区治理实践，夯实了党在城乡社区的执政基础，围绕改善城乡民生、增进城乡居民福祉实践亮点突出、成效显著、经验可循。

从社区所处地域条件特征以及社区居民生产生活方式角度看，社区的类型皆处于“城市社区—农村社区”的连续统上。本文以宁夏银川市、吴忠市4个社区为例，分析4个社区的党建引领社区治理主要做法、成效、经验启示，为宁夏进一步做好党建引领城乡社区治理实践提供有一定针对性的决策咨询。

一、调研点简介

本文所选4个社区分别为宁夏银川市西夏区的舜天园社区和梧桐社区、吴忠市利通区的五星村社区和红寺堡区的香园村社区。其中，舜天园社区和梧桐社区是城市社区类型，舜天园社区为新建城市社区，梧桐社区属城市老社区；五星村社区地处城乡接合部，属半城半农社区；香园村社区是农村社区。4个社区类型恰好处于“城市社区—农村社区”连续统之内。

银川市西夏区舜天园社区于2015年6月银川市开展第九届城市社区“两委”换届选举工作时筹建成立。舜天园社区辖区面积3.7平方公里，东起金波南街，西至文萃南街，北起长城路，南至绕城高速，所辖舜天·嘉园东区、舜天·嘉园西区、同安园（二期廉租房）、舜天·润泽府小区4个居民小区，其中舜天·嘉园东区和舜天·润泽府小区为新建成小区，分别于2021年初和2022年初交付使用，辖区常住人口6231户12127人。社区党委下设舜天嘉园东区党支部、西区第一党支部和西区第二党支部三个党支部，直管党员93人。社区“两委”成员12人，其中，党委委员5人，居委会委员10人。社区划分为17个网格，现有兼职网格员12人。社区占地面积718平方米，设有“一站式”为民代办服务大厅、党群活动室、教育培训室、康养室、调解室、舞蹈室、书画室、文体活动室、棋牌室、儿童之家以及志愿服务站等功能室，全方位服务于辖区居民。舜天园社区以党建引领社区治理，充分发挥党委战斗堡垒作用，鼓励党员在社区治理中发挥先锋模范作用，以居民需求为导向，从居民的揪心事、烦心事入手，提升解决问题的能力，精细化为民服务，形成“五联三服务”工作机制① 和“13445”网格工作法模式②，促进社区治理提质增效。

银川市西夏区梧桐社区成立于2006年，南起怀远西路，北至朔方路，东起景庄巷，西至同心北街，辖区总面积约0.27平方公里。辖区瑞祥苑、梧桐花园2个居民小区于2000年前后建成，共有50栋居民楼，划分为9个网格，常住2310户5922人。社区党委直管党员225名，下设5个小区党支部，10个党小组，辖区有宁夏社会科学院、宁夏第五建筑公司等企事

---

①“五联三服务”是舜天园社区基层治理实践的工作机制。“五联”是指联心、联动、联调、联提、联欢。联心即社区党总支—小区党支部—在职党员＋社区直管党员三级纵向网络织密网格党建联心桥；联动即社区联合辖区企业、物业公司、派出所、卫生站、部门包抓单位等，达到资源整合，事务联办；联调即社区通过与辖区派出所、司法所、社区心理咨询辅导站组建联调小组，形成联调机制，实现社区矛盾纠纷排查化解早介入、早预防、早化解，努力维护社会治安平稳和谐局面，杜绝重大生产安全事故；联提即社区通过资源联合、部门联动实现包括环境卫生、文明秩序、居民文明意识、社区共治共建理念等各方面效能的提升；联欢即辖区各民族和各团体组织同欢、凝心聚力强服务促使辖区妇幼老弱群体欢聚一堂、通过基层减负和网格精细化管理以及数字新科技促进网格和谐发展达到工作人员心理愉悦以及社区大和谐和大联欢。“三服务”是指围绕为老、为小、为中青年三方面开展精细化服务。

②“13445”是舜天园社区精细化管理社区网格工作法。其中的“1”是指一个平台，即依托社区党群活动服务站平台，让党员在开展政治生活过程中获得归属感和自豪感，让群众在办理事项、享受服务时拥有获得感与幸福感。“3”是指通过微平台、微党课、微服务的“三微”渠道实现党员教育管理服务制度化规范化。第一个“4”是指通过强化网格员、党员、信息员、物管员这“四员”职责，及时掌握网格动态，及时处置矛盾问题。第二个“4”是指网格员严格做到工作内容“四清楚”，即做到对社区居民家庭情况清、人员类别清、网格设施清、隐患矛盾清，特别是对社区重要节点、重点人员和重点矛盾必须一清二楚，动态掌控。“5”是指网格员做到工作“五个必须报告”，即发现安全隐患及不稳定因素必报、新增孕妇必报、外来人员流入必报、居民房屋出租必报、公共设施损坏必报。

业单位。近年来，梧桐社区党委始终坚持以人民为中心，贯彻落实“四优四提”城市党建引领社区治理现代化的具体举措，构建“社区党委+小区党支部+楼栋党小组”三级组织链条、创新社区党委领导下的“居民议事会、业主委员会、物业公司”三位一体工作模式，充分整合辖区资源，以“种桐·引凤”工作为载体，成立“书法爱好者提升班”“秦腔自乐班”“平安使者巡逻队”3个协会。通过把服务居民作为小区治理和发展的出发点和落脚点，不断探索“党建引领+居民自治”的新模式，蹚出一条街道党工委、社区党组织、小区物业“三驾马车”协同推动基层治理的新路子，形成共建共治共享的社区治理新格局。

城乡接合社区是伴随社会转型和城镇化建设产生的特殊社区类型，社区里既有农村村民，也有城市居民。吴忠市利通区五星村就是这样一种特殊类型的社区，现有村民2500余人、居民2万余人，2500余名村民已全部搬进居民楼，社区正处于“村社转化”过渡期。社区党总支下设星光、铁市场、富平3个党支部，直管党员77名。近年来，吴忠市依托全力推进市域社会治理现代化试点工作，及时发现城乡接合社区治理的乱象，针对村民文明素质急需提升、居民参与意愿亟待提高、集体经济发展陷入瓶颈期、小区物业服务和管理难开展等治理难题，引导五星村社区党总支坚持问题导向，以“抓乡促村，整乡推进，整县提升”示范县乡创建行动为抓手，结合“六个先锋”示范引领行动，积极探索党建引领社区治理工作新机制，创新提出“123456”工作思路[①]，实现了党员带领群众以小积分撬动基层社会大治理的目标。

香园村位于大河乡东南方向，盐兴公路穿村而过，距离大河乡政府5.5公里，距红寺堡城区8.7公里，地理位置优越，交通便利。香园村属回汉

---

①“123456”工作思路是五星村社区党建引领群众参与工作模式。“1”是指充分发挥党建引领“一个作用”。“2”是依托社区开放式党校和积分服务认证兑换“两大平台”。“3”是狠抓基层治理网格体系建设、全方位无死角工作模式打造、人民群众满意之家营建“三项举措”。“4”是突出党员、村民、居民、村（企）工作人员“四类群体”的作用。“5”是聚焦党支部建设、村风村貌改善、优化物业服务、精细化社会治理、村集体经济发展“五大重点”。“6”是实现社区治理的共建富裕、和谐、绿色、文明、平安、幸福“六大目标”。

杂居村，是1998年由隆德县和同心县两地易地移民扶贫搬迁安置到此的生态移民村，于2014年被自治区确定为贫困村，2018年脱贫出列。全村下辖2个村民小组，现有常住人口598户2261人，其中，汉族312户1259人，回族286户1002人；脱贫户142户557人，占全村常住人口的25%；残疾户有52户55人，单双老户10户22人，享受最低生活保障81户117人。村域社区现有村“两委”成员6人，中共党员68人，党小组2个，党员联系户38户，入党积极分子5名，致富带头人14名。全村耕地5855亩，林地43940亩，退耕还林面积4832.94亩。村民生计以养殖业（羊存栏9000只以上，牛存栏600头以上）、种植业（玉米、小麦等，种植面积共计5777.7亩）和务工为主，2021年农民人均可支配收入达12200元。近年来，香园村党支部坚持以习近平新时代中国特色社会主义思想为指导，认真贯彻党的二十大和自治区第十三次党代会精神、习近平总书记来宁视察重要讲话和指示批示精神，紧紧围绕“产业兴旺，生态宜居，乡风文明，治理有效，生活富裕”的乡村振兴总体目标，在乡党委、政府的坚强领导和大力支持下，在帮扶单位的紧密配合下，在巩固拓展脱贫攻坚成果同乡村振兴战略实施有效衔接进程中，推进党建引领村域社区治理各项工作取得新实效。

二、主要做法

本文所选4个社区虽然在类型上具有截然不同属性，分别处在“城市社区—农村社区”连续统的不同节点，但在社区治理方面，均突出了“党建引领”的重要作用。4个社区通过以社区党组织委领导核心、居（村）民委员会为主导力量，调动起了社区治理多元治理力量参与，形成了城乡社区治理“党建带共建共治”模式，是党建引领盘活并整合各类资源和多方力量投入城乡社区治理的具体实践。

（一）突出社区党组织的“大”领导作用

城乡社区党组织作为本社区党建引领社区治理事业的领导核心，在充分调动、发挥居（村）民委员会的社区治理主导力量和多元参与治理力量方面，发挥了“大”领导作用。舜天园社区党委通过落实“街道吹哨，部门报到”机制，高效召开党建联席会、坚持细化“一书三单”内容，不断推动“活动共联，资源共享，事务共商，困难共帮”的社区党建引领走深走实，2021 年以来共与辖区 19 个企业事业单位签订共驻共建协议书。梧桐社区党委坚持以服务社区居民需求为导向，积极创新了党建“微网格”、共建联盟“朋友圈”+36 度模式以及“1+10”老小区自我管理模式，成立社区组织，引进共建联盟单位和经济组织，引领老小区治理的新路径。在党建引领作用下，五星村社区通过下设网格党支部夯实基层战斗堡垒作用，进而激发党员中心户、单元红管家的活力，把党支部建在小区和企业、让党员活动在每个楼栋，给每一位党员打造发光放热的舞台，推进各项工作顺利开展。香园村社区坚持把政治素养高、工作能力强作为村“两委”班子建设的标准，不断提升党支部书记抓脱贫成果巩固同乡村振兴有效衔接、村集体经济发展、基层治理能力水平。对于村级“三重一大”事项，始终坚持党支部领导“四议两公开”制度，严格落实“55124”村级事务治理模式，充分发挥村监会的监督职能和作用，确保各事项做到公开、公平、公正。

（二）建设共商共议的社区治理组织体系

通过发挥社区党组织在城乡社区治理中的“大”领导核心作用，形成社区治理共商共议的组织架构；通过完善社区治理共商共议组织架构，进一步强化社区党组织领导下的社区公共议题、居民急难愁盼问题的共商共议机制。近年来，舜天园社区通过在社区打造“社区居民议事亭”和湖畔“传习长廊”，将社区共商议事会开到“居民议事亭”和“传习长廊”，打造起了社区党委—居民委员会—物业服务企业—辖区单位—辖区商户—辖区居民“六位一体”的共商共议组织体系。梧桐社区按照“办公空间最小化、服务功能最优化、居民空间最大化”要求，通过在辖区每个楼栋建立一个党小组，党员挂牌亮身份，形成了“社区党委—网格党支部—楼栋党小组—党员家庭户”四级党组织网络和“网格长—楼长—单元长”“三长”联动模式，以党建赋能提升了社区治理共商共议“温度”。五星村社区党支部通过发挥社区治理“轴心”作用，建立起了“镇党委领导—村党总支、村委会、监委会、民警—各网格党支部成员—党小组、村民小组、村企、物业、网格负责人—党员中心户、村民代表、妇女代表、村企负责人、楼栋长—单元红管家”六级服务网络，织密织牢了从古城镇一级镇党委领导到五星村六级单元红管家的基层治理共商共议网格体系。香园村社区通过聚焦发展壮大村集体经济，以“积分超市”为载体，常态化开展“六个先锋”示范户、“最美庭院”评比活动，培育致富带头人的同时激发起群众参与村域社区治理内生动力；通过建立村干部、党员、驻村工作队和包村干部和群众结对帮扶机制，通过乡村振兴、人才培训等方面的指导帮扶，为巩固拓展脱贫攻坚成果同乡村振兴有效衔接提供了坚强的共商共议组织体系保障。

（三）以党建带动社区治理共建共治

通过社区党组织领导建设共商共建的社区治理组织体系，进一步加强城乡社区党建工作力度，带动多元参与主体地缘意识、参与意识、服务意识不断提升，形成多元参与主体共驻社区、共建社区、共治社区的良好态势。舜天园社区党委通过与驻区单位、联合党支部在党建工作中协调沟通、共享服务资源，多次联合幸福养老公寓为老人送文化送温暖，连年与舜天物业联合开展“庆六一”“三八妇女节”文艺汇演等活动。近年来，舜天园社区通过积极对接舜天地产公司新增社区阵地约300平方米；通过与相关部门合作，在舜天·嘉园东区中心广场打造“欢乐谷”，安装儿童娱乐器材和健身路径，提升社区居民满意度及幸福指数。梧桐社区通过党建引领积极对接辖区单位、物业公司、社区组织，建立起社区民主协商议事、人大联络、居民休闲娱乐服务平台，打造起“红色之梧”“娱你桐乐”“科普桐行”“书香桐梦”“桐筑健康”“桐心服务”6个特色功能室，扭住社区治理中存在的环境卫生脏乱差、停车难、飞线充电等“痛点”。五星村社区通过将辖区内的村部、村办企业、综合治理网格、村社居民楼栋、党员中心户纳入党建责任区，实现了每一个党员中心户就近联系一定数量的居（村）民目标，构建起一套全方位、立体式党组织带领党员和群众共建共治村域社区的服务体系，进而确保党组织的触角在村域社区范围横向延伸到边、纵向深入到底。香园村社区通过积极联系大河乡和红寺堡区相关部门、调动帮扶单位和驻村工作队积极性，近年来连续建成村级图书阅览室、电子阅览室、农家书屋、文化广场、文化大舞台、老年饭桌、郭锐高台社火文化大院和李忠勤农民书法文化大院，为丰富村民的业余文化生活提供坚实的共建共治基础，进而激活村庄治理密码。

三、取得的成效

通过对4个社区党建引领社区治理工作方法进行梳理，可以看出，“党建带共建共治”工作方法把为民服务作为社区党组织工作的出发点，取得了“共享”强健城乡社区为民服务力量的成效；把居民群众美好生活感知作为社区党组织工作的落脚点，取得了“共享”不断满足城乡社区居民美好生活需要的成效；把精神文明建设作为社区党组织工作的抓手，取得了“共享”构建城乡居民美好精神家园的成效。

（一）强健了城乡社区为民服务力量

党建引领城乡社区治理实践，带动了多元治理主体共建共治，从本质上讲，就是要汇聚起城乡社区治理的人才队伍力量。舜天园社区从网格治理入手，形成了1+2+X的治理人才构成结构（1是指社区“两委”委员兼任专职网格员，2是指网格工作由专职网格员和社区直管党员共同推进，X是指区网格工作中的楼栋长、在职党员、物业公司、志愿者、包抓干部、共建单位等人员）。梧桐社区把“六室”建设作为党建引领社区治理发力的“支点”，转变老旧小区“依赖行政资源单打独斗”治理为“整合共享资源提供多元化服务”，进而使“党员看”变成了“党员带头干”、社区居民“不理解”变成了“主动要求干”，进一步提升了辖区居民院落服务主人翁意识。五星村社区以直管75名党员志愿者服务为载体，充分发挥“红管家”这一村域社区治理“酵母”力量的“发酵”功能，调动村（居）民力量共谋共建共治共享，通过“议事亭”充分倾听“民声”、变村（居）民角色“旁观”为“参与”、在村（居）民中形成了“人人为社区”的共识。香园村社区通过坚持每年组织发展壮大村集体经济培训班、严格召开村党支部班子成员和村委会委员“双述双评”大会，对村“两委”成员和“两个带头人”实行负面清单式管理，充分发挥党建在发展壮大村级集体经济中的凝聚人才和人才管理作用。

（二）不断满足城乡社区居民美好生活需要

党建引领城乡社区治理实践，必须坚持治理为了居民、治理依靠居民，从关键点看，就是要做到心系居民群众安危冷暖。针对辖区“宝妈”顾家、看娃、赚钱的实际民生需求，舜天园积极对接就业局探索居家植物养殖产业，引导有需求的近千名“宝妈”居家赚钱。这一举措不仅扭住了社区治理困境症结，还把准了社区居民、辖区共建单位和社区之间的共同利益点。梧桐社区以民生建设为基础，通过党建引领，积极倾听群众呼声，依托新时代文明实践站、科普体验馆、5+N 特色志愿服务小分队，铸牢了初心、爱心、关心、创心、舒心“五心”服务理念，织密了桐心、桐爱、桐安、桐行、桐乐“五桐”民生保障网，进而全力破解民生保障难题，谱写出社区治理“桐梦”新篇章。截至 2022 年 4 月，五星村社区依托积分认证兑换活动，推选出“六个先锋”示范户 78 户，绿地管家共认领群众护绿责任田 286 块，成立了 2 个星光义务治安巡逻队，参与人数达到 1300 余人次，兑换积分总额达到 12000 分，金额达到 3 万元，描绘了广大党员和群众热爱家园，在建设家园的无私奉献中满足美好生活需要的生动画面。香园村社区共确权土地 5855 亩，村内林带 240 亩，退耕还林 4832 亩，退牧还草 43940 亩；全村农户发展种植全覆盖，有养殖收入的家庭 300 余户，有务工收入的家庭 380 余户，其中羊存栏 150 只以上 18 户，牛存栏 20 头以上 4 户。2022 年村集体经济收入预计可达 12.7 万元。

（三）构建起城乡社区居民美好精神家园

党建引领城乡社区治理实践，就是要教育并引导广大居民群众感党恩、听党话、跟党走，就重点而言，就是要加强、改进并丰富城乡社区居民群众文化生活。舜天园社区坚持以习近平新时代中国特色社会主义思想为指导，以基层党组织建设为统领，从阵地建设、氛围设置等方面扎实开展新时代文明实践站建设，积极培育发展社会组织，打造多元化志愿服务队伍，广泛开展群众参与、喜闻乐见的文明实践活动，大力弘扬和践行社会主义核心价值观，打通宣传群众、教育群众、关心群众、服务群众的“最后一公里”，更广泛、更有效地动员和激励广大居民群众积极投身社会主义和谐社区建设。2022年以来，梧桐社区党委通过组织党员志愿者及社区工作人员通过开展“祝福送上门，生活物品‘换新衣’”新春主题活动、开展“冬奥连心·不亦乐‘虎’”元宵嘻乐汇主题活动、“凝心聚力共驻共建·雷锋精神薪火相传——主题志愿服务活动”、“浓浓端午情·永远跟党走”活动、“益德益智·文明健康”未成年人暑期教育实践活动，传承中华文化，践行志愿服务精神，倡导文明健康理念，促进邻里间的和睦，提高民生服务水平，引导社区居民共同参与文明城市创建和美丽新宁夏建设。五星村社区通过开展党员“评星定格”“党员承诺”“民主评议党员”，无职党员“设岗定责”等活动，在全村党员干部和群众中树立了良好形象。通过党员带头，社区村（居）民进一步振奋精神，先后在社区开展多次“好人家”“幸福家庭”“好婆婆·好媳妇”评选活动。香园村社区通过调动群众文化娱乐积极性，利用深厚的文化底蕴，争取自治区文化和旅游厅项目资金装饰文化大院，组织开展包括书画、手工艺品、戏剧、歌曲为题材的系列群众戏曲、文艺展演和比赛活动，充分挖掘优秀的民间文化艺术传统特色，推动社区精神文明建设。

四、经验启示

通过对4个社区治理实践的分析，可以看出，宁夏党建引领城乡社区治理实践所形成的“党建带共建共治共享”取得实效，根本原因在于城乡社区基层党组织的自身建设，关键原因在于党组织在城乡社区治理领域强大领导力，主要原因在于城乡社区服务得到一体化推进。

（一）加强城乡社区党组织队伍建设

一是完善城乡社区党组织架构。伴随城乡社区党员数量增加和工作需要，依据《中国共产党党和国家机关基层组织工作条例》，舜天园社区、梧桐社区均从党总支升格为党委，五星村社区党支部已升格为党总支。二是严把发展党员质量关。城乡社区通过坚持新时代党员标准，既严格规范了发展党员工作程序，又为社区治理的党员队伍输送了新鲜血液。三是抓好党员教育管理。通过坚持党员“三会一课”制度，定期召开支部党员大会、支委会和党小组会，按时上好党课，丰富城乡社区基层党组织生活；充分发挥社区“教育”广场、“传习”长廊等场域功能，对党员居民开展特色鲜明的红色教育、中华文化教育；运用积分服务，把量化指标办法纳入党员管理考核。

（二）强化党组织在城乡社区治理进程中的领导力

城乡社区党组织领导力重点表现为对社区治理各环节的嵌入程度。一是要通过居（村）“两委”交叉任职，增强党组织领导下的居（村）民委员会在精神文明建设、民政工作、综合治理、计划生育、卫生健康、安全生产等具体领域行动的绩效，以及对城乡社区治理各方面的组织动员力和诉求回应力。二是要开好党建联席会，推进城乡社区治理共商共议常态化，在“协商议事日”“楼栋话事会”“村民商议会”中凸显社区党组织的领导、联席作用，让社区党组织成为社区治理共商共议的轴心，进而加强并规范城乡社区协商议事制度。三是社区党组织要把依法治理、以德治理原则运用到引领城乡社区自治实践中，让居（村）民的自我管理、自我教育、自我服务全过程体现新时代法治精神、符合社会主义核心价值观。

（三）一体化统筹推进城乡社区服务高质量发展

一是通过理顺城乡社区治理的以党组织为领导、居（村）民委员会为主导、居（村）民群众为主体、多元参与的架构体系，进一步优化城乡社区服务机制。二是通过在新建小区标准化建设配齐城乡社区服务站设施、老旧小区限时补齐社区服务设施、农村社区选择性配齐适合村域发展规划的社区服务站设施“建设包”，进一步完善城乡社区服务设施。三是依托“五社联动”和志愿服务，大力推进城乡社区提升更高质量地满足居（村）民美好生活需求的能力，进一步提质城乡社区服务效能。四是通过把数字信息技术运用到城乡社区治理，真正发挥城乡社区治理数字化减负增效作用，使城乡社区服务方法更具智慧性。五是通过建立健全城乡社区工作者职业体系，规范薪酬、考核和培训制度，优化激励、晋升机制，进一步壮大城乡社区服务队伍。

推进宁夏“小个专”党建工作高质量发展研究①

马丽娟

党的二十大报告指出：“毫不动摇鼓励、支持、引导非公有制经济发展。”非公有制企业是发展社会主义市场经济的重要力量，其数量和作用决定了非公有制企业党建工作在整个党建工作中的重要性，必须以更大的工作力度扎扎实实抓好。“小个专”即小微企业、个体工商户、专业市场，它们作为非公经济的重要组成部分，在推动社会主义市场经济发展中起重要的作用。抓好“小个专”党建，既是贯彻中央要求加强非公企业党建的决策部署，更是在新时代推动非公有制经济高质量发展的根本选择。

一、“小个专”党建工作的意义

（一）加强党的全面领导的有力举措

党的基层组织是全面贯彻落实党的路线方针政策以及决策部署的重要抓手。在二十大新修订的党章中强调：“非公有制经济组织中党的基层组织，贯彻党的方针政策，引导和监督企业遵守国家法律法规，领导工会、共青团等群团组织，团结凝聚职工群众，维护各方的合法权益，促进企业健康发展。”因此，加强“小个专”党建工作，首要是突出政治功能，并在

作者简介 马丽娟，宁夏社会科学院社会学法学研究所副研究员。

①本文相关资料由宁夏回族自治区市场监管厅登记注册局提供。

这一前提下，把小微企业、个体工商户和专业市场基层党组织建设成宣传党的主张、贯彻党的决定、领导基层治理、团结动员群众、推动改革发展的坚强战斗堡垒。

（二）提高“两新”党建质量的重要抓手

党的十八大以来，在党中央的坚强领导下，非公有制经济组织党建工作经过各级党委党组的领导部署和精心组织，逐渐得到发展，并在扩大党的影响，夯实党的基础上取得了较好的发展成效。宁夏党委成立非公有制经济组织和社会组织工作委员会（简称“两新”工委），从思想上、方法上和工作落实上，全面指导非公企业和社会组织党建工作，取得了非常好的成效。但同时我们也看到，在日常的工作实际中，经常性动态变化是非公有制经济的发展特征，这一定程度上给非公党建工作形成压力，导致工作的“盲点”在不同方面依然存在，“小个专”作为非公经济中最具流动性的商业形式，党建的困境尤为明显。

（三）服务经济社会发展的内在要求

新时代党的基层组织建设面对新的发展环境，服务经济社会发展的任务更加迫切。随着市场经济的持续深入，作为最具灵活性的“小个专”市场主体，需要更加聚力发展。尤其是面对当下的疫情反复，经济运行不畅，各种不确定性因素增加，“小个专”生存发展困难多，面临的问题也更为复杂。因此，需要党建发挥组织优势，从思想上统一认识，从资源上加强整合，引领“小个专”沿着正确方向发展，从各个方面提升竞争力和创造力，助推“小个专”突破重重阻碍高质量发展。

二、宁夏“小个专”党建工作现状

（一）突出“专职专抓”，逐步理顺管理体系

截至2022年6月底，宁夏全区市场主体总量为73.4万户，其中非公有制企业18.57万户，个体工商户52.05万户，非公有制企业和个体工商户数量占到市场主体总量的96%以上。从经济规模的量和社会贡献的作用看，“小个专”已经成为宁夏经济增长的“主力军”、科技创新的“主动力”、就业创业的“主渠道”，是全区经济发展的重要力量。抓好这一领域党建工作，发挥党建引领作用，对加强基层社会治理有着重要的意义。

自2021年自治区市场监管厅成立“小个专”党建工作领导小组以来，各级市场监管部门主动作为，调整优化力量配置，成立相应组织。当前宁夏全区共有21个市、县（区）成立了“小个专”综合党委，20个市场监督管理局成立了党建工作领导小组，82个市场监管所建立了党建工作指导站，不断强化“小个专”党建工作组织领导力和统筹协调力。在党建工作指导站，设立专职或兼职工作人员，实现“三委一站”全覆盖，形成上下一致、相互贯通的工作体系。通过“小个专”党委、个私协会、党建工作指导站和党建工作者，形成“小个专”党建联系点。形成“组织部门指导，党组领导，主管主抓，部门配合”的工作模式，全区建立起贯穿区、市、县、所的四级“小个专”党建管理体制，专职专抓局面初步构成。制定出台《自治区小微企业个体工商户专业市场党建工作规范指引（试行）》《“小个专”党建工作考核评价制度》《“小个专”党建工作指导站制度》《“小个专”党建工作联系点、示范点制度》等规范性文件，加强对“小个专”党建工作的指导和规范。坚持一手抓制定完善，一手抓贯彻执行。举办“小个专”党建工作培训班，对全区各市、县（区）市场监管局分管领导和“小个专”党建工作负责人进行培训，不断建强全系统“小个专”党务工作者队伍。

（二）突出“两个覆盖”，全面加强组织建设

当前宁夏全区“小个专”建立党组织1613个，共有党员16455名。各级市场监管局积极配合组织部门，以提升组织力为重点，下大气力推动“小个专”党的组织和党的工作覆盖。全区各级市场监管部门与同级组织部门及工商联、园区管委会等部门建立定期联系机制。积极探索“小个专”党组织设置方式，采取单独建、联合建、依托建、挂靠建等形式建立党组织。重点推进新设立个体工商户、小微企业“两个覆盖”工作。巩固、提升“小个专”聚集的专业市场、商圈、楼宇等重点领域的“两个覆盖”水平。以专业市场党建为重点，全面摸清市场情况，把市场内党员组织起来，力争实现专业市场党的组织全覆盖。建立“市场监管局党委（总支）+个私协会（市场监管所）党支部+党务专兼职人员+经营户党员”和“属地乡镇

（街道、工业园区）党委+小微企业、个体工商户、专业市场党组织+经营户党员”条块结合、双向管理的党建工作体系，探索构建一个市场监管系统与属地党委组织关系属地隶属、党员队伍双重管理的“小个专”党建工作架构。通过开展组织找党员、党员找组织、党员找党员的“三找”活动，多渠道查找流动党员和“隐形党员”。依托各市、县（区）个私协会党组织建立党组织，让多名流动党员回归党组织。依托党建工作指导站，结合登记注册年报、抽查、检查等业务工作，在服务市场主体的过程中，全面摸清“小个专”党组织和党员底数，引导“小个专”党员、入党积极分子就近就便参加“小个专”党组织或街道社区党组织活动，推动“小个专”党员到党群服务中心报到备案。

（三）突出示范引领，切实发挥先锋模范作用

围绕加强“五个基本建设”，各地以小微企业、个体工商户、专业市场经济集中的商业街、商业区为主要对象，按照分步实施、逐步推进的原则，开展“小个专”党建工作示范街（区）创建活动，全区已建立（筹建）示范街区 30 个，打造一批以建发大阅城中街不夜城、怀远夜场、吴忠万达金街、中卫大漠味集·向阳街等特色鲜明、可借鉴可复制的“小个专”党建工作品牌，推动 2105 名“小个专”党员主动亮身份、亮职责、亮承诺。推广“党员诚信店”“党员经营户”“党员网店”“党员先锋岗”等做法，持续开展“党建+放心消费”“党建+诚信经营”“党建+食品安全”“党建+志愿服务”等特色党建活动，把“小个专”党员的作用和形象展示在日常经营活动中，体现到促进非公经济发展的方方面面。逐步创建一批硬件完善、软件规范、特色鲜明、成效显著的“小个专”党建工作先进典型。近年来《宁夏日报》《市场监管报》《中国质量报》等各类新闻媒体对宁夏全区各级市场监管部门的“小个专”党建工作进行报道，其中西夏区的“以党建‘红色引擎’点亮凤城‘夜明珠’”、中宁县的“实现党建与业务工作共赢”的创建活动受到诸多关注和好评。

（四）突出职能优势，服务发展有位有为

2022 年 5 月以来，宁夏市场监管系统广泛开展“干部进千企，党建促发展，喜迎党代会，献礼二十大”主题活动，入企帮扶干部切实当好政策

宁夏应对人口老龄化的思考及政策建议

田光锋　杨永芳　孔炜莉　马　妍

人口老龄化是社会发展的大趋势，也是今后较长一段时期我国的基本国情。自治区第十三次党代会就应对人口老龄化问题做出了重要部署，我们必须结合宁夏实际，未雨绸缪，贯彻积极应对人口老龄化的国家战略和自治区党委、政府部署，推动新时代老龄事业高质量发展，为建设社会主义现代化美丽新宁夏做好充分准备。

一、当前宁夏人口特征及老龄化发展态势

根据第七次全国人口普查结果（以下简称“七普”），近十年来，宁夏人口结构总体呈低速增长态势，年平均增长率为 1.35%，比全国平均年增长率高 1.5 倍；家庭户规模缩小，平均每个家庭户人口为 2.65 人，略高于全国平均水平，但下降幅度高于全国平均数；60 岁以下人口占比呈下降趋势，从宁夏历次人口普查数据看（见表 1），自 1953 年以来尤其是进入新世纪，宁夏人口年龄结构均发生显著变化，60 岁及以上人口为 97.41 万人，占 13.53%，65 岁及以上人口为 69.28 万人，占 9.62%，无论老年人口总量

作者简介　田光锋，宁夏社会科学院副院长；杨永芳，宁夏社会科学院社会学法学研究所研究员；孔炜莉，宁夏社会科学院社会学法学研究所研究馆员；马妍，宁夏社会科学院社会学法学研究所助理研究员。

还是占比，均呈明显上升态势，说明宁夏人口老龄化程度进一步加快，人口年龄结构已成老年型结构。与全国相比，60 岁及以上人口比重上升速度低于全国增幅水平，老龄化程度与全国相比稍弱一些。宁夏老年人口抚养比呈上升趋势，少年儿童抚养比呈下降趋势，老年人口抚养比增幅明显高于少年儿童抚养比水平，随着老龄化程度加深，社会抚养重心由少年儿童转向老年人口。当然，宁夏人口总抚养比低于 50%，相比全国仍处于人口红利期，人口相对优势明显。

表 1　宁夏历次人口普查人口年龄结构变化（%）

年龄结构	0—14 岁人口系数	15—64 岁人口系数	65 岁及以上人口系数	老少比
1953	40.68	56.32	3	7.37
1964	43.37	54.35	2.28	5.25
1982	41.26	55.54	3.2	7.75
1990	33.73	62.76	3.51	10.4
2000	28.37	67.15	4.47	25.71
2010	21.39	72.21	6.39	29.89
2020	20.38	70	9.62	47.2

数据来源：《宁夏统计年鉴（2021）》，中国统计出版社 2021 年版。

从“七普”数据看，宁夏人口老龄化程度存在显著地区差异。宁夏五市中，65 岁及以上老年人口比重高于全区平均水平 9.62%的有石嘴山市、固原市、中卫市，分别为 12.12%、10.33%、9.80%，65 岁及以上老年人口比重低于全区平均水平的是银川市、吴忠市，分别为 8.81%和 9.20%，石嘴山市比重最高，银川市比重最低。从县（市、区）看，65 岁及以上老年人口比重高于全区平均水平的有大武口区、惠农区、平罗县、盐池县、青铜峡市、西吉县、隆德县、泾源县、彭阳县、沙坡头区、中宁县等 11 个县（市、区），其中隆德县比重最大，达到了 14.28%，高出全区平均水平 4.66 个百分点，高出全国平均水平 0.78 个百分点，是全区唯一超过全国平均水平的县区，也是第一个进入深度老龄化社会的县区。2020 年，全区除红寺堡区外，21 个县（市、区）65 岁及以上老年人口比重均超过国际标准 7%。从中长期发展看，宁夏人口数量仍然呈逐渐下行趋势，老龄化、少子化将是宁夏未来人口的基本走向。所以，贯彻积极应对人口老龄化国家战略，树立新的人口理念，促进人口合理布局和长期均衡发展，推动新时代老龄事业高质量发展，是国之所需、民之所向。

二、宁夏人口老龄化进程中面临的挑战和突出问题

（一）人口老龄化进程面临系统性挑战

1. 老龄化不利于未来劳动力资源的稳定供给

多年来，宁夏全区劳动年龄人口稳定增长，劳动力资源相对丰富，为促进经济社会发展提供了坚实的人力资源保障。从“七普”数据来看，宁夏人口老龄化在规模、速度、深度上都已进入前所未有的“加强”阶段，劳动年龄人口发生了显著变化。劳动年龄人口结构的变化，直接导致劳动力人口参与劳动年龄延后、人口红利消退、劳动力供给不足，所以，如何确保未来发展具有充足的人力资源，对推动宁夏高质量发展将是一个严峻挑战。

2. 老龄化对社会保障事业提出更高要求

伴随人口老龄化，高龄、空巢、失能、失智老年人逐年增多，对社会保障事业和财政支出带来巨大挑战。基本养老保险基金收支压力增大，城乡居民基础养老金标准还不高，高龄老人持续增加和慢性病、失能失智老人的护理导致近年来卫生总费用和人均医疗费用年年攀升。刚刚摆脱贫困的农村低收入老年群体数量较大加大了社会救助的压力，老年福利制度不健全，日趋加剧的老龄化对财政投入和提升社会保障水平提出了更高要求。

3. 老龄化对公共服务供给和社会政策持续优化带来新考验

从各市县区情况来看，固原市、红寺堡区等 7 个市县区总抚养比已超过 50%，说明劳动年龄人口上养老下育幼的生活照料负担进一步加重。伴随家庭结构趋向“小型化”，家庭养老功能弱化，空巢、失能老年人对生活照料、医疗护理需求更旺盛，将有越来越多的老年人需要社区提供日间照料和托老服务。

4. 老龄化地区差异不利于全面推进乡村振兴战略

目前，宁夏城乡养老服务发展不平衡，优质养老资源主要集中在城市，农村养老基础薄弱，养老设施功能不完善，基础设施建设主要依靠政府投

入，社会力量参与农村养老的意愿不强。这些地区往往也属于人口流出地区，劳动力资源优势减弱，脱贫基础薄弱，这些都成为推进乡村振兴战略，打造乡村全面振兴样板区，实现共同富裕的制约因素。

（二）养老服务存在突出问题

1. 社区居家养老服务功能发挥不充分

从宁夏各地的实践来看，居家养老服务还处于起步阶段，供给不足，不能完全满足日益增长的多元化、高品质养老需求，主要表现在：一是社会力量参与不足，社区居家养老服务主要依靠政府起主导作用，部分场地和服务设施利用率不高。二是服务内容方式单一，服务的专业性不强，服务力量薄弱。210 家城市社区日间照料中心有相当一部分已交给社会力量经营，但由于人员配备、经费保障等机制不健全，还不能完全满足多层次、多样化养老需求。三是基础设施建设和适老化改造不足，各市县在社区建设配套养老服务设施方面标准不统一，家庭无障碍设施改造以及坡道、电梯等影响老年人日常生活的公共设施改造推进缓慢。在中卫市调研发现，多数已建小区未按标准配建为老服务用房和设施，有的为老用房、设施功能不全，活动场所简陋，有的受制于场地，未能开设老年人活动中心。

2. 养老机构服务质量和水平不高

养老机构总体供大于求，问题表现在：一是入住率普遍不高，经营困难。从全区来看，宁夏养老机构除了阅海养老院外，全区养老机构入驻率不到 40%，床位空置率比较高。近年来备受推崇的社区嵌入式养老机构，因疫情影响入住率不稳定，当前投入运营的企业只能基本持平。二是基础设施功能不全，服务能力较弱。全区大多数养老机构基础设施建设比较薄弱，特别是民办机构设施相对更简陋，活动场地有限，大多缺乏医疗护理、文化娱乐、临终关怀、精神慰藉等服务，医养结合不够，规范化标准化建设还存在较大差距。三是限于养老观念和主客观条件制约，机构养老内需不足，供需矛盾比较突出。

3. 养老服务从业人员素质不高

养老服务从业人员的量和质都与现实需求不协调，具体表现在：一是高素质管理人才短缺。从养老机构管理层来看，大多数管理人员没有相关的涉老学科的学历背景和从业经验，都是边干边学，专业知识技能不足，社会认可度低，养老机构管理运营的经验不丰富。二是护理人员专业性不强。养老护理人员普遍薪酬待遇偏低、劳动强度大、社会地位不高，而且数量偏少、年龄偏大，大部分护理员由家政服务转型从事养老服务，护理经验技能不强，养老服务基本停留在生活照料层面，从业人员持证上岗率只有77%，从业队伍的稳定性较差。缺乏专业医护人员、康复师、心理咨询师、社会工作师等专业人员。建设高素质养老服务队伍成为当前养老服务业高质量发展的迫切要求。

4. 医养结合服务市场发展不充分

宁夏的医养结合市场发展潜力尚未完全释放，问题表现在：一是部门间没有完全形成合力。受机构改革限制，基层老龄工作机构存在人员不足、部门间配合不畅的问题。开展医养结合养老服务存在职责交叉、业务交织的情况，各部门间存在信息不对称分而治之的现象。具备医疗服务能力的医养结合机构供给不足，部分基层医疗卫生机构存在大量资源闲置没有充分利用的现象。二是各级财政投入不足。目前用于规划建设医养结合机构的资金筹措渠道不畅，尚未建立福利彩票公益基金用于医养结合服务的支付规定。医养结合建设运营资金压力较大，企业贷款困难，融资难已成为机构发展的掣肘。三是发展不均衡。主要是城乡、区域之间存在较大差距，农村养老服务基础薄弱，养老队伍、经费保障、设施设备等供给明显不足。全区23家医养结合机构，有22家医养结合机构集中在城镇，农村地区几乎是空白。

5. 康养产业发展落后

老龄化的加剧推动康养产业拥有巨大潜在的市场需求，由于围绕老年人所需的“医、养、文、体、教、游”和“吃、住、行、用”等健康养老产业产品的研发相对滞后，相关服务标准体系不健全，市场环境尚未形成、政策规划不完善、消费观念落后、金融、人力资源等方面支持政策不健全等问题，养老消费需求总体不旺。今后，如何调动社会力量的参与积极性，实现健康养老产业融合发展、创新发展、集聚发展和高质量发展，把健康养老产业培育成拉动宁夏经济增长的新动能，是一个亟待破冰的新领域。

三、宁夏应对老龄化问题的思考与政策建议

（一）提升社会保障能力，夯实应对老龄化的基础

健全与经济社会发展相适应的多层次社会保障制度体系，是增强综合应对人口老龄化的基础工程，当前，最关键的是要从提升保障能力和制度创新上下功夫。一是着力提升社会保障水平。继续推进基本养老保险全民参保计划，深化城乡居民基本养老保险改革，探索提档补缴，加大缴费补贴力度，着力提升保障能力和水平。健全救助保障标准动态调整机制，完善高龄低收入老年人基本生活津贴制度，落实经济困难失能失智老年人补贴。完善城乡低保老人、高龄老人、重度残疾老人和城镇“三无”孤老等特殊群体医疗救助制度，适时提高补助标准。关注重点帮扶地区的低收入家庭，给予应急性、过渡性救助。二是探索建立多层次长期照护保障制度。积极争取长期护理保险国家试点，探索建立符合宁夏实际的长期护理保险制度，并与失能失智老年人补贴制度衔接，在“低起点，广覆盖，保基本，可持续”基础上，优先覆盖重度失能老年人群体，逐步扩大覆盖人群范围。

（二）制定人口长期发展战略，促进人口长期均衡发展

对欠发达地区而言，确保人口数量、结构、分布在一个合理区间，有助于巩固拓展脱贫攻坚成果，促进人口与经济、社会、资源、环境协调可持续发展。为此，必须利用智库和第三方力量加强人口发展态势的监测研判，依托国家人口基础信息库等平台，实现各部门间人口服务基础信息融合共享、动态更新，密切监测生育形势和人口变动趋势。制定人口长期发展战略，完善人口空间规划布局，提高人口素质，促进人口长期均衡发展。加强政策宣传解读，及时回应群众关切，实施三孩生育政策及配套支持措施。积极引导社会预期，理性看待鼓励生育政策的实际效应。尊重生育的社会价值，提倡适龄婚育、优生优育，鼓励夫妻共担育儿责任，破除高价彩礼等陈规陋习，构建新型婚育文化氛围。

（三）不断强化家庭养老功能，提升家庭照护能力

健全以居家为基础、社区为依托、机构为补充的多层次养老服务体系是应对老龄化的必要举措，最基础的是要发挥好家庭的养老功能。一是弘

扬敬老养老孝老的传统美德。发挥家庭的养老基础作用，必须弘扬中华民族重视家庭的优秀传统文化，加强家庭、家教、家风建设，弘扬百善孝为先的传统美德，引导年轻一代自觉承担家庭责任，树立良好家风，促进家庭和谐。二是提升家庭照护能力。建立健全家庭照顾支持政策，将失能失智老年人家庭成员照护培训纳入政府购买养老服务目录。鼓励成年子女与老年父母共同生活或就近居住，减轻家庭照顾老年人的负担和压力。探索试点家庭养老照护床位建设，及时跟进区内相关试点，总结经验，提升居家养老服务能力。

（四）补齐城乡社区居家养老短板，提升居家社区养老品质

从目前试点情况看，社区居家养老在养老服务资源挖掘、整体运作和有效供给等方面有很大提升空间。一是政府要加快实现角色转换。从社区居家养老服务的主导者变为引导者、监管者，作为主导者，政府要继续发挥保基本、兜底线职能，加强对特困供养、失能失智、高龄、独居等老年群体的基本养老服务供给；要积极支持适度普惠型养老服务发展，为老年人提供方便可及、质量有保障、价格可负担的养老服务。引入社会力量，采取社会工作方法，逐步成为社区居家养老服务的引导者，为老年人提供更专业更优质服务。二是养老服务供给方式内容要多样化。首先，要探索社区互助式养老。鼓励老年人开展多种形式的志愿服务和互助式养老，乡村以村级邻里互助点、农村幸福院、互助养老院为依托发展互助式养老服务。结合实施乡村振兴战略， 加强农村“老饭桌”等养老服务设施建设，建立以农村空巢、留守老年人为重点的定期探访制度。其次，要支持养老机构与社区日间照料中心互通互融发展。探索机构养老服务社区化发展模式，解决社区日间照料中心养老服务供给不足、质量不高等问题，为周边社区老人提供短托临托、医疗保健等服务，充分发挥专业资源最大效应，打造居家社区机构“养老服务综合体”。最后，实施困难老年人家庭适老化改造。以满足其居家生活照料、起居行动、康复护理等需求为重点，鼓励和引导公益慈善组织、爱心企业等社会力量捐赠支持特殊困难老年人家庭居家适老化改造。加强信息无障碍建设，降低老年人应用数字技术难度，帮助老年人融入信息社会，解决“数字鸿沟”问题。三是融资渠道多元化。

拓宽社区居家养老筹资渠道，由单一融资转变为多元融资，继续完善政府财政支持和投融资政策，鼓励社会资本进入养老服务市场，充分激发各类市场主体活力，资金支持要确保区域间均衡发展，避免拉大地区发展差距。要对实效突出的试点地区给予奖励补助，形成一批特色鲜明、可复制推广的创新模式和典型经验。四是城市社区居家养老试点要为农村投石问路。当前，要将社区居家养老的成熟经验从城市推向农村，鼓励各地将农村老饭桌、幸福院、互助院、综合养老服务中心等设施建设纳入乡村振兴战略中统筹推进，补齐农村养老基础设施短板。结合实施乡村振兴战略，支持固原市探索“熟人社会”下的乡村多样化互助养老服务试点。

（五）建设功能完善的养老机构，打造一流社会化养老品牌

机构养老是养老服务体系中不可或缺的重要组成部分，要做好以下方面：一是发挥公办养老机构基础作用。坚持公办养老机构的公益属性，切实满足特困人员集中供养需求。在此基础上，其余床位允许向社会开放，合理确定收费标准，为经济困难的失能失智、高龄老年人提供托养服务。深化公建民营改革，加强机构规范化、标准化建设，充分发挥其兜底、示范作用。总结宁夏老年人服务中心的成功经验，将经验丰富、管理规范的专业管理团队引入养老行业，形成优势互补、共同发展的良性竞争机制。二是支持社会力量兴办养老机构。健全社会参与机制，鼓励和支持民间资本以合资、合作等形式参与养老事业，以公办民营、民办公助、政府补贴、购买服务等多种方式兴办养老机构。三是推进养老机构提质增效。首先，加强养老机构均衡布局。重点支持发展为高龄、失能失智老年人提供长期照护服务的护理型养老机构，支持有条件的机构开展临终老年人生活照护、安宁疗护等服务。其次，支持建设“嵌入式”社区养老服务机构。宁夏中房养老产业发展有限公司率先开启“房地产+养老”发展模式，以社区“嵌入式”养老机构连锁化运营为方向，推进银川市的养老布局和实践，推出幸福里、幸福汇、幸福家三大产品体系，赢得了老年人的欢迎，学界和相关部门要对打造社区养老品牌的中房经验和方案进行深入研讨。最后，建立健全养老服务标准和评价体系。多年来，银川市西夏区幸福颐养院根据机构专业发展特色，持续制标、贯标，形成了涵盖机构所有工作过程的

《西夏区幸福颐养院服务标准体系》，2021 年被确定为国家服务业标准化试点单位。提升养老机构照护能力，迫切需要扶持一批这样的标杆养老机构，做好示范引领作用。

（六）推动医养元素有机融合，提升医养结合服务能力

促进医养有机融合是提升健康养老服务能力的要求，需做好以下方面：一是建立健全合作机制。要加强医养机构的融合衔接，支持医疗资源丰富地区的二级及以下医疗机构转型，开展康复护理及医养结合服务。二是探索医养结合服务新模式。近年来，宁夏整合现有医疗、养老、残联资源，通过医疗机构主导、资源互惠共享、社会力量兴办、签约医养服务、智慧健康养老等方式，着力推动全区医养结合养老服务取得实效，如自治区人民医院老年医养照护中心、中房幸福里、阅海养老服务中心、西夏区隆光西萃芳庭康养中心等机构，都探索出一些较为成熟的经验。

（七）加强养老服务队伍建设，提升从业人员职业素养

一是育才引才并进，壮大从业队伍。鼓励毕业生从事养老服务工作方面，落实相关就业补助等待遇。重视挖掘具有医疗背景和从业经历的人力资源，支持临床经验丰富的退休医护人员到医养结合的医疗卫生机构执业。加强与区内外科研院校和养老机构合作，引进和培养一批掌握健康养老服务先进管理经验的专业人才，打造高素质从业队伍。二是加大养老服务从业人员培训力度。广泛开展养老护理员、管理人员、老年社会工作者和家庭护工的专业培训，提升养老护理服务的质量和水平。支持固原市聚焦巩固拓展脱贫攻坚成果，依托养老护理员培训，发展劳务经济，打造“六盘山护工”品牌。三是建立健全养老服务人才激励机制。鼓励养老机构将养老护理员职业技能等级与工资收入、岗位晋升挂钩，实现养老护理员职业技能与待遇水平同步提升，探索建立养老从业人员津补贴等激励制度。开展养老服务业优秀人才评选和养老护理员职业技能大赛等活动，加大社会宣传和褒扬力度，激发年轻人从事养老服务业的信心和热情。

（八）促进老年人社会参与，构建老年友好型社会

老有所学、老有所为是贯彻积极老龄观的体现，要做好以下工作：一是大力发展老年教育，确保老有所学。鼓励引导社会力量采取多种形式办学，发展城乡社区老年教育。依托老年人活动中心、社区老年人日间照料中心等服务设施，拓展老年大学创办形式，为老年群体提供便捷的学习环境。探索“医、养、文、体、教”等场所与老年人学习场所共建共享模式，构建终身学习体系，更好地满足老年人学习需求。二是鼓励老年人社会参与，确保老有所为。倡导积极老龄化理念，把老年人视为财富而非负担，发挥好老年人的特长优势，引导老年人积极参与社区建设、基层治理。支持低龄老年人创建志愿服务机构，搭建自我服务、自我管理平台，更好地发挥余热。

（九）大力发展康养产业，增强经济发展新动能

人口老龄化既有挑战，也带来机遇。当前，要围绕老年人的衣、食、住、行、用、医、养、文、体、游等方面，培育银发经济，使健康养老产业成为拉动宁夏经济增长的新动能。一是加快老年健康食品用品的研发供给。大力培育特色杂粮、富硒食品、特色药食材等地方特色产品，打造“宁字号”健康养生葡萄酒品牌，支持枸杞、甘草等相关深加工企业，以保健食品、特殊医学用途配方食品为重点，研发老年功能性特色健康养生产品。鼓励企业围绕老年人衣、食、住、行、医及文化娱乐等需求，加大老年用品研发生产，推动养老健康产业发展，创造更多就业机会。二是培育健康养老新业态。推进养老服务业与健康运动、文化旅游等产业融合发展，不断提升老年人的生活品质。加快老年人健身基础设施扩容升级，打造一批健身休闲场所、体育公园等示范项目，鼓励开展多种形式的群众体育赛事活动，丰富节假日体育活动，让健身运动成为老年人的生活方式和时尚展示。发挥宁夏全域旅游资源优势，依托“塞上江南，神奇宁夏”独特的自然环境，培育省际候鸟式、疗养式、休闲式、田园式等适合老年人的旅游新业态。建立跨区域异地养老战略合作机制，整合区内外康养资源，打造一批以休闲养生、健康养老、生态疗养等为核心内容的旅居康养示范基地。鼓励各市打造特色康养品牌，如固原市围绕“天高云淡六盘山”打造医养康养胜地，中卫市围绕“沙漠水城·云天中卫”，创新大漠星空度假康养业态，把宁夏打造成国内具有影响力的休闲度假旅游目的地。

宁夏实施共同富裕战略应高度关注人力资本问题

李保平

人力资本（human capital）是西方经济学概念，也称非物质资本，与物质资本相对，是体现在劳动者身上的资本。第一个将人力视为资本的经济学家是亚当·斯密。1960年，美国经济学家舒尔茨系统阐述了人力资本理论，被称为人力资本之父，但早期的人力资本理论关注的重点在教育，而忽略了人力资本的其他面向。在现代社会，人力资本表现为蕴含在人身上的各种生产知识、劳动与管理技能以及健康素质、品德、观念等在内的综合体，并不单纯等同于教育水平，而是一个与观念、信仰、诚信、创新、沟通、关系、技能、禀赋、法治、现代性密切联系的概念，与社会资本概念有较大的相似性。

由此可见，人力资本是一个综合性的概念，体现的是人的综合素质。人力资本并不能简单等同于教育资本，虽然早期人力资本重视教育，但教育并非构成人力资本的全部，一个教育大国甚至教育强国，有可能并不是一个人力资本强国。人力资本也不完全等同于学历教育。虽然拥有不同的学历，意味着不同层级的知识摄取，但把学历等同于人力资本则是一个明显的误读。接受高等教育特别是硕士、博士人数增加，只能说明教育资源的富集程度，不能因此判定一个国家或地区人力资本的强弱，因为从知识

作者简介　李保平，宁夏社会科学院社会学法学研究所研究员。

到技能再到创新产品，还需要许多技术环节和社会条件。所以，人力资本看重的是实际的创新能力以及与此相关的沟通能力、组织能力、个人禀赋、品德诚信、社会关系等社会资本，与我们一般把人才等同于学历等传统观念有一定的区别。正如美国学者瑞·达利欧所言，不同群体的生产率增速有差异，其原因总是一样的：不同的教育质量、创造力、职业道德以及将想法转化为产出的经济体制。

总之，教育虽然是人力资本提升的重要方式，但人力资本并非全部依靠教育。我们一般所称的“人才”实际上是一个人力资本意义上的概念，但现实生活中，却常常把人才与学历学位简单挂起钩来，并以此为标准制定人才政策，影响了人力资本开发的视野，使人才新政存在一定的局限性。

一、人力资本是一个国家的核心竞争力，发达国家一般都是人力资本强国

发达国家和地区人口数量普遍不大，大多数维持在几千万人的规模，但其人力资本则相对强大。从世界范围看，发展较好的资本主义国家，人力资本普遍比较发达。战后日本、德国能够快速崛起，依靠的正是强大的人力资本。在古代社会，人口多少是决定国家规模和强弱的重要因素，但从近代以来，随着科技创新从经验向实验的转变，决定国家强弱的往往不是人口数量，而是人力资本，正是人力资本的大小强弱，决定了一个民族、一个国家的发展水平。19 世纪中期，中国虽然拥有世界上最大规模的人口，但面对帝国主义的坚船利炮，毫无还手之力。虽然当时的英国只有几千万人，派到中国的军队只有数千人规模，但古老的庞大帝国，终究抵不住列强的入侵，一路败下阵来。实际上，站在今天的角度看，支撑帝国主义侵略殖民的真正幕后推手并不是坚船利炮，而是西方经过思想启蒙运动、科技教育、自由竞争、工业革命后建立起来的人力资本。习近平总书记在多种场合谈到要处理好物质和精神的关系，提出我们既要解决物质贫困问题，也要解决精神贫困问题，而精神贫困大多与人力资本有关。所以，解决贫困问题，实施共同富裕战略，既要解决贫困本身，提高人民群众的获得感，更要关注贫困背后的原因。历史和现实一再证明，是否具有强大的

人力资本，是推动一个国家、地区发展的决定性力量，只有从提升人力资本入手，才能有效地解决长期制约共同富裕的瓶颈问题。

二、人力资本规模较小、结构不优是宁夏实施共同富裕战略的比较劣势

从世界历史看，尽管人类社会追求共同富裕的步伐一直没有停止，但令人遗憾的是贫困仍然是世界面临的重大难题，国家间发展差距进一步拉大，特别是撒哈拉以南非洲，是世界上最为贫困的地区。一些国家在发展的某一个阶段取得了不错的成绩，迈入中等发展阶段，但由于政治、经济、社会、文化等多方面的原因，长期陷入“停滞”，有些国家甚至出现“返贫”等退化现象，比如亚洲的菲律宾和一些拉美国家。即使在一国内部，由于区位、民族、文化、自然禀赋等多种原因，地区间发展不平衡依然存在并不断加剧，发展中国家如此，发达国家也存在类似现象。上述现象告诉我们，贫困问题产生的原因是复杂的，单向度地认识贫困问题并试图一劳永逸找到解决贫困问题的方法，可能无助于贫困问题的解决，反而会增加解决贫困问题的难度。宁夏要推进共同富裕战略，打造人民生活福地，核心问题可能不是对贫困表面现象的梳理和单纯经济层面的分析，而是必须立足宁夏区情，找到贫困问题产生的复杂根源，并致力于解决这些问题，才能有效解决贫困，推动共同富裕。富裕与贫困犹如硬币的两面，准确把握作为共同富裕一体两面的贫困问题形成的原因，是实施共同富裕战略的认识前提。社会发展的一切问题都是人的问题，也就是人力资本问题。从发展经济学的角度看，推进一个地区经济发展的动力因素有三：一是科技创新带动的发展，二是产业转型升级带动的发展，三是人的劳动效率提升带动的发展。而这三者的背后，都与人力资本的强弱有关。有比较优势，就有比较劣势。探寻宁夏经济社会发展相对落后的原因，人力资本是一个重要视角。首先，宁夏人口总量的不足，导致人力资本规模偏小。人们经常说，没有数量就没有质量，虽然人力资本不等于人口规模，但一定规模的人口基数，对人力资本而言具有重要意义。据第七次人口普查显示，宁夏总人口为720万人，相当于人口大省一个地级市的规模，决定了宁夏的

人力资本在量的方面具有先天劣势。其次，宁夏的人力资本结构不优，创新人才不足，教育资源优势并没有转化为经济发展优势。宁夏人口较少，但教育水平不低。从“七普”数据看，全国初中文化程度的由3.88万人下降为3.45万人，拥有小学文化程度的2.68万人下降为2.48万人，文盲率由4.08%下降为每10万人拥有大学文化程度的由2010年的0.89万人上升为1.55万人，高中文化程度由1.4万人人上升为1.5万人，拥有2.67%。宁夏每10万人中拥有大学文化程度的人口由0.92万人增至1.73万人，高于全国平均水平。文盲率由6.22%下降为4.04%，高于全国平均水平1.37个百分点。受教育程度提高及文盲率下降，显示出宁夏人口文化素质逐渐提升。但作为劳动力输出省区，这种教育优势并未转化为人力资本优势，宁夏人才短缺和创新能力不足的现实就很好地说明了这一点。再次，随着大量优质劳动力的外流，宁夏的人口结构优势并没有切实转化为人口红利。宁夏人口年龄结构与全国相比，也具备一定的优势。根据宁夏“七普”数据，宁夏60岁及以上人口为97.41万人，占13.53%，较“六普”增加了37.05万人，比重上升了3.95个百分点。65岁及以上老龄人口由40.39万人增加到69.28万人，比重由6.41%上升到9.62%，上升3.21个百分点。判定老龄化的国际标准为：60岁及以上人口≥10%，或65岁及以上人口≥7%，表明该地区进入老龄化；60岁及以上人口≥20%，或65岁及以上人口≥14%，表明该地区进入深度老龄化。“七普”数据表明，按照国际标准，宁夏自2009年进入老龄化社会以来，人口老龄化程度进一步加快，但与全国相比，宁夏处于老龄化初期阶段。全国0—14岁、15—64岁、65岁及以上人口所占比重分别为17.95%、68.55%、13.50%，少年抚养比为26.19%，老年抚养比为19.69%，人口总抚养比为45.88%。宁夏分年龄段人口所占比重分别为20.38%、70%、9.62%，少年抚养比为29.11%，老年抚养比为13.74%，总抚养比为42.86%。一般把人口总抚养比低于50%的阶段称为人口红利期，宁夏相比全国仍然处于人口抚养比较低阶段，人口相对优势明显。但受制于产业发展和发展环境，一方面宁夏人力资本容量有限，大量优质人力资本不愿回到宁夏创业就业或者即使回来也无处就业；另一方面，发展环境又使得本土部分人力资本外流，导致宁夏人口结构优势并未产生出预期的人口红利。作为传统的劳务输出省区，大量农民工在外创业、回家养老的模式反而有可能产生养老金支付等方面的负面影响。最后，从观念层面看，宁夏的人力资本受传统文化影响较大，提升人力资本的制度环境还没有完全形成。作为民族地区，人的观念受历史传统、民族文化、宗教意识等影响较大，小富即安、安贫乐道、“老婆孩子热炕头”等思想根深蒂固，现代职业伦理还没有完全建立，以市场经济为主导的推动人力资本提升的制度环境还没有完全建立，人力资本市场还不够成熟，人才与资本的融合度不高，平台效益不高，成为制约宁夏创新发展的重要阻碍。

三、以提升宁夏人力资本为抓手，为实施共同富裕战略提供人才保障

人们经常从区位因素、社会因素、文化因素、政策因素等方面分析影响宁夏经济社会发展的原因。区位因素中既有从全国范围看宁夏的区位特点，也有区内北部灌区、中部干旱带、南部山区的区位禀赋分析，是我们认识和解决宁夏贫困问题的物理空间；社会因素主要体现为人口资源、教育资源、医疗卫生和社会保障等，它们是影响宁夏经济社会发展的重要变量，但其自身也在不断发展变化。文化因素主要包括思想观念、文化传统、宗教文化、现代文化的引领以及现代技术的广泛推广应用等，它们不但是新生活的动力源，也是社会流动的催化剂，许多阶层之间的流动主要借助于文化教育的媒介。政治因素主要体现为制度供给和政策支持，集中体现为法治建设成果。从中外历史看，不同的发展模式直接影响经济绩效，而发展模式的选择主要是政治因素决定的。虽然上述因素对宁夏经济社会发展具有重要的影响力，但它们都不是一个自足的体系，任何一种因素都无法解决宁夏走向共同富裕的全部问题。区域劣势固然影响发展，但区域优势未必一定发展得好。人口因素、教育水平、医疗卫生、社会保障虽然有助于经济社会发展，但作为社会发展成果的上述因素也并非就会自然演化成为社会发展本身。在全球化、信息化背景下，文化因素对社会发展的影响力持续加大，但把贫困问题单纯看作一个文化问题则失之偏颇。政治因

素虽然重要，但也无法解释所有国家和地区的发展现实，世界上大多数国家选择的是资本主义道路，但真正发展好的并不多。托尔斯泰有一句名言："幸福的家庭都是相似的，不幸的家庭却各有各的不幸。"就贫困问题而言，贫困的结果总是相似的，贫困的原因则各有不同。通过对上述因素的分析和不同国家地区解决贫困问题的实践观察，特别是结合脱贫攻坚的实践经验，我们发现，凡是发达国家和地区，或者一国内部发展较好地区、富裕社区，它们都有一个共通性的现象，那就是人力资本相对发达。战后日本、德国能够快速崛起，依靠的正是强大的人力资本。正是人力资本的大小强弱，决定了一个民族、一个国家的发展水平。习近平总书记在谈到解决贫困问题时说，我们既要解决物质贫困问题，也要解决精神贫困问题。而精神贫困大多与人力资本开发的强弱、多寡有关。

（一）树立人力资本理念，转变把人才等同于学历教育等观念，注重人力资本的提升

人力资源是一个综合性的指标概念，既有人口的总量要求，也有对人口素质的期待。从人力资源发展的历史看，教育在提升人力资源质量方面发挥了重要的作用，以致许多人一提起人力资源，马上就想到教育资源。虽然教育在提升人力资源素质方面发挥了重要作用，但人力资源除知识要求外，还需要具备创新、参与、沟通、诚信、法治等多方面素质要求，单纯依靠教育，可以成为教育资源大国，但不一定就是人力资源强国。苏联以及今天的俄罗斯，基础教育、高等教育都非常发达，接受高等教育的人数占比在世界上都非常靠前，但俄罗斯绝对不是一个人力资源强国的事实就充分说明人力资源与教育资源不可相互替代。宁夏人口基数少，客观上限制了宁夏人力资源的发展。如何利用宁夏的产业优势、发展优势、环境优势，吸引更多青年人来宁夏干事创业，不但可以有效改善宁夏人口结构，对增加人口总量也有重要作用。应重构宁夏人力资本提升的制度机制，搭建人才与资本融合的平台，推动人力资本快速提升。同时，引才和用才要衔接配合，不能重引才、轻用才，政策制定要平衡好引进人才与现有人才的利益关切。在引才的基础上，立足调动现有人才的积极性，最大限度地发挥他们的聪明才智，是提升宁夏人力资源水平的有效举措。

（二）大力发展职业技术教育，培养技能型人才，实现教育与产业的有效衔接与高效互动

如前所述，人力资源不是一个单纯的学历教育概念，而是一个复合型的人才素质的要求。就人才结构而言，我们既需要一定数量的创新型人才，也需要大量的高技能人才，两者不可偏废。职业教育是培养高技能人才的重要渠道，职业教育水平的高低，对高技能人才的培养至关重要。改革开放特别是党的十八大以来，宁夏职业教育发展较为迅速，已经初步形成中等职业教育、高等专科职业教育和高等本科职业教育的梯次配置，接受职业教育的学生越来越多，为全区各条战线输送了大量的技能型人才。但同时我们也看到，受制于观念和职业教育水平的影响，宁夏的职业教育还不能完全满足经济社会发展的需要。一是社会对职业教育还存在偏见，许多家长不愿意让自己的孩子接受职业教育，视职业教育为畏途。这种社会氛围，对发展职业教育造成负面影响，使得接受职业教育的学生素质普遍不高，高素质技能人才较为稀缺。二是职业教育机构基础设施建设较为滞后，还停留在工业化中期职业教育阶段，不能适应工业化后期和信息化时代的需要，导致学生无法在学校接触到最先进的技术应用和工业流程，影响到学生的质量。三是教师素质不能适应现代职业教育的要求。宁夏大量的职业教育学校，都是从基础教育学校转化而来，即使是专门的技术院校，在教师招聘中还是按照普通学校对教师的要求进行招聘，技能型教师少，特别缺少大师级高技能师资，严重影响到学校的教学质量。四是职业教育院校与市场主体互动程度不高，不能培养适销对路的技能人才。宁夏是民族地区，经济社会发展较为落后，市场对技能型人才需求比创新型人才更为迫切，如何适应市场需要，立足为企业培养人才的理念，在专业设置、学校建设、师资培养等方面深化供给侧结构性改革，主动适应宁夏实际，是推动宁夏职业教育发展，提升人力资本的重要途径。

（三）扎实推进适宜人力资本提升的制度环境，着力营造干事创业的环境，为高质量发展创造条件

经济是镶嵌在社会中的创造财富的现象，社会环境特别是制度规范对经济活动产生了重要的影响，是经济发展中具有决定性意义的影响因素。

从中西方历史发展看，当新的思想产生，并具化为制度规范时，就会对经济产生重大影响。西方在 15 世纪以前还远远落后于中国，但随着启蒙运动的兴起，资本主义开始产生，并最终确立了资本主义制度，极大地促进了生产力的水平，同时也推动了这些国家的快速发展，人类社会开始进入工业化时代。相反，中国古代是传统的农业文明，思想观念、政治制度是与农业文明相适应的，形成了一个从经济到文化到制度自洽的系统。近代以来，随着帝国主义的入侵和民族意识的觉醒，中国人民开始艰难的复兴之路，经过洋务运动、戊戌变法、五四新文化运动，我们也试图构建一个与工业化相适应的新社会和新文化，但由于种种原因都没有成功。在中国共产党的领导下，特别是新中国成立以来所取得的巨大历史成就，我们完成了工业化并逐步向信息化时代迈进，形成了与经济基础相一致的中国特色社会主义制度和社会主义先进文化，中国历史开始进入新的历史发展方位。但与此同时，我们也要看到，由于文化观念所具有的延续性和制度惰性，传统社会中的一些与社会主义市场经济不相适应的思想观念、制度形态还会以各种形式存在，给经济社会发展带来消极影响。从发达国家的发展历史和东部地区的发展经验看，市场经济本身就是法治经济，只有建立符合市场经济规律的制度规范，搭建人才与资本融合的平台，充分发挥资本在提升人力资本中的重要作用，培育公民的法治素养，提高全社会的诚信意识，形成干事创业的氛围，才能最大限度减少交易成本，推进科技成果有效转化，为高质量发展提供优质创新环境。

（四）坚持尽力而为、量力而行的社会保障原则，形成劳动致富、勤劳致富的社会氛围，通过建立新型职业伦理，激发内生动力，实现人力资本的正向激励

共同富裕的基础是社会财富的持续增加，而社会财富增加的一个重要条件是全体社会成员的不懈努力和奋斗。人是一个有生命周期的存在，少年时需要抚养，中年时需要创造财富，老年时需要赡养，正是一代代的互惠传递，延续了人类社会的不断发展的历史。少年时期的抚养和老年时期的赡养，其基础是中年时期的劳动及财富创造，如果没有财富创造或者占用别人的财富，不但不公平，实际上也是不可持续的。追求高福利是人的本能，但过高的福利不但会消弭人的奋斗意志，而且会产生大量的搭便车行为，最终形成福利陷阱。近年来，学术界在探讨贫困问题时，提出了贫困和扶贫的“元问题”。中国农业大学教授李小云认为，人是一种基于动物性和社会性的存在，在现实生活中，我们会看到人基于生物学——生存性的个体利益最大化和基于对社会公平的伦理追求的两种力量的不断博弈。其中一个力量一定会产生贫困、产生差异，另一个力量一定在制衡差异。这两者构成了李小云所说的贫困和扶贫的元问题。韦伯在《新教伦理与资本主义精神》里也提到现代性伦理的问题，认为在同一文化条件下，个人之间的福利差异可能更多地出于“能力”的差异，而不同文化条件下，可能更多地出于现代性伦理的差异。实际上，在相同文化条件下，也有可能存在现代性伦理的差异。李小云提出了解决贫困问题的“元方案”：“就是把现代性扩张到没有掌握现代性伦理的群体。在少数民族地区和一些特别贫困的地方，他们可能自己觉得每天喝喝酒、做做工挺好的，而我们告诉他们——你们过得不好，孩子没上学，生了病没医疗，猪圈和居住空间交叠在一起臭烘烘的，一定要改变。这些人没有我们这些概念，处于低物质均衡的阶段，他们有一套自己的生活的逻辑。但是我们要打破他们，就像马云说要打破穷人的思维。”在精准扶贫和乡村振兴中，我们听得最多的是农民“等靠要”思想严重，制约了扶贫和发展的质效。但如何解决农民的“等靠要”思想，除了在思想上灌输现代性理念和行为上的利益引导外，在制度层面也要解决“过度保护”的问题，切实发挥社会保障的兜底作用，重新激活家庭、社会在扶贫济困和养老恤幼中的作用，在维护社会基本公平正义的基础上，最大限度调动大家干事创业的积极性。

（五）崇尚科学，尊重规律，在全面推进现代化过程中，关注人的现代化

现代化既是一个历史发展过程，也是一个复合型的概念。日常生活中，人们在谈论现代化时，实际上探讨的现代性的问题。由于对现代化或现代性大多从物的角度去理解，而往往忽略了现代化或现代性中人的向度。实际上，人的现代性，才是现代化的最终目的。由于人是生活在社会中的，受社会特别是传统文化影响较大，所以，现代性的确立也不是轻而易举的，需要对传统文化进行创造性转化和创新性发展。在这方面，韦伯对新教伦理与资本主义之间关系的嫁接给我们提供了一个非常好的视角。众所周知，基督教是西方许多国家的宗教和意识形态的渊薮，但基督教本上并不是从一开始就具有现代性，黑暗的欧洲中世纪，正是基督教统治的黄金时期。新教的出现以及韦伯等学者把新教伦理与资本主义精神联系在一起给予全新解释，为资本主义发展从西方传统文化中找到了理据，进而实现了基督教（新教）伦理的现代转化。新教伦理，它倡导人们努力工作、创造财富。但同时又不断告诉每个人一定要节俭，不管你有没有钱，你都是上帝派来的财富的守护者，而不是拥有者。其目的就是要打造既勤奋节俭，又乐善好施的人。在许多人看来，中国传统文化是封闭保守的，与现代性不兼容，实际上，中国传统文化并非一成不变，而是在不断适应新的形势发展的需要加以改变，这从中国思想史的演变发展过程中可以清楚地看到。在这个过程中，每一次新的思想的确立和社会转型，都离不开历代知识分子的阐释与创新。事实证明，世界上没有完美无缺的文化，关键是如何阐释以及所遵循的价值导向。中华文化既有强调社会本位的传统，也有“天下兴亡，匹夫有责”的个人担当，只有不断顺应新的形势，遵循经济和社会发展规律，兼顾社会价值和个人利益诉求，对传统文化进行创造性转化和创新性发展，不但能够重新激活传统文化的生命力，也将为新的时代提供思想养分和价值指引。

宁夏践行“社会主义是干出来的”调查报告

丁生忠　廖　周

在党的二十大报告中指出：“新时代的伟大成就是党和人民一道拼出来、干出来、奋斗出来的。”实际上，习近平总书记视察宁夏时就提出“社会主义是干出来的”重大论断，它是马克思主义中国化时代化的新成果，是伟大建党精神的精粹。新时代、新征程上，全区人民正沿着建设美丽新宁夏的康庄大道，真抓实干，阔步前行。

一、党的十八大以来，以“社会主义是干出来的”为契机创新实践，自治区党委、政府带领各族群众取得了丰硕成就

（一）通过“干”，使全区经济持续快速发展

十年来，党领导全区各族群众依靠真抓实干，实现生产总值不断提高，从 2012 年的 2326.64 亿元提高到 2021 年的 4522.31 亿元，增长 2195.67 亿元，增速保持在年均 6.2%以上（见表 1）。

作者简介　丁生忠，宁夏社会科学院社会学法学研究所副研究员；廖周，宁夏社会科学院马克思主义研究所副研究员。

表 1　2012—2021 年宁夏生产总值情况统计表

年份	生产总值（亿元）	第一产业增加值（亿元）	第二产业增加值（亿元）	第二产业增加值（亿元）
2012	2326.64	200.16	1158.58	967.90
2013	2565.06	222.98	1264.96	1077.12
2014	2752.10	216.84	1343.13	1192.13
2015	2911.77	238.47	1379.04	1294.26
2016	3150.06	239.96	1475.51	1434.59
2017	3453.93	261.07	1580.53	1612.33
2018	3705.18	279.85	1650.26	1775.07
2019	3748.48	279.93	1584.72	1883.83
2020	3920.55	338.01	1608.96	1973.58
2021	4522.31	364.48	2021.55	2136.28

资料来源：宁夏统计局、国家统计局宁夏调查总队主编《宁夏统计年鉴》（2012—2022年）相关数据整理。

十年来，全区量质齐升发展最快，城乡面貌变化最大，全区人民得实惠最多。在生产总值中，第一二三产业增加值都在大幅度提高。按照常住人口计算，2012 年人均地区生产总值 36166 元，到 2017 增加到 50917 元，五年提高了约 41%，到 2021 年人均地区生产总值为 62549 元。十年来，宁夏财政一般预算收入由 264 亿元增加到 460 亿元，年均增长 7.7%。2022 年上半年，全区实现生产总值 2352.56 亿元，经济增长 5.3%，增速从一季度的全国第十五位跃升至第一位，创造了近十年的最高水平。

十年来，社会消费品零售总额持续增长，截至 2021 年达到 1335.12 亿元（见表 2），除 2020 年外，近十年来社会消费品零售总额每年较上年都有增加。自治区政府加大商品进出口贸易，从 2012 年到 2019 年进出口总额都呈现增长态势，2019 年以后受到新冠肺炎疫情影响，进出口贸易有所减少。2022 年，宁夏的国际货运已通达 18 个国家；外贸出口明显提升，2022 年上半年，宁夏外贸实现进出口 122.5 亿元，同比增长 70.1%，增速位居全国第一。

表 2　2012—2022 年宁夏经济贸易情况统计表

年份	社会消费品零售总额(亿元)	社会消费品比上年增减(%)	进出口总额(亿美元、亿元)	进出口总额比上年增减(%)
2012	548.83	14.9	22.17	-3.0
2013	610.51	12.5	32.18	45.2
2014	673.22	10.3	54.36	69.0
2015	789.57	7.1	37.91	-30.3
2016	850.10	7.7	216.27	-6.4
2017	930.45	9.5	341.29	58.9
2018	—	4.8	249.16	-27.0
2019	—	5.2	240.62	-3.3
2020	1301.39	-7.0	123.17	-48.8
2021	1335.12	2.6	214.04	73.4

资料来源：同上。注：—表示无相关数据，-表示减少；2012—2015 年进出口总额数据单位为亿美元，2016—2021 年进出口总额数据单位为亿元。

（二）通过“干”，使全区工农业持续发展

按照中央提出的“建设美丽新宁夏”的要求，全区各族群众砥砺奋进，“撸起袖子加油干”，推进工农业持续快速发展。在工业领域，2021 年工业增加值达到 1677.83 亿元（见表 3），比 2012 年增加了九成，党的十八大后的前两年呈现两位数的增长速度，规上企业增加值都在 4 个百分点以上。2022 年上半年，全区规上企业实现利润总额 298.2 亿元，增长 15.1%增速进入全国前五，有的企业创造了近 10 年最好水平。

表 3　2012—2022 年宁夏工业发展情况统计表

年份	工业增加值(亿元)	工业增加值较上年增长(%)	规上企业增加值增长(%)
2012	878.64	13.5	14.0
2013	944.50	12.0	12.5
2014	973.5	8.3	8.3
2015	979.7	7.4	7.8
2016	1041.4	7.3	7.5
2017	1096.30	8.4	8.6
2018	1124.50	8.1	8.3
2019	1270.02	7.4	7.6
2020	1283.69	4.2	4.3
2021	1677.83	7.9	8.0

资料来源：同上。

在工业科技领域，十年来，宁夏全力打造科技创新高地、现代产业基地，高新技术企业也从2012年的44家，增加到2021年的356家。宁东基地400万吨煤炭间接液化是全球单套装置规模最大的现代煤化工项目。吴忠仪表高端控制阀生产能力和技术研制在全国同行业名列第一。天地奔牛的刮板输送机、小巨人卧式智能机床加工中心等技术达到世界先进水平。中色（宁夏）东方集团有限公司为代表的钽铌铍有色金属冶炼加工技术引领同行。科学技术加强“东西部合作”在全国推广，维尔铸造高铁枕梁、共享铸钢3D打印等技术走在全国前列。隆基、小牛、力成等创新型企业通过“智能+”技术，建设数字化、网络化、智能化的现代企业，在新技术方面建设运营成本和产品研发周期大幅下降。引进大型企业投资兴业，中国联通、中国能建、腾讯、中兴、京东等来宁发展，伊利、蒙牛、光明、新希望集团到宁投资，探索以绿能开发、绿氢生产、绿色发展为主的能源转型发展新路，加快建设国家新能源综合示范区。

在农业领域，宁夏作为农业为主的地区，农业在经济社会发展中具有非常重要的地位。十年来，宁夏粮食总值面积虽然逐年减少，从2012年的1242.41万亩下降到2021年的1033.93万亩，减少了208.48万亩，但是在科技赋能下突破体量限制，运用现代农业技术粮食稳定在370万吨左右，其中2018年达到最高的392.58万吨（见表4）。

表4　2012—2022年宁夏农业发展情况统计表

年份	粮食种植面积（万亩）	粮食总产量（万亩）	蔬菜总产量（万亩）	肉类总产量（万亩）
2012	1242.41	375.03	471.11	26.12
2013	1202.40	373.40	498.59	27.02
2014	1157.0	377.9	540.8	28.2
2015	1155.6	372.6	575.8	29.2
2016	1167.5	370.6	593.1	30.9
2017	1163.3	368.2	610.8	32.2
2018	1103.51	392.58	550.81	34.14
2019	1016.05	373.15	565.58	33.53
2020	1018.75	380.49	568.61	33.77
2021	1033.93	368.44	532.94	35.0

资料来源：同上。

在葡萄酒产业上，宁夏立足地区优势，做大产业品牌，借助宁夏国家葡萄及葡萄酒产业开放发展综合试验区的“国字号”平台，全面推广智慧化种植模式，把自然山水、黄河文化、宁夏“根脉”融进紫色产业，做新“+”文章，葡萄产品漂洋过海走向世界。蔬菜产量和肉类产量也逐步提高，其中富硒含量极高的菜心和大米，受到沿海地区消费者青睐，枸杞精深加工产品达90余种，盐池滩羊肉质鲜美，成为国宴用品，畅销全国各地。

（三）通过“干”，使全区城乡居民生活不断改善

十年来，宁夏城乡居民生活水平不断提高，农村居民纯收入从2012年的6180元上升到2021年的15337元（见表5），年均增长在8个百分点以上；城镇居民人均纯收入大幅度提高，除2020年外年均增长在7个百分点以上。宁夏紧盯“两不愁三保障”，2020年11月完成了现行标准下宁夏80.3万建档立卡贫困人口全部脱贫，9个贫困县（区）全部脱贫“摘帽”，1100个贫困村全部脱贫出列，脱贫攻坚的艰巨任务赢得了历史性胜利，与全国同步全面建成小康社会，一个民族、一个家庭、一个人都没有落下。2022年上半年，全区城乡居民人均纯收入分别为18501元和6032元，同比增长4.2%和6.9%，虽然受疫情影响，但是群众生活水平稳步提高。

表5　2012—2022年宁夏城乡居民收入情况统计表

年份	农村居民人均纯收入（元）	农村居民人均纯收入比上年增减（%）	城镇居民人均纯收入（元）	城镇居民人均纯收入比上年增减（%）
2012	6180	14.2	19831	12.8
2013	6931	12.2	21833	10.1
2014	8410	10.7	23285	8.4
2015	9119	8.4	25186	8.2
2016	9851.6	8.0	27153	7.8
2017	10738	9.0	29472	8.5
2018	11708	9.0	31895	8.2
2019	12858	9.8	34328	7.6
2020	13889	8.0	35720	4.1
2021	15337	10.4	38291	7.2

资料来源：同上。

十年来，宁夏将75%以上的财力用于民生事业，重点实施居民收入、教育质量、健康水平、城乡面貌等六大提升行动，努力让人民群众生活得更有质量、更加幸福。十年来，宁夏城镇化率达到66%，新型城镇、特色城镇建设稳步推进。回首看，自从20世纪80年代开始，陆续从中南部山区搬迁安置123.26万人，数十年间组织百万移民搬迁，一批又一批移民群众通过勤劳奋斗，用苦干实干实现了脱贫致富。2019年底，面对突如其来的新冠肺炎疫情，坚持人民至上、生命至上，宁夏强化抓“第一例”的意识，严控“第一例”扩散，没有出现一例死亡病例，用心用情服务保障群众，完善疫情时期的群众基本生活、就医教育、物资供应等保障体系。

（四）通过“干”，使全区基础设施建设持续提高

社会固定资产投资是再生产的主要手段，从而进一步调整经济结构和生产力的地区分布，增强经济实力，为改善人民物质文化生活创造物质条件。十年来，社会固定资产投资总量除2018年和2019年受到经济下行压力下有所减少外，均呈现增长态势，特别是十八大后的前四年以两位数的速度增长。从投资结构看，第一产业和第二产业是政府投资的重点，一方面是推动农业农村发展，另一方面是推动工业发展，带动经济社会发展。其中，2021年在农业的社会固定资产投资比上年增加了45.7%（见表6），是十九大以来增速最快的一年，在服务业的社会固定资产投资比上年增加了2个百分点。2022年上半年，全区社会固定资产投资同比增长11.3%，有效地推动基础社会建设。

表6　2012—2022年宁夏社会固定资产投资统计表

年份	固定资产投资较上年增减(%)	第一产业较上年增减(%)	第二产业较上年增减(%)	第三产业较上年增减(%)
2012	27.5	50.3	27.0	26.7
2013	27.1	23.9	19.8	35.1
2014	19.4	44.7	14.5	22.3
2015	10.4	29.3	15.4	4.4
2016	8.6	19.9	-1.3	17.1
2017	4.2	60.7	-8.3	10.0
2018	-18.2	-35.6	-7.3	-23.7
2019	-11.1	-8.2	-3.9	-14.7
2020	4.8	15.6	15.6	-5.3
2021	2.7	45.7	-1.5	2.0

资料来源：同上。注：-表示减少。

根据相关部门统计数据，新时代的十年，宁夏交通基础设施投资1491亿元，新增高速公路773公里，新增农村公路近1万公里。2014年宁夏发布《宁夏空间发展战略规划条例》，开全国之先河，率先以省为单位编制和实施空间发展战略规划。2022年12月银兰高铁建成通车，圆了全区人民的高铁梦。

（五）通过“干”全区生态环境持续改善

十年来，宁夏深入践行习近平生态文明思想，以前所未有的力度抓生态文明建设，尊重每一滴水、每一棵树，呵护每一条河、每一座山，像保护眼睛一样保护生态环境，像对待生命一样对待生态环境。十年来，黄河干流宁夏段连续5年达到Ⅱ类水质标准，森林覆盖率从11.9%提高到16.9%，空气优良天数比例连续6年保持在80%以上，其中近三年平均优良天数在300天。全区持续开展植树造林绿化家园，美化环境，近五年来造林面积达到676.12万亩（见表7），空气质量不断改善，可是吸入颗粒物的平均浓度持续下降，人民群众的获得感、幸福感、安全感不断提升。

表7　2017—2022年宁夏环境情况统计表

年份	造林面积（万亩）	黄河干流宁夏段水质	空气质量平均优良天数(天)	可吸入颗粒物平均浓度（微克/米^3）
2017	107.60	II类优	279	—
2018	150.08	II类优	277	82
2019	138.38	II类优	321	66
2020	122.62	II类优	311	65
2021	157.44	II类优	306	62

资料来源：同上。注：—表示无相关数据。

十年来，宁夏谋划“五个区”战略定位和“一带三区”总体布局，着眼山水林田湖草沙系统治理，在生态保护、新兴产业等方面不断探索，把黄河安澜和生态保护放在首要位置。推进“一河三山”综合治理，全面整治贺兰山保护区内169个点位，开展保护性修复，选择出20余种适宜生长的乡土植物，在整治后的7万平方米土地上试种，宜林则林、宜草则草，逐步推广。在黄河流域率先推进“四水四定”并建成14个国家湿地公园，打出治河复滩、治沙固土、治水定量、治山增绿、治污除患组合拳，坚决整治黄河“四乱”、腾格里沙漠污染整治、星海湖生态环境问题，黄河生态环境整治走在流域前列，走出了一条高质量发展之路，在生态优先、绿色发展上实现新跨越。

二、以“社会主义是干出来的”为契机创新实践，在靠谁干、为谁干、怎么干等方面，凝聚顽强的实干精神

（一）“干”的前提是走中国特色社会主义道路

宁夏经济社会发展所取得的成绩，根本原因就是沿着中国特色社会主义道路奋进。进入新时代，随着社会主要矛盾的变化，自治区党委、政府积极规划布局，调整经济产业结构、保持社会和谐稳定、促进文化健康发展，全面提高人民生活质量。党的十九大提出了建成社会主义现代化强国的宏伟目标，面对世情国情和区情的新变化，进一步坚定道路自信、制度自信，坚持和完善中国特色社会主义制度，不断推进国家治理体系和治理能力现代化，把制度优势更好地转化为治理效能，确保中央和自治区党委确定的各项目标任务全面落实到位。

（二）“干”的本质是坚持实事求是的思想路线

做好宁夏工作要始终坚持解放思想、实事求是、与时俱进、求真务实的思想路线，不断深化对区情的认识。进入新时代以来，自治区党委、政府立足于资源禀赋结构、立足于区位结构、立足于文化结构，积极推进经济社会发展。横向看，宁夏与东南沿海地区相比较基础薄弱，社会发展缓慢，经济欠发达，经不起折腾，工作务必以“实”字打头、“干”字为先、“准”字着力，特别在经济社会发展和大型基础设施建设上要坚持实事求是，不能贪大求洋、搞功绩工程，浪费宝贵资源。

（三）“干”的方法是秉承持之以恒的工作态度

宁夏作为欠发达地区、民族地区、革命老区。其中，民族团结进步事业在经济社会发展中具有非常重要的地位，也是基础性事业，2005 年自治区党委、政府决定将每年的 9 月定为“民族团结月”。这不仅成为展示民族团结进步事业的大展台，同时也是全方位讲好各族群众休戚与共、荣辱与共、生死与共、命运与共生动故事的大舞台。进入新时代，自治区党委、

政府以“国之大者”的胸怀和担当，将民族工作作为“生命线”工程，融入经济社会发展全过程。坚持以铸牢中华民族共同体意识为主线，坚持促进各族群众广泛交往、全面交流、深度交融，全面贯彻党的民族政策，全面构筑共有精神家园，全面促进交往交流交融，全面提升民族事务治理水平，不断推进宁夏民族团结工作向更大范围、更广领域、更深层次高质量发展。

(四)“干”的目标是推进中国式现代化，建设美丽新宁夏

宁夏第十三次党代会提出全区未来发展的目标任务，就是“全面建设经济繁荣、民族团结、环境优美、人民富裕的社会主义现代化美丽新宁夏”。进入新时代，习近平总书记2次视察宁夏，提出了“社会主义是干出来的”的重大论断，激励全区人民风雨无阻向前行。自治区党委、政府带领干部群众奋力拼搏，从实施“三大战略”、守好“三条生命线”、打赢三大攻坚战，到加快建设黄河流域生态保护和高质量发展先行区、乡村全面振兴样板区、铸牢中华民族共同体意识示范区等“三区建设”。宁夏积极融入新发展格局，培育壮大九大产业，发展“十大工程项目”，东西合作模式走在西部前列。推出了《山海情》等一批精品力作，丰富群众的精神文化生活，创新乡村、社区、宗教、校园、企业、社团六个领域基层治理，推进全域社会治理，社会主义现代化美丽新宁夏建设迈出重大步伐，为实现中华民族伟大复兴贡献力量。

三、新时代、新征程，以“社会主义是干出来的”为契机创新实践，向着充满光荣和梦想远航，从这里起锚

(一)恪守“干”的初心，探索共同富裕的实践路径

党的二十大擘画了国家未来的宏伟蓝图，踏上全面建设社会主义现代化国家，全面推进中华民族伟大复兴的新征程。自治区紧跟国家战略，立足于第十三次党代会确定的目标任务，全区正奋力谱写建设美丽新宁夏的壮丽篇章。坚持尽力而为、量力而行、循序渐进、勤劳创新致富的原则，探索具有宁夏特点的共同富裕实践路径。一是做大经济“蛋糕”。以高质量发展增加整体收益，着力推进“六新六特六优”产业、二十个重大项目建

设，树立保市场主体就是保经济基本盘的意识，持续落实助企纾困政策，以稳就业支撑经济平稳较快发展。二是统筹“六大提升行动”。统筹“居民收入”和“移民致富”，更加注重提升群众勤劳致富的能力，千方百计增加工资性收入，反对“等靠要”。以提升“教育质量”和“健康水平”为基点，量力而行推动基本公共服务均等化。以创文明城市为抓手，着力提升人民“文明素养”和“城乡面貌”。三是互济山川城乡和东西部协作。在山川互济方面，继续推动“产业上山”，鼓励“农民下山”，增强产业资本和人员的流动性。统筹推进城镇老旧小区改造和农村危房改造，通过特色旅游村镇建设“五社联动”社区建设，提升城乡宜居水平。继续深化与福建、广东等东部省区、高等院校和创新主体的合作关系，探索先富带后富、帮后富的实践路径。

（二）把握“干”的重点，坚持问题导向抓落实

新时代、新征程，践行“社会主义是干出来的”中的“干”是苦干、实干、巧干，而不是蛮干、盲干。自治区第十三次党代会针对“发展不足是宁夏最大的实际”，提出“12345”的总体部署，狠抓落实。一是优化领导包抓机制。重点产业、重点工作和重大工程中实施各级领导包抓机制是落实工作的关键一招，有助于领导干部带头践行实干精神，激发更广大党员干部撸起袖子加油干的斗志。二是注重稳增长与调结构的平衡。“六新、六特、六优”产业，既有推动传统产业数字化、高端化、集群化的任务，也有创新开发资源优势转化为产业优势，发展新业态的任务，还要积极稳妥推进碳减排工作。所以，应更加注重经济结构调整和市场环境改善，坚持改革开放，加快转变政府职能，力促区域经济稳固根植于市场经济体制之上。三是纾困受疫情影响的行业。针对餐饮住宿、文旅会展、交通运输等受疫情影响的困难行业，从支持加快恢复营业、降低经营成本、帮助拓展市场、加强资金支持等方面出台有力措施，促进稳就业和消费恢复。

（三）优化“干”的环境，营造干事创业的新生态

新时代、新征程，践行“社会主义是干出来的”时代使命需要大批实干型人才，优化“实干”政治环境就是要营造风清气正的生态环境，让各类人才放开手脚干事创业。一是注重在“三区建设”和重大任务中考察识别干部，大力选拔在基层一线、艰苦地区、改革前沿实干苦干的干部。二是推动形成能者上、优者奖、庸者下、劣者汰的用人导向和从政环境，建设德才兼备、忠诚干净担当的高素质专业化干部队伍。支持敢担当善作为的干部，对犯错误的情形具体问题具体分析，不搞“一刀切”。三是充分信任科研人才，为科研专业技术人员“减负松绑”出实招，尊重科学研究规律，赋予他们更大的人财物自主支配权，让他们放开手脚、自由探索，最大限度地激发科技人员的创新活力。四是推进作风革命，加强效能建设。开短会，讲短话，发短文，力戒形式主义、官僚主义。紧抓目标责任制考核，加大考核结果运用力度，以考核来助推实干，以实干落实考核。五是表彰肯定创业者、企业家、实干家所取得的成绩。为实干者营造良好的成长环境和氛围，增强人民群众自强不息、自力更生改变现状的信心。

（四）提升“干”的能力，加强社会治理共同体建设

新时代、新征程，践行“社会主义是干出来的”责任担当需要不断提升“治大国若烹小鲜”的能力水平。一是构建共建共治共享的社会治理格局，将自治、法治、德治融合建设平安宁夏，建设人人有责、人人尽责、人人享有的社会治理共同。二是重视调查研究，持续开展“走好新时代长征路”大调研活动。调研活动不能走马观花，要带着问题调研，把调研课题化，各级组织每年确定一批调研课题，深入研究重点工作和民生问题。对调研中发现的群众、企业急难愁盼问题，坚持即知即改、立行立改。三是持续优化行政工作程序。根据社会发展变化，优化组织结构，调整编制配置，健全部门协调配合机制。深入推进“放管服”改革，创新监管方式，加强事中事后监管。提高政府抓落实的能力，消除政策执行“中梗阻”，解决落地“最后一公里”问题。四是创新行政管理方式，加大大数据、人工智能等先进技术的运用，加强新技术科普工作，不断提升在社会治理中更好地运用新技术的能力。

（五）凸显“干”的关键，树立争先创优的拼劲

新时代、新征程，践行“社会主义是干出来的”就是要努力干、积极干、抢着干、加油干，敢于拼搏、敢于斗争。党的十八大以来，宁夏坚持“跳起来摘桃子，小省区办大事”的理念，创造了全国东西部扶贫协作典范、全国率先实现沙漠化逆转、全国率先实行全区域草原禁牧封育等一个个单项冠军。敢于竞争，敢于胜利，奋勇争先成为干事创业的主色调。事实上，在新世纪之初自治区党委、政府就提出“西部大开发，宁夏要争先”的战略，通过全区开展大讨论，大家意识到，奋勇争先是事业发展的动力，小省区要有超越战略的意识。奋勇争先，就是要有“敢于天下先”的精神，要有小省区也能办大事的勇气和胆识。新征程上，全面建设社会主义现代化美丽新宁夏，必须加快建设黄河流域生态保护和高质量发展先行区、乡村全面振兴样板区和铸牢中华民族共同体意识示范区。“先行区”“样板区”和“示范区”三个区的建设都要求要先行一步、快人一拍、胜人一筹，只有奋勇争先才能实现“三区建设”发展目标。

宁夏统筹发展和安全：本质要求、内在逻辑及践行路向

魏向前　魏俊怡

发展是党执政兴国的第一要务，国家安全是安邦定国的重要基石。统筹发展和安全两件大事，是立足新发展阶段、贯彻新发展理念、构建新发展格局的重要前提和保障，也是我们党治国理政的一个重要原则。在全面建设社会主义现代化美丽新宁夏征程中，要始终坚持“两点论”和“重点论”二者的辩证统一，以大安全保大发展，以大发展促大安全，实现高质量发展和高水平安全良性互动。这既是我们认真贯彻落实党的二十大精神、习近平总书记视察宁夏重要讲话和重要指示批示精神以及自治区第十三次党代会精神的具体行动，也是宁夏主动服务全国发展大局、积极融入国家发展战略的政治责任和战略任务，更是破解宁夏面临发展深层次问题和结构性矛盾的根本出路。因此，我们要矢志不渝地把安全贯彻于发展的各领域和全过程，牢牢守住安全发展底线。

一、统筹发展和安全是全面建设社会主义现代化美丽新宁夏的本质要求

（一）统筹发展和安全有利于开创经济繁荣新局面

发展是人类社会永恒的主题，高质量发展是当下我国保持经济持续健

作者简介　魏向前，中共宁夏区委党校公共管理教研部主任，教授；魏俊怡，厦门大学经济学院 2021 级本科生。

康发展的必然选择。宁夏要想与全国同步推进全面建设社会主义现代化进程，就必须严格遵循经济发展的内在规律，走出一条更高质量发展的新路子。这就要求我们必须杜绝过去那种以消耗能源资源、污染生态环境为特征的传统经济发展模式，取而代之以由高速度向高质量转变，由外延型增长转向内涵型增长，由粗放型增长转向集约型增长，由低效领域向高效领域转型的经济发展模式。这既是进入新发展阶段的客观要求，也符合经济发展的普遍规律，更是维护经济安全的根本举措。[①]要想实现自治区第十三次党代会报告中提到今后五年全区地区生产总值突破7000亿元、年均增长6%左右，人均地区生产总值接近10万元的量化目标。我们必须下大功夫补短板、强弱项、积蓄发展动能、提升发展质量，实现真正解决宁夏经济发展中长期存在的不平衡、不充分的问题，满足各族人民日益增长的美好生活需要。这就需要我们必须坚持总体国家安全观，把安全发展贯穿于全面建设社会主义美丽新宁夏的各领域和全过程，牢牢筑起一道牢不可破的安全防火墙，实现经济高质量发展。

（二）统筹发展和安全有利于续写民族团结新篇章

铸牢中华民族共同体意识，守好促进民族团结生命线，不仅事关宁夏经济社会各项事业顺利发展，也是各族人民安居乐业不可或缺的前提，更是面向未来，书写新的民族团结进步工作新篇章的现实需要。持续做好新时代民族团结进步工作，牢固树立“三个离不开”思想，增强“五个认同”，营造“中华民族一家亲”的社会氛围，始终是一项重大政治任务。苏联亡党亡国、南斯拉夫改旗易帜的教训历历在目，殷鉴不远，究其原因，民族因素是其中的重要变量。船的力量在帆上，人的力量在心上。要始终将民族团结工作置于重中之重的地位，继续发扬宁夏民族团结的优良传统，全面贯彻落实党的民族政策与民族区域自治制度，推动民族团结进步工作，尤其是通过加快建设铸牢中华民族共同体意识示范区，不断铸牢中华民族共同体意识，像爱护自己的眼睛一样爱护民族团结，像珍视自己的生命一样珍视民族团结，各民族要像石榴籽一样紧紧抱在一起，形成全面建设社

①何艳玲.统筹的逻辑:中国兼顾发展和安全的实践分析[J].治理研究,2022(05).

会主义美丽新宁夏的强大合力，促进各民族交往交流交融。在共同实现全体中华儿女中国梦的荣光中走出一条宁夏新路子，创造宁夏新经验，谱写宁夏新篇章。

（三）统筹发展和安全有利于绘就环境优美新画卷

生态环境首先是个经济问题，它不仅涉及经济生产方式，也在很大程度上影响人民的生活方式。宁夏地处西北腹地，三面环沙，干旱少雨，生态环境非常脆弱。做好生态环境保护工作对于推动绿色发展，破解生态难题，推动宁夏高质量发展意义重大。只有科学认识和辩证处理好经济发展与环境保护两者之间的关系，坚决彻底摒弃过去那种传统的不可持续的经济发展模式，代之以环境友好型的高质量发展模式。此外，生态环境同时也是个安全问题，宁夏虽然面积小，但却是全国重要的生态屏障，不仅承担着维护西北地区生态安全的功能，也承担着维护华北乃至全国生态安全的重任，更是肩负着维护国家生态安全的沉甸甸政治责任。人民对良好生态环境在内的美好生活需要是新时代建设美丽新宁夏的内涵和目标所在，生态环境的好坏不仅是全区人民孜孜以求的价值追求和奋斗目标，也是衡量和判断美丽新宁夏实现程度的生态安全标准。宁夏必须秉持绿水青山就是金山银山的科学理念，持续加强生态环境保护工作，全领域全方位推动绿色转型步伐，打造绿色生态宝地，实现全区生态质量稳定提升，从而实现人与自然的和谐共生。

（四）统筹发展和安全有利于创造人民富裕新生活

天地之大，黎元为本。人民立场是中国共产党的根本政治立场，人民史观是中国共产党的唯物史观，坚持以人民为中心的发展思想也因此构成了习近平新时代中国特色社会主义思想的重要组成部分。发展的目的是造福人民，安全发展的目的是让全体人民都能过上更好的日子。将安全发展纳入我们党更广泛的治国理政重要议程，就抓住了人民最关注的根本利益问题。[①]统筹发展和安全这个根本，不仅事关我们在新时代必须回答“为了谁”以及“依靠谁”的重大价值判断问题，也是坚决贯彻总体国家安全观

①丁胜.统筹发展和安全的环境形势及对策建议[J].党政论坛,2018(04).

以及自治区第十三次党代会“两个统筹”的工作总要求。发展和安全始终是我们共同追求的诉求，将统筹发展和安全，实现更高质量发展与更高水平安全的互动的指导思想，坚决贯彻到全面建设社会主义现代化美丽新宁夏的全领域与全过程。这次自治区第十三次党代会报告明确提出“两个同步”“两个高于”，以确保今后五年全体居民人均可支配收入达到 4 万元的发展目标。此外，报告还提出要推进居民收入、移民致富、教育质量、健康水平、文明素养、城乡面貌“六大提升行动”。这对于改善群众生活品质、扎实推进共同富裕，高水平实现人民的获得感、幸福感与安全感均极具战略意蕴。

二、牢牢把握发展和安全的内在逻辑

（一）发展是安全的基础，没有发展就没有安全

恩格斯在《反杜林论》中指出，再也没有谁像“暴力”即国家那样苦恼了，国家实在无力建造军舰，而且有生之日还不一定能见到。回望历史，西汉初年为何有长达 70 年的与匈奴和亲的政策呢？原因在于经过长时间惨烈的秦末农民起义和楚汉战争，西汉王朝实在无力支撑一场针对匈奴的战争。这都充分说明，物质基础的薄弱根本无法充分保障国家安全。只有物质财富的充分涌流，才能为安全提供持久支撑。随着中国特色社会主义进入新时代，我国已进入实现中华民族伟大复兴的关键阶段，我们仍处于可以大有作为的重要战略机遇期，但发展不平衡不充分问题仍然突出。只有经济社会实现平衡充分发展，才能为实现更高水平更高层次的安全提供更加牢固的基础和条件。[①]当今世界正经历百年未有之大变局，和平与发展依旧是时代的主题，人类命运共同体理念更加深入人心，但国际环境日趋复杂多变，不稳定性不确定性明显增加。要想在今后激烈的国际竞争中立于不败之地，就要始终牢牢坚持以发展为第一要务，将资源更多地向发展方面倾斜，着力提高发展质量、速度与效益，实现经济社会全面充分平衡发

①张仕荣.如何深刻理解“统筹发展和安全，建设更高水平的平安中国”[J].前线，2019(01).

展，实现更高水平更高层次的安全。

（二）安全是发展的前提，没有安全就没有发展

亚当·斯密认为，国家的首要职责，是保卫社会免受其他独立社会的暴力或侵略。科威特为何在1990年一夜亡国，与其弱小的安全力量不无关系。这同样说明了一个道理，强大的安全是确保国泰民安的必要保障。正如习近平总书记指出的那样："国家安全是安邦定国的重要基石，维护国家安全是全国各族人民根本利益所在。"中国历史上曾经积贫积弱，落后挨打的深刻教训让我们永远铭记。当前，我们正处在开启全面建设社会主义现代化国家新征程的重要阶段，我们既面临错综复杂的国际环境的考验，也面临艰巨繁重的国内改革发展稳定任务的挑战。新冠肺炎疫情全球大流行使百年未有之大变局加速变化，世界也因此进入动荡变革期。我国也进入了一个各类矛盾和风险易发时期，各种"黑天鹅"现象和"灰犀牛"现象此起彼伏，可以预见和难以预见的风险因素明显增多。一个国家如果解决不好自己的安全问题，经济社会发展进程便可能中断或者受到影响。没有和平的国际环境和稳定的国内环境，发展将无从谈起。我们要以总体国家安全观为有效引领，把安全发展贯穿于全面建设社会主义现代化美丽新宁夏各领域和全过程，筑牢国家安全屏障，实现发展质量与效益、规模与速度相统一。

（三）发展和安全相辅相成、互为条件

备豫不虞，为国常道。习近平总书记强调，发展和安全是一体之两翼、驱动之双轮。所以说，发展是安全的基础，没有发展，安全将失去支撑，安全是发展的根本保障，没有安全，一切都无从谈起。发展和安全是实现中华民族伟大复兴中国梦的两大基石。发展和安全问题从来都是任何国家在探求现代化的历史实践与社会进步的进程中始终绕不开、躲不过的重大现实问题。发展过程中一旦出现安全隐患，不仅会严重损害群众的切身利益，甚至会影响到国家的根本利益。①在新时代全面建设社会主义现代化国家的伟大征程中，着力破解突出矛盾和问题，努力防范化解各类风险隐患，

①梁怀新.统筹发展和安全的理论传承与理论逻辑[J].大中国减灾，2022(03).

归根到底也要靠发展来解决。只有国家安全得到充分的保障，才能创造和谐稳定的内外部环境，国家经济社会各项事业才能顺利向前发展。我们要以总体国家安全观为有效引领，统筹发展和安全，一手抓安全，一手抓发展，在追求发展的同时守好安全底线，在保障安全的同时达成发展目标。自治区第十三次党代会着眼长远眼光和战略眼光，提出要全面贯彻总体国家安全观，将统筹发展和安全“两件大事”置于全面建设社会主义现代化美丽新宁夏重中之重的位置，这既彰显了宁夏坚决服从服务国家战略全局的政治责任与担当，也突出了统筹发展和安全现实性与紧迫性。

三、统筹推进各重点领域国家安全工作，实现高质量发展和高水平安全的动态平衡

（一）始终不渝地加强党的建设，形成政治安全支撑力量

我们党从苦难到辉煌的百年历史充分证明，党的建设始终是我们各项事业进步的制胜法宝。当前我们必须全面提高党建科学化水平，全面加强党的建设。一是加强政治建设。要矢志不渝地将政治建设置于首位，始终牢牢站稳政治立场，忠诚拥护“两个确立”，坚决做到“两个维护”，进一步深化忠诚于党、维护核心的政治共识。坚决杜绝各自为政、各行其是，坚决维护党的团结统一、坚决维护党中央权威和集中统一领导。确保在任何时候都要坚决拥护核心、跟随核心、捍卫核心。二是加强思想建设。思想建党是保证党内清正廉洁、肌体健康的关键，构成全面从严治党的有机组成部分。要坚定理想信念、保持政治思想绝对纯洁，支撑起共产党人强大的精神支柱。这就要求我们继续推动深入学习习近平新时代中国特色社会主义思想往深里走、往心里走、往实里走。认真学习，深入领会，全面贯彻其中的精髓要义与精神实质，不断汲取强大的真理力量和实践力量。要通过发挥我们党思想政治工作的全方位优势以及基层党组织的强大的组织、宣传、动员、治理功能，切实筑牢共产党员的信仰之基、补足精神之钙、把稳思想之舵，保证党的团结统一与行动一致。三是加强组织建设。必须坚持以习近平新时代中国特色社会主义思想为指导，深入贯彻新时代党的组织路线，始终坚持党管干部原则，按照新时期好干部标准，树立以

德为先、任人唯贤，事业为上、以事择人，崇尚实干、鼓励担当的理念，打牢选人用人的根基，锻造一支忠诚、干净、担当的高素质干部队伍。

（二）以社会主义核心价值观引领社会思潮，夯实国家安全精神堡垒

意识形态是国家软实力的重要组成部分，包括政治理念、政治价值、政治认同等因素，关乎国家发展的旗帜与方向，构成政治安全的灵魂。随着我国对外开放进程的加快以及社会主义市场经济体制的不断推进，国内外各种有害政治思潮也在严重冲击着我们社会主义意识形态的防线，妄图如苏联改旗易帜的一幕在中国重现。因此，我们必须要保持高度警觉与严加防范，通过矢志不渝的创新意识形态工作，从而始终做到牢牢掌握党对意识形态工作的领导权和话语权，培育和践行社会主义核心价值观，引领社会思潮，凝聚新时代全党全社会政治共识。形成有效抵御形形色色有害社会思潮对社会主义核心价值观的冲击与干扰的坚固堡垒。一要管控好互联网意识形态阵地。互联网是一把双刃剑，既可造福于民众，促进经济社会各项事业发展，也会给国家政治安全带来巨大隐患，影响政治及社会稳定。要树立正确的网络安全观，加强对互联网的有效管控，旗帜鲜明地反对与抵制各种错误观点。要注重大众网络阵地，善于运用网络传播规律，切实增强社会主义核心价值观的大众化传播。①二要重视高校意识形态工作。大学生处在世界观、人生观、价值观的形成与塑造的关键时期，做好大学生的意识形态工作就显得尤为重要和迫切。国内外各种敌对势力总是将意识形态的突破点对准在校大学生，所以说大力强化大学生思想政治教育刻不容缓。要通过统筹教师、教材与课堂各个环节，全方位、系统性常抓不懈、抓出成效。对于各种有害的错误思想要敢于发声、坚决亮剑，决不拖泥带水。

（三）坚持绿色发展理念，筑牢国家西部生态安全屏障

从农耕文明到工业文明再到生态文明，这是顺应人类社会文明进步的必然要求。坚持生态优先，推动绿色发展是全面建设社会主义现代化美丽

①白帆. 论中国共产党在维护我国政治安全中的核心地位［J］. 观察与思考，2019（06）。

新宁夏的题中应有之义。一是要在持续推动贺兰山、六盘山、罗山生态保护和环境治理上实现新突破。通过综合治理、系统治理，形成结构合理、功能完善、稳定高效的生态系统。巩固生态环境保护和治理成效，建立健全生态补偿机制。减少不必要人类活动，严惩破坏生态行为和商业行为。二要在加强黄河流域生态保护上实现新突破。必须要牢固树立黄河流域“一盘棋”的治理思想，切实把黄河流域生态保护和环境治理作为一个整体加以严肃认真对待，坚持重在保护、要在治理，共同抓好生态环境大保护、协同推进黄河流域大治理，从全流域整体谋划，先行先试，率先推进先行区建设，推动黄河流域系统治理、整体治理以及协同治理，共同唱好新时代“黄河大合唱”。这就需要建立黄河流域统筹机制，做到上下游、干支流、左右岸统筹谋划，加快省区合作共同构建黄河流域生态保护的工作机制，实现生态、生产、生活协调发展、人与自然和谐发展、区域经济社会可持续发展的目标。三要加强生态治理与修复，在深入打好污染防治攻坚战上实现新突破。要统筹推进山水林田湖草沙综合治理、系统治理、源头治理。继续打好蓝天、碧水、净土保卫战。报告针对空气、水体、土壤污染，提出持续推进“四尘”同治、“五水”共治、“六废”联治的重大举措。通过下大力气持续推进水体污染问题、农业面源污染问题、工业生产污染问题、城乡生活污染问题的全面有效治理，推动宁夏生态环境质量稳中向好，让天蓝、地绿、水清、空气清新成为宁夏对外一张亮丽的名片，也成为全宁夏人民最普惠的福祉。

（四）以先行区建设为统领，把新发展理念贯穿到宁夏高质量发展的全局、全过程

努力建设黄河流域生态保护和高质量发展先行区是习近平总书记从全国生态文明建设大局、黄河流域生态保护和高质量发展全局出发，赋予宁夏的时代重任。2022 年 4 月，国务院批复同意《支持宁夏建设黄河流域生态保护和高质量发展先行区实施方案》。黄河流域生态保护和高质量发展重大国家战略为宁夏践行使命担当提供了前所未有的历史性机遇和战略牵引。这次党代会报告之所以把加快建设先行区置于“三区建设”首要位置，就是要充分发挥先行区建设引领全面建设社会主义现代化美丽新宁夏的牵引作用。建设先行区不仅是保障国家生态安全的历史责任，也是促进黄河流域协同治理的客观要求，更是提升宁夏发展质量效益的必然选择。一是要转变经济发展方式。必须坚持新发展理念，坚定不移推进先行区建设，坚持不懈推动高质量发展，着力提升发展质量效益，推动经济可持续发展。要不遗余力地打造“六新六特六优”产业，不断优化新型工业、现代农业和现代服务业三大产业结构和布局，通过全面深入实施新型工业强区计划、特色农业提质计划、现代服务业扩容计划以及数字赋能计划，从而推动产业向高端化、绿色化、智能化、融合化方向发展。努力实现经济发展量的合理增长和质的稳步提升。二是要提高资源利用效率。要通过节约利用资源，综合利用资源，高效利用资源，推动资源利用方式根本性转变。构建绿色集约高效可靠的现代水网、综合交通、能源保障、信息网络、公共安全基础设施支撑体系。总之，通过提高资源利用效率方面先行先试、做出示范，从而为全面建设国家新能源综合示范区，奋力谱写绿水青山转化为金山银山的美好宁夏新篇章。

安而不忘危，存而不忘亡，治而不忘乱。在全面建设社会主义现代化美丽新宁夏的征程中，作为一个民族自治区，我们依然任重道远，需要下大力气解决前进道路上的一系列深层次问题、破解发展中面临的诸多领域的安全短板。在任何时候都不要放松安全发展这根弦，如果放松警惕、临危不觉、疏于防范，结果只能是小事拖大、大事拖炸，最后升级失控。须知安全发展无小事，一定要未雨绸缪，建立健全安全发展风险协同研判、防控协同治理机制，主动出击，及时应对，确保不发生系统性风险和不犯颠覆性错误。

2022年宁夏高校毕业生就业问题研究

杨冠群

促进高校毕业生就业创业，既是国计也是民生，事关社会和谐稳定。根据教育部统计，2022年，全国应届高校毕业生规模达1076万人，同比增加18.4%，规模和增幅均创历史新高。2022年，宁夏高校应届毕业生4.6万人，同比增加22%，疫情因素叠加经济下行压力，使就业形势愈发严峻复杂。自治区党委、政府高度重视毕业生就业工作，认真贯彻落实习近平总书记视察宁夏重要讲话和有关高校毕业生重要指示批示精神，把高校毕业生就业作为稳就业的重中之重，印发《关于切实做好高校毕业生等青年就业创业工作若干政策措施》《全区高校毕业生就业推进工作实施方案》，政策靠前发力，服务提前加力，为高校毕业生稳就业、就好业保驾护航。本文基于全区五市重点抽选11所高校、120家企业、2311名毕业生开展的高校毕业生就业创业专题调研数据，全面分析当前高校毕业生就业现状和就业中存在的突出问题，以期为推进毕业生高质量就业提供合理化建议。

一、当前全区高校毕业生就业现状

（一）政策加力服务升级，助力毕业生就业创业

自治区出台高校毕业生等青年就业创业“20条”，积极挖掘机关事业

作者简介　杨冠群，国家统计局宁夏调查总队劳动力督察处一级主任科员。

单位等公共部门政策性就业岗位和市场化社会化就业岗位5.8万个，支持毕业生等青年到企业就业见习，引导高校毕业生等青年到基层就业，将“三支一扶”招募计划由往年的3000个增加到4100个，新增基层项目2000个、“西部计划”名额260个、专项公益性岗位1500个，开发见习实习岗位1万多个，托底安置毕业生就业，通过政企联动、直播带岗等方式举办线上线下招聘活动790多场次，提供有效岗位17.4万个，多措并举、多方联动促进高校毕业生就业创业。

（二）毕业生就业规模持续增加，就业情况总体稳定

2022年，全区19所普通高校毕业生总数为4.6万人，较2021年增加0.8万人，增幅为22%。从学历层次看，博士研究生占比为0.3%，硕士研究生占比为7.4%，本科生占比为48.3%，专科生占比为44%。从生源地看，宁夏生源毕业生占比为72.4%，区外生源占比为27.6%。此外，区外高校回宁夏就业的宁夏生源毕业生为8321人，宁夏籍离校未就业毕业生1066人，累计进入全区就业市场求职的高校毕业生有5.5万人，就业总量和规模持续增加。截至9月30日，全区高校毕业生总体就业去向落实率达到95.6%，高于上年全年就业去向落实率0.44个百分点，其中机关事业单位招录招聘招募等政策性就业占40.5%，企业用工、自主创业、灵活就业等市场化就业占55.1%，就业情况总体稳定。

（三）校园招聘会是毕业生主要求职途径，区内就地就近就业成主流

调研结果显示，毕业生求职主要渠道为校园招聘会（52.3%），其次是查询招聘网站获取就业信息（51.5%）。在国内疫情多点散发、岗位需求减少等因素影响下，毕业生就地就近就业意愿增强。68.6%的毕业生希望毕业后留在宁夏本地工作，62.9%的毕业生将西部地区城市作为首选的就业地区，首选就业地区为新一线城市的高校毕业生人数多于选择北上广深等一线城市的人数，占16.0%，期望到乡镇和农村等基层单位就业的毕业生比例较小，占2.5%。

（四）毕业生求职“一心向稳”，就业意愿分化明显

毕业生求职更加求稳求优，升学考编成为其首要选择，58.6%的高校毕业生参加过专升本、研究生、公务员、事业单位、企业招聘考试，其中35.7%

的参加过或准备参加专升本、研究生等升学考试，30.0%的参加过或准备参加公务员、事业单位招考，13.5%的参加过或准备参加国有企业、大型企业招聘考试。不同类型院校的毕业生就业意愿分化明显，高职高专院校毕业生求职积极性更高，双一流高校毕业生更热衷于深造。

（五）薪酬福利仍是毕业生首要择业动因，对当前工作和就业服务满意度较高

多数毕业生在择业时主要考虑的三个因素为薪酬福利、专业对口和工作地点，其中超过六成的毕业生以薪酬福利为择业的首要因素。从期望薪资来看，希望毕业后第一份工作月收入为 3000~4999 元的人数最多，占44.12%。已经落实就业去向的受访高校毕业生中，六成以上在省会城市或直辖市工作，有 65.4%的表示对工作很满意或较为满意，29.3%的表示一般，仅有 5.3%的对当前工作持不满意态度。64.3%的毕业生表示享受过学校提供的以就业信息和就业指导为主的就业服务，35.7%的表示没有享受过；从毕业生对就业服务满意度来看，79.0%的表示满意，18.7%的表示一般，2.3%的表示不满意。

（六）高校毕业生更重视应届毕业生身份，期盼强化就业帮扶

相比往届生，应届毕业生身份在校招、社招等考试中拥有更多机会。61.0%的高校毕业生最希望得到的政策支持是未稳定就业前保留应届毕业生身份；其次是希望向企业提供应届毕业生雇佣奖金，助力毕业生就业，占60.8%。从高校毕业生对就业帮扶的期望来看，希望增加“三支一扶”等政策性就业岗位，发挥其就业吸纳作用的毕业生最多，其次是促进企业稳岗拓岗和促进创新创业带动就业。

二、宁夏高校毕业生就业面临的突出问题

（一）毕业生规模增加与市场化岗位缩减不平衡，“僧多粥少”加剧求职困境

受疫情和整体经济环境影响，企业经营压力较大，为了抵御预期风险，选择缩减招聘规模来节约人力成本，吸纳就业的能力普遍下降，影响了就业岗位的供给，毕业生规模增加与岗位需求缩水间的不平衡导致毕业生就

业供求矛盾突显。受访的 11 所高校中除宁夏大学中卫校区毕业生人数较上年略有减少外，其余 10 所高校 2022 届毕业生人数同比增长 29.4%。受访的 120 家企业中，仅有三成企业计划为高校毕业生提供岗位，有招聘计划的企业则大多缩减了招聘规模。宁夏滨河碳化硅有限公司表示，2021 年招聘了 10 名应届毕业生，2022 年因企业生产和运输成本增加，经营利润缩减，计划只招聘 5 名应届生。大量毕业生拥进就业市场竞争有限的就业岗位，供求不对等造成当前就业形势愈加复杂严峻。

（二）高校人才供给与市场实际需求不匹配，“就业难”“用工荒”两难并存

一是高校专业设置和市场需求脱轨，导致就业“冷热不均”。已落实就业去向的毕业生中，49.4%的表示所学专业符合岗位要求，32.8%的表示所学专业与岗位相近，17.8%的表示所学专业与工作岗位不对口，专业适配度不足五成。从受访毕业生的专业类型来看，教育学、医学、法学专业毕业生的工作岗位与所学专业对口程度最高，分别为 73.5%、65.2%和 63.6%，农学和管理学的毕业生工作岗位与所学专业对口程度较低，分别为 40.8%和 40.6%。宁夏民族职业技术学院机电一体化专业毕业生关某表示，所学专业市场需求大，他已顺利应聘到宝丰集团合力检修公司从事检修员工作。宁夏理工学院毕业生马某表示，本地企业大多需要技术型人才，她所学的人力资源管理专业对口的行政、人事等岗位需求较少，就业较困难。二是高校人才培养层次无法满足产业升级需求，导致“两头”热“中间”冷。用人单位在招聘时，更倾向于实用型人才或知识型人才；从学历层次看，受访毕业生中专科生、研究生就业情况明显好于本科生；从院校类型看，高职院校毕业去向落实率高于本科院校。当下很多用人单位改革岗位设置，将岗位需求、选人标准及招聘方式与市场对接，对人才的能力素质提出了新要求，比如制造业行业更倾向于录用专注于技术培养的技工和可以从事技术研发的高学历人才，这些岗位结构的变化对于不愿当“蓝领”的本科生而言无疑是一个挑战。但目前高校的专业设置与市场需求衔接不紧密，培养周期较长，且缺乏对学生实践操作技能的训练，造成了“高学历，低技能”的结构性矛盾。当下全区技能型人才供给不足、人才短缺问题突出，高技能人才求人倍率超过 3，人才严重匮乏。利安隆（中卫）新材料有限公司负责人表示，公司设高薪招贤纳士，一线员工短缺问题有所改善，却仍旧无法招聘到材料工程师、安全工程师等高层次专业技能人才。三是企业招聘中盲目抬高学历门槛，导致毕业生望而却步。当前许多企业将毕业院校与学历看作招聘的“敲门砖”，将招聘高学历毕业生作为提高企业形象与声誉的途径，不仅造成人才浪费，更是直接造成就业市场中的“学历内卷”，让很多独立院校及专科学校的毕业生难寻出路，不利于就业市场良性发展。宁夏职业技术学院专科毕业生李某反映，求职中大部分岗位都要求本科以上学历，根本不考虑专科生，自己和其他同学都被迫选择专升本提高学历来实现就业。

（三）毕业生就业观念与整体经济环境不协调，给稳就业平添无形压力

一是“慢就业”现象突出，考编升学热度不减。八成以上受访毕业生最期望在机关团体事业单位、国有及国有控股企业就业，分别占 40.4%和 41.1%，期望灵活就业的受访毕业生占 7.8%，私营企业仅占 3.2%，个体经营、外企等其他就业单位总共占比为 7.5%。毕业生普遍向往舒服、体面的职业，56%的受访企业认为今年招聘难度较往年更大。从有关数据看，“铁饭碗”热度不减，今年国考报名人数同比增长 34%，岗位竞争比例已经达到了 60:1，全区事业单位报名人数也较 2021 年增长 12.4%。与此同时，“考研热”不断升温，受访的银川市 7 所高校 2022 年毕业生升学比例为 5.5%，环比增长 1.7%。宁夏师范学院分析化学专业研究生徐某表示，研究生学历会增加求职成功砝码，但已面试的岗位都不符合自身预期，她最终还是将目光锁定在体制内。随着人民生活水平的提高，父母对子女就业有了更高期盼，也具备足够的经济能力支持子女延长职业选择期，这就使专职备考暂缓就业的“待考族”人数不断增加，加剧了“慢就业”现象，抑制了就业的内生动力。

二是就业期望值过高，就业稳定性不强。调研结果显示，超四成企业所录用的毕业生中半年内主动离职率在 10%~30%，毕业生离职原因中排在前三位的依次是“薪资福利水平偏低”“职业发展空间不足”“工作要求高、压力大”，占比分别为 55.3%、52.4%、48.5%。宁夏庆华煤化集团有限公司负责人表示，由于企业比较偏远、一线生产环境不佳，与高校毕业生就业期望值相差较大，造成毕业生离职率居高不下，2021 年招聘的 150 名高校毕业生中已主动离职 76 人，留岗率不足 50%。三是就业观念不理性，不愿去基层、一线历练。大部分毕业生过分追求工作的稳定性、舒适性和优越性，热衷于知名企业、热门岗位和体面工作，普遍存在不愿去基层的心理，不愿意到乡镇基层单位就业。

（四）疫情反复造成毕业生就业选择不充分，拉长求职周期

一是就业压力倍增，九成多毕业生就业信心不足。在就业竞争激烈和疫情影响的双重作用下，毕业生普遍对就业形势持不乐观态度。调研结果显示，不到一成的毕业生表示对就业形势非常乐观，50.2%的表示不太乐观，27.1%的表示就业困难，很难找到合适工作，12.9%的表示就业形势严峻，找不到工作。因国内疫情多点散发、反复不停，对高校毕业生外出择业就业产生较大影响。17.0%的受访毕业生认为疫情对求职带来的主要困难是企业经营困难，招聘岗位减少，14.7%的认为疫情导致无法外出实习而缺少实践经验，11.7%的认为疫情导致求职地域受到限制，11.5%的认为线上招聘提供的优质岗位较少。二是创业风潮持续“降温”。仅有 0.6%的受访毕业生实现了自主创业，1.7%的正在为创业做准备。宁夏大学中卫校区软件工程专业毕业生王某表示，自己有一定的创业愿望，但由于缺少相关的专业培训和经验，加之疫情影响下各方面压力陡增，创业态度更为谨慎，不敢轻易尝试。三是毕业生线上求职效率低。大多数高校就业创业指导部门反映，受疫情影响，线下招聘会有所减少、求职渠道缩水，线上招聘会场次虽较往年大幅增加，但效果不尽如人意。部分企业反映，线上招聘往往存在生源不足、信息不对称、匹配度不高等问题，难以精准筛选出与企业所需岗位匹配度较高的毕业生。宁夏能源铝业科技工程有限公司负责人表示，他们通过网络招聘收到的 200 多份简历中经筛选仅有 20 名应聘者符合企业需求。银川能源学院电气自动化专业本科毕业生郭某表示，受网络沟通、信息获取有限等影响，通过智联招聘等线上平台求职难以将自身优点与长处展示出来，效果不佳。

（五）就业政策宣传力度与毕业生就业信息知晓度不对称，隐性壁垒加大求职成本

调研结果显示，对政府出台的各项促进毕业生就业和创业政策非常了解、比较了解、不太了解、不了解的受访毕业生分别占10.9%、43.5%、39.2%和6.4%。从毕业生对就业创业服务的期盼来看，希望学校或政府有关部门提供准确丰富的就业信息的毕业生最多，占70.9%，希望加强网络招聘和岗位募集力度的占51.1%，希望提供专业化个性化指导的占50.6%。多数毕业生反映，由于校园招聘规模有限、招聘网站资质良莠不齐、用人单位招聘信息发布缺乏时效性等原因，直接影响毕业生与用人单位同步精准对接，增加了求职成本。

三、对提高宁夏高校毕业生高质量就业的建议

高校毕业生就业不仅是涉及千家万户的民生福祉，更是社会平稳和谐的基石，解决好高校毕业生就业问题需要政府、企业、高校多方参与、共同发力。

（一）强化政策引领，稳住就业"基本盘"

政府要主动承担引导服务之责，为广大毕业生搭建就业舞台、厚植就业创业沃土。落实好各类减负稳岗扩就业政策，充分释放政策红利让各类市场主体受益，拓宽就业"蓄水池"。在推进新兴产业、传统优势产业、现代服务业的发展中，着力培育新的就业增长点，开发一批适合毕业生就业的工作岗位。积极开发基层岗位，扩大"三支一扶""西部计划"规模，为毕业生提供历练机会。完善"创业培训+创业贷款+创业服务"三位一体帮扶机制，激发毕业生创业热情。继续完善就业公共服务平台建设，开辟多种就业信息发布渠道，聚焦岗位需求，组织有针对性的就业创业培训，提高岗位适配度。就业部门和各高校要抓紧就业服务冲刺期，全力做好就业信息服务和政策宣传，助力毕业生畅通求职道路，打通就业服务"最后一公里"。及时发布和宣传行业发展规划和相关专业领域的人才规划，引导高校合理调整专业设置，推进人才培养模式改革。继续推进校企合作模式，建立政府主导、校企联动的实习平台，积极对接自治区特色

产业、对接企业需求，通过开展“企业实训营”、建立“人才工作站”和“就业见习基地”等方式为毕业生进一步创业增加实践机会，提高毕业生就业能力。

（二）坚持市场主导，激活就业“动力源”

对企业来说，要抢抓发展机遇，找准“政策眼”，用足“含金量”，投入更多的精力提升产品“附加值”，既磨炼发展硬功夫，又锻造人才软实力，让更多创新创造脱颖而出。一方面要夯实内功，优化企业环境，提升管理水平，打造核心企业文化，提升社会认可度，消除毕业生对中小企业发展前景的担忧，增加其职业认同感、归属感，从而保持企业竞争力和生命力，才能为引才留才创造空间。另一方面要提高人力资源管理水平，建立制度化的招聘流程，结合企业自身发展需求对招聘全流程进行把控，对应聘者的能力进行综合评估，不要唯学历论，全面考量其能力素质，提升招聘实效；要建立合理的奖惩制度，创新激励手段，为引才留才增加砝码；要构建科学的人才培养机制，完善人才培养计划，为优秀人才提供成长的机会和平台。

（三）完善服务体系，织密就业“保障网”

高校要强化就业育人观念，主动担负起就业主体责任。要开展精准的就业指导工作，以引导大学生树立正确的就业观、择业观为着力点，开展就业指导、创新创业培训课程，帮助毕业生进行合理的职业规划。建立健全以市场需求为导向的专业体系，高校要把提高毕业生就业去向落实率和就业质量作为调整专业设置、学科结构、培养模式、课程体系的重要参考，通过毕业生质量跟踪调查和就业市场需求状况分析，前瞻性地调整专业结构、优化人才培养方案，精准掌握市场就业“基本盘”，不断提高人才培养和社会需求的契合度，实现对学生专业素质和实操能力的双重培养。强化校企沟通合作，积极开展校园招聘活动，吸引优质企业招贤纳才，帮助毕业生缓解就业压力。

（四）提升综合素质，练就就业“真功夫”

广大毕业生要不畏艰难险阻，敢于担当时代使命，勇做就业排头兵，在各个领域挥洒青春汗水，向“待机人生”说不。树立正确的就业观和择业观，增强责任感和使命感，注重实现人生价值，摒弃端牢“铁饭碗”的陈旧思想，积极响应国家“先就业后择业”的号召。及早做出科学合理的职业生涯发展规划，全面客观评价自身能力，适当调整职业期望值，选择能最大程度发挥个人优势的领域。不断更新知识结构，珍惜每一次学习实践机会，修好内功，提升能力，突破就业压力挑战。

关于宁夏城乡居民收入情况的研究报告

安　军　张云波

收入是民生之源、财富之基。党中央历来高度重视人民收入问题，将其摆在事关党的执政基础的重大政治问题来对待，特别是国家“十四五”规划专门就“提高人民收入水平”做了部署，展现了坚守初心使命、让改革发展成果更多更公平惠及全体人民的执政理念。自治区第十三次党代会提出要创造人民富裕新生活，把居民收入作为“六大提升行动”之首，进一步体现了政治担当、回应了社会关切。

一、宁夏城乡居民收入的基本情况

按照现行统计标准，城乡居民收入，也称居民可支配收入或全体居民可支配收入，主要包括工资性收入（全部劳动报酬和各种福利）、经营净收入（从事生产经营活动所获得的净收入）、财产净收入（存款储蓄收益、房屋和土地经营权租金收入等）、转移净收入（社保、救济、补贴、捐赠、赔偿等方面收入）4 项。总体看，自治区成立 60 多年来，宁夏城乡面貌发生了翻天覆地的变化，居民收入水平不断提高，生活品质明显改善，特别是“十三五”期间地区生产总值按可比价格计算每年分别增长 7.4%、7.3%、

作者简介　安军，宁夏回族自治区党委政策研究室社会研究处处长；张云波，宁夏回族自治区党委政策研究室社会研究处副处长。

6.8%、6.5%和 3.9%，同期全体居民人均可支配收入增速分别为 8.7%、9.2%、8.9%、9.0%和 5.4%，居民收入增速跑赢经济增长。2022 年前三季度，宁夏全体居民人均可支配收入达到 20671 元，同比增长 6.4%，增幅比全国高 1.1 个百分点，居全国第七位，其中城镇常住居民人均可支配收入 28953 元，同比增长 5.3%，增幅居全国第九位；农村常住居民人均可支配收入 10523 元，同比增长 7.3%，增幅居全国第六位。

通过对多年统计数据分析，宁夏城乡居民收入变化有两个突出特征：一是农民收入增速快于城镇居民。农民人均可支配收入从 1978 年的 116 元增加到 2021 年的 15337 元，年均增长 12%，城镇居民人均可支配收入从 1978 年的 346 元增加到 2021 年的 38291 元，年均增长 11.6%，农村比城镇高出 0.4 个百分点。二是城乡居民收入差距逐年缩小。随着脱贫攻坚深入推进，农村三产融合不断深化，宁夏城镇、农村居民人均可支配收入差距呈现逐步缩小态势。据统计，宁夏城乡居民收入差距比 2012 年为 2.88:1，2016 年缩小为 2.76:1，2021 年降至 2.5:1。

二、宁夏城乡居民收入来源的影响因素分析

（一）经济运行态势和产业发展水平不断趋好，支撑收入持续增长

全区经济健康稳定发展，有效稳定了就业岗位，奠定了居民收入的基础。近两年来全区地区生产总值平均增速 6%，高于全国平均水平。今年上半年全区实现地区生产总值 2352.6 亿元，同比增长 5.3%、高于全国 2.8 个百分点，取得了宁夏历史上具有创纪录意义的最好成绩，为全区城乡居民收入实现较快增长提供了先决条件。同时，推动产业提档升级，现代煤化工、新能源、新材料等新型工业规模日益壮大，葡萄酒、奶产业等特色优势产业快速发展，占农业总产值比重达到 88%；文化旅游、商贸物流等服务业日益活跃，增加值占地区生产总值比重超过 50%；休闲农业、农村电商等新产业新业态蓬勃兴起，同比增长 7.5%，为居民收入提升提供了根本条件和基础支撑。据统计，2016—2020 年间，城镇居民的工资性收入比重由 58.2%上升到 67.6%，提高了 9.4 个百分点，其他三项收入比重都有所下降，这表明产业的不断壮大带动了居民就业，劳动报酬所得成为带动收

入增长的重要支撑。

（二）各类保障水平的提高和就业规模的扩大，带动收入稳步增长

目前，全区七成以上财政支出都用于民生，其中社会保障和就业支出增长最快，达到17%。转移净收入是居民的“隐性财富”。在城镇，宁夏连续17次调整企业退休人员养老金，8次提高城乡居民基础养老金，来自人社部门的养老、失业、工伤保险收入占到居民转移性收入的80%。在农村，宁夏积极落实国家强农惠农政策，通过直接补贴、贷款担保、风险补偿、贷款贴息、产业基金、农业保险等方式，完善企业和农户利益联结机制，间接拉动了农民增收。据统计，2016—2021年间，农民的转移净收入比重由17.4%上升到20.6%，上升3.2个百分点，反映出财政支持“三农”力度不断加大，农民得到更多实惠。就业是居民获取和增加收入的最重要途径。近年来，宁夏始终把稳就业作为首要任务，全面落实就业优先政策，加强就业援助力度，确保工资性收入稳步增长。截至2022年9月末，宁夏新增就业7.55万人，劳动力转移就业82.11万人，城镇失业率为5%，比全国低0.5个百分点。就业规模不断扩大，拉动了居民收入稳步增长。

（三）收入分配制度和技能培训机制不断完善，奠定收入增长基础

收入分配对于协调好劳动与资本、城市与农村、政府与市场等重大关系具有重要作用，是影响居民收入的关键环节。宁夏机关事业单位在职职工平均工资2011年为60097元，2020年增至133646元，年均增长9.3%；城镇非私营单位在岗职工平均工资2015年为62482元，2019年增至88153元，年均增长9.0%；实行县以下公务员职务与职级并行、乡镇工作人员补贴等政策，基层工作人员与同职级人员相比月收入高出1000~1500元。不断深化农业农村改革，充分调动农民积极性、激活农村活力，使土地真正成为农民增收的“聚宝盆”。2019年开展整省域农村集体产权制度改革试点以来，累计清查核实村集体资产140.25亿元，界定集体经济组织成员身份423.24万人，实现分红1.41亿元，增添了农民收入源头活水。据薪酬调查资料显示，职工技能素质与工资收入提高成正相关的关系。以2019年为例，无证人员取得初级、中级、高级技能证书每年分别可增加工资收入5586元、5773元、18443元。可以说，就居民个人来讲，提升自身技能是实现收入增加最有效的手段。宁夏始终把提高人民生活水平作为一切工作的出发点和落脚点，特别是宁夏提出要实施城乡居民收入提升行动，通过上下联动、多管齐下、综合施策，推动了居民收入持续较快增长。

三、宁夏城乡居民收入存在的短板弱项

一个地区的居民收入水平是在长期经济发展积累基础上形成的，与经济发展的阶段性特征和周期性规律有关，既涉及发展战略问题，也涉及经济结构、投资结构、分配结构问题。结合收入理论和实地调研，宁夏居民收入还存在以下瓶颈制约和短板弱项。通过统计数据分析，宁夏居民可支配收入增长速度呈现逐渐放缓的态势，农民人均可支配收入在1978—2000年年均增长13.2%，2001—2010年年均增长11.3%，2011—2015年年均增长12.2%，2016—2021年年均增长9.2%，城镇居民人均可支配收入在相应时期内年均增长分别为12.8%、11.9%、10.8%、7.2%，均呈现放缓趋势。

（一）经济环境不确定性增多，产业发展基础还不稳固

全区经济运行总体“稳中有进，稳中向好”的态势一直没有改变，但受复杂演变的国际局势和跌宕反复的新冠肺炎疫情等超预期因素叠加影响，宁夏仍将面临“需求收缩，供给冲击，预期转弱”三重压力，产业链供应链面临断点堵点加重的风险，经济恢复基础尚不牢固，对居民的经营性收入都带来较大影响。宁夏产业结构偏重，拉动工业增长的重要力量多数属于产业链上游的资源加工型行业，容易受市场价格波动影响，稳定经济增长的产业基础还不牢。同时，产业、能源结构性矛盾仍然突出，面临落实“双控”目标、推动“双碳”工作的双重压力。

（二）就业观念存在滞后问题，居民主动理财意识不强

当前出现“用工难”与“难就业”并存怪圈，除受人才结构性失衡因素影响外，还与就业观念保守有关，影响一部分特殊群体的增收。比如，有的大学生认为体劳不如脑劳、技术不如管理、农村不如城市、私企不如国企，拉高了就业预期；有的新生代年轻人，往往把到大城市、捧“铁饭碗”、进“公家门”作为就业目标，造成就业不充分；部分“低保户”“公益性岗位”人员享受各类“叠加政策”，出现“宁吃低保不愿就业”现象

等。从全国看，宁夏居民财产净收入偏低，比全国平均水平低6.4个百分点。从收入结构看，财产净收入增长慢、占比少、贡献低。近年来各类金融诈骗案件时有发生，诈骗形式不断翻新，对居民投资理财带来较大负面影响。

（三）农业基础设施保障不足，农民稳定增收面临较多风险

由于受生态环境脆弱、配套设施薄弱、财政投入不足等因素影响，农业生产和经营过程受自然灾害、病虫害等不可抗因素影响大，容易引发减产、歉收，导致农民的经营性收入不稳定。全区传统农业占比高，结构不合理，产出效益低，增收空间小。产业链条联结不紧密，农产品加工、仓储、冷链、物流、包装、营销等环节有短板，农业产值没有充分挖掘，影响了收入增加。随着城镇功能的日趋完善，城镇集聚功能不断增强，加之农村土地制度改革及农业现代化不断推进，越来越多的农村剩余劳动力向非农产业和城镇流动，部分地区出现了单纯的“人口”城镇化倾向，对城乡居民收入带来双重不利影响。一方面，农村具有劳动能力的青壮年外出打工或转移，造成农村“空心化”现象加重，农村老年人口或劳动困难人口不断积淀，传统小农生产效率降低，容易形成“夹心层”；另一方面，流向城镇的农村劳动力，由于受自身技能、文化水平所限，多数从事建筑业、服务业等收入低、不稳定、周期短的行业，容易成为城镇居民中的低收入人群。

（四）区域之间发展还不平衡，集体协商制度还不健全

从城镇居民人均可支配收入来看，2021年沿黄地区为39303元，比中南部地区高8496元；从农村居民人均可支配收入来看，沿黄地区为17727元，比中南部地区高4941元。区域之间发展不平衡，推动协调发展的任务较繁重。企业从业人员是就业群体的主体部分，收入高低影响着总体水平。由于受体制、观念等因素影响，企业劳资双方权力不对等，工资集体协调制度覆盖面不高、质量难保证，而政府对企业工资分配的调整主要实行宏观指导和间接调控，不能进行直接干预，人社部门作为牵头部门，在推进工资性收入提升方面缺少有效措施。

四、提升宁夏城乡居民收入的对策建议

提高居民收入水平，是一项复杂的系统工程。宁夏提出要确保“十四五”末全区城乡居民人均可支配收入达到3.5万元，年均增长6%左右，收入水平走在西北地区前列。实现收入提升目标，应当坚持系统观念，加强前瞻性思考、全局性谋划、战略性布局、整体性推进，统筹提高居民收入水平。

（一）抓产业促发展，夯实收入增长基础

产业兴则经济兴，产业兴则百业兴。实践证明，离开了产业发展和劳动生产率提高这个基础，居民收入增长和劳动报酬的提高就不可持续。有产业发展才有就业岗位，产业层次升级才有收入水平提高。要紧紧抓住产业富民这个牛鼻子，以建设黄河流域生态保护和高质量发展先行区为牵引，着力推动产业转型升级，不断壮大富民产业，为居民充分就业提供“沃土”，使居民收入的“雪球”滚起来。一是稳住经济增长这一基本盘。科学研判新冠肺炎疫情带来的不利影响，创新性落实中央宏观调控政策，全力打好减税降费、纾困基金、金融信贷“组合拳”，支持骨干企业稳产增效，力保中小企业脱困发展，稳住经济向好态势。二是抓住产业发展这一关键点。聚集“六新六特六优”产业建链补链延链强链，加快推进重点项目实施，支持劳动密集型、就业容量大的产业加快发展，不断推进产业转型升级。三是做大充分就业这一“蓄水池”。积极促进一二三产业融合发展，促进产业链、供应链、服务链联动并进，加快发展文化旅游、农村电商、健康医疗、地摊经济、数字经济等业态，鼓励支持中小微企业和个体工商户健康发展，促进线上线下消费融合发展，带动全体居民充分就业。

（二）稳就业促创业，积极拓展收入渠道

就业是民生之本，稳定了就业就守住了一家一户的“钱袋子”、稳住了千家万户的“金饭碗”。一是做实就业培训。面向城乡全体劳动力，结合全区产业发展需要，深入开展大规模多层次职业技能培训，全面推行终身职业技能培训制和企业新型学徒制，加快公共实训基地建设，以技能提升推动更加充分的就业。二是优化创业环境。对标发达省区先进做法，持续深

化“放管服”改革，完善创业培训、开业指导、项目开发、小额担保贷款、创业补贴等激励政策，加强创业载体平台建设，创新包容审慎监管，通过推动“草根经济”发展更快提升居民经营性收入。三是完善就业服务。针对基层就业服务能力薄弱、机构人员不足等现实问题，优化乡镇和街道机构职能配置，全面推广宁夏公共就业创业服务信息系统运用，加大就业指导和服务，提升公共就业服务能力和便民化水平。同时，要继续深化劳务协作，大力培育和壮大劳务中介组织和劳务经纪人队伍，真正使农村“铁杆庄稼”丰产丰收。

（三）完善收入分配，稳固收入主体部分

工资性收入在城镇居民可支配收入中占比最大，来源最广，且相对较为稳定，是居民可支配收入的“稳定器”和“压舱石”。要加强对企业工资指导，引导企业在生产发展、经济效益提高的基础上，合理控制人工成本，推进工资集体协商制度落实，引导协商结果与经济社会发展及企业经济效益增长相协调，确保职工工资的正常增长。一是保护劳动所得。完善政府、工会、企业共同参与的协商机制，积极推进工资集体协商，着重保护劳动所得，增加劳动者特别是一线劳动者报酬。二是促进合理增长。完善工资正常增长机制，推动建立符合事业单位发展的工资制度，深化国有企业薪酬制度改革，支持企业实施灵活多样的股权激励和员工持股计划，不断提高职工收入水平。三是打击违法行为。对拖欠农民工工资实行“零容忍”，重拳打击欠薪违法行为，实施根治欠薪执法专项行动，积极推进从“事后处置”向“主动治理，事前预防，事中监管”延伸，形成长效治理机制。坚决打击各类金融诈骗，提高居民风险防范意识，守护好居民“钱袋子”。

（四）加大民生投入，推动收入协调增长

当前，宁夏城乡、区域、不同群体间收入差距较大问题仍客观存在。加大对社会保障、公共服务、社会救助等方面的投入，不仅有利于缩小收入差距、促进共同富裕，而且对增加低收入群体收入、进而整体提高居民收入水平都具有重要作用。一是完善社保体系。健全覆盖全民的多层次社会保障体系，全面实施全民参保计划，完善基本养老、基本医疗体系，完善企业年金、职业年金制度，管好老百姓的“养老钱”“保命钱”。二是健全救助机制。重点做好最低生活保障、特困人员救助供养等基本生活救助，积极发展教育救助、医疗救助、住房救助、就业救助、法律援助、康复救助等专项救助，不断提高社会救助精准性和有效性。三是发展慈善事业。重视发挥第三次分配作用，加大慈善宣传的力度，大力弘扬责任意识和利他奉献精神，充分发挥行业组织、媒体、公众和第三方评估机构等社会监督的作用，提升慈善财产在扶老、救孤、恤病、助残、扶贫、济困、优抚等方面的使用效率。四是创新金融服务。财产性收入是衡量国民富裕程度的重要指标，要拓展居民财产性收入渠道，让更多群众拥有财产性收入。针对居民资金额小、金融知识有限、风险承受能力不强等特点，鼓励金融机构加大金融知识普及，完善金融服务体系，用好国债、地方政府券等金融工具，丰富和规范居民投资理财产品，增加财产性收入。

（五）坚持精准施策，保住脱贫群众收入

中央明确提出到2025年脱贫群众收入增速高于农民平均水平，宁夏提出到2025年全区农村居民收入增速高于城镇居民平均水平，这“两个高于”是推动共同富裕的重要目标要求。一是巩固拓展脱贫攻坚成果。要抓住提升脱贫群众收入水平、提升搬迁移民收入水平和兜住返贫致贫底线三个关键，聚焦产业、就业、保障三件事，保持产业扶持政策稳定，深化闽宁等东西部劳务合作，落实好稳岗就业和创业扶持各项政策。二是开辟群众致富门路。理性看待常年举家外出、移民定居率低等问题，不断改进和调整扶贫政策针对性、精准性，激发内生致富动力，鼓励和支持移民走出移民村创业就业，促使贫困群众“商人化”、市民化。三是建立有效衔接机制。巩固拓展脱贫攻坚成果同乡村振兴有效衔接，建立动态监测、评估机制，丰富和完善乡村振兴体制机制，完善各类农业补助和强农惠农政策，不断激发主体和要素活力，促进农民收入稳定增长。四是深化农村改革。随着农业现代化和土地集约节约水平不断提升，农民财产性收入将会成为新的增长点。从实际出发，因地制宜，深化农村产权制度改革，积极推广平罗县农村土地改革经验，稳步推进农村集体经营性建设用地入市，探索赋予农民对集体资产股份的占有、收益、有偿退出及抵押、担保、继承权，赋予农民更多财产权利，不断增加农民财产性收益。五是推进生态富民。

全力推进土地权、用水权、山林权改革，打通生态产品价值转化通道，把绿水青山变成“金山银山”，实现农民变股民、资源变资产。

（六）强化制度保障，建立工作长效机制

实现城乡居民收入提升目标，不仅事关短期政策的调整，更涉及中长期常态机制建设。一是加强协同联动。切实加强人力资源社会保障、发展改革、财政税收、农业农村、民政等部门以及各市县（区）在政策上的衔接、工作上的联动、力量上的配合，健全工作机制，形成工作合力。二是强化实施保障。及时修改与居民收入提升行动不相适应的地方性法规，同时加强与人力资源、生产及服务型资源保障，确保各项提升行动各项举措落到实处。三是加大考核督查。把包抓情况作为对各地各部门效能考核重要内容，以考核指挥棒引导各地各部门加大工作力度，落实工作责任和增收措施。同时，加大创业典型、致富模范总结宣传力度，让“能人”事迹引导带动更多群众致富。

乡村振兴背景下提升宁夏粮食生产能力问题研究

苏春燕

粮食安全是“国之大者”。党的十八大以来，以习近平同志为核心的党中央始终把解决粮食安全问题作为治国理政的头等大事，重农抓粮一系列政策举措有力有效，为保障经济社会发展提供了坚实支撑，为应对各种风险挑战赢得了主动。习近平总书记在党的二十大报告中指出：“全方位夯实粮食安全根基，全面落实粮食安全党政同责，牢牢守住十八亿亩耕地红线，逐步把永久基本农田全部建成高标准农田，深入实施种业振兴行动，强化农业科技和装备支撑，健全种粮农民收益保障机制和主产区利益补偿机制，确保中国人的饭碗牢牢端在自己手中。”这是居安思危的深长考量，是对世情国情农情的深彻洞察，也是一个大党大国大局的深远谋划。宁夏作为国家划定的粮食产销平衡省区，近年来，粮食生产以供给侧结构性改革为主线，以农业增效、农民增收为目标，种植产业结构不断优化，粮食安全保障能力逐步增强。但与此同时，小麦产不足需、稻谷生产萎缩等结构性矛盾越来越突出，只有不断提升粮食综合生产能力，盯紧抓实粮食安全，构建更高层次、更高质量、更有效率、更可持续的粮食生产体系才能全方位夯实粮食安全根基。

作者简介　苏春燕，国家统计局宁夏调查总队农业调查处处长，高级统计师。

一、改革开放以来宁夏粮食生产基本情况

长期以来，宁夏一直把粮食生产作为“三农”工作的头等大事，特别是改革开放以后，在国家惠农政策有力支持下，出台了一系列措施鼓励和支持农业发展，加快耕地保护，推进高标准农田建设，发挥农业科技作用，促进粮食增产和农业丰收，取得了积极成效，全区粮食生产呈现持续稳定的良性增长态势。

（一）粮食播种面积总体平稳

改革开放以后，宁夏粮食播种面积在经历较大波动后回归稳定，这主要是改革开放初期，农村改革政策的实施极大调动了广大农民的生产积极性，农业生产获得了高速全面发展，粮食播种面积快速增长，随着农业科技水平的不断提高和农业生产资料的投入增加，粮食单产水平不断上涨，在确保满足消费需要的前提下，宁夏开始调整农业产业结构，大力发展经济作物和畜牧业，粮食播种面积有所下滑。近几年，宁夏积极鼓励引导土地承包经营权流转，着力培育新型农业生产经营主体，粮食生产连年滑坡局面得到扭转，粮食播种面积稳中略增。2021 年宁夏粮食播种面积 1033.9 万亩，比改革开放以来的最低值 1985 年的 968.9 万亩高 65 万亩，比改革开放以来的最高值 2002 年的 1321.7 万亩低 287.8 万亩。经历了一个大的面积波动后，从 2014 年至今，宁夏粮食播种面积一直保持在 1000 万亩到

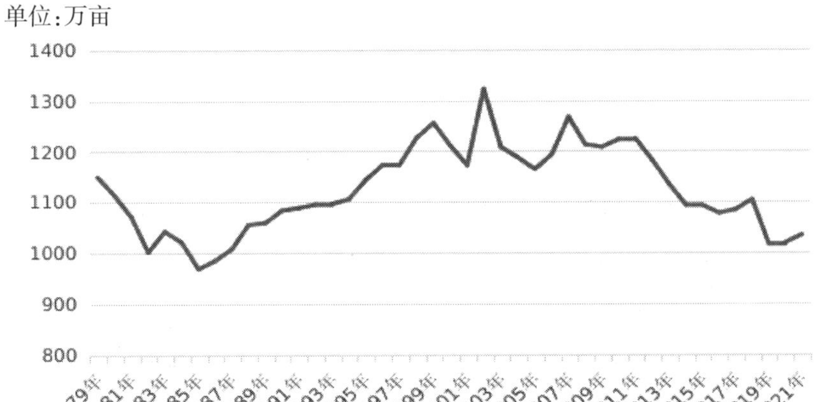

图 1　改革开放以来宁夏粮食播种面积变化情况（1979—2021 年）

1100万亩之间，总体较为平稳（见图1）。

（二）粮食单产逐年提升

改革开放以来，宁夏粮食生产水平不断提高，农业生产资料投入逐年增加，一方面，农业用地保墒、盐碱地和低洼地改造，测土配方施肥、种子工程、节水滴灌等技术的推广，极大地改善了农业生产条件，推动粮食单产水平稳步提高；另一方面，固海、盐环定、红寺堡等一大批大中型扬黄工程的建立，将近150万亩的平坦旱地变成了可以灌溉的优质农田，有效改善了宁夏中部干旱带的生态环境面貌，提高了区域粮食安全生产能力。特别是随着农用薄膜的广泛推广，传统的多品种粮食种植模式逐步被用水少、省人工、便于机械化操作且高产的覆膜玉米所替代，有效提升了粮食单产。宁夏粮食单产水平由1979年的92公斤/亩增加至2020年373公斤/亩，2021年粮食单产因中南部地区遭遇了有气象记录以来的最严重干旱，下降至356公斤/亩（见图2）。

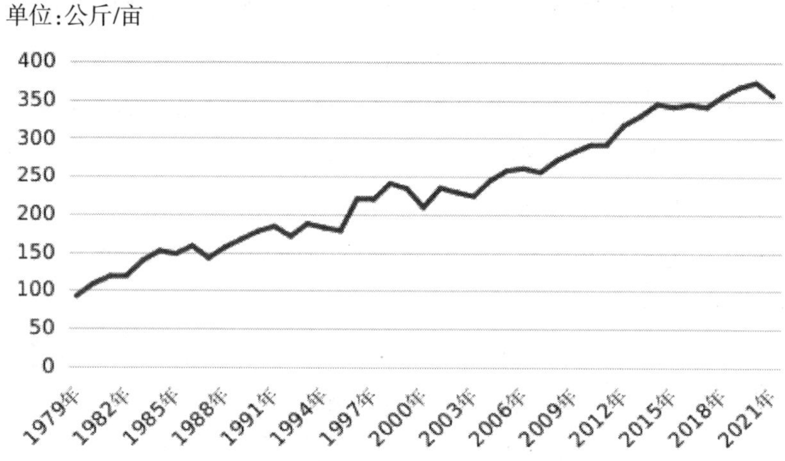

图2　改革开放以来宁夏粮食单产变化情况（1979—2021年）

（三）粮食总产量不断攀升

宁夏的粮食作物主要是小麦、水稻、玉米和马铃薯，以及部分荞麦、豆类等作物。改革开放以来，宁夏粮食生产能力不断提升，1978年全区粮食总产达118万吨，首次突破百万吨大关，1984年粮食产量达154.5万吨，实现了自给有余，1993年粮食总产突破200万吨。从2004年开始，中共中央连续十九年发布关注“三农”工作的中央一号文件，提出了废止农业税、粮食直补、良种补贴、提高最低收购保护价、农机补贴、农资补贴，以及高标准农田建设等政策措施。到2018年，宁夏粮食产量达历史最高值392.6万吨，人均拥有粮食550公斤，2021年受严重旱灾影响，粮食总产较上年有所下降，为368.4万吨，但人均粮食拥有量一直稳居500公斤以上，高于全国平均水平（见图3）。

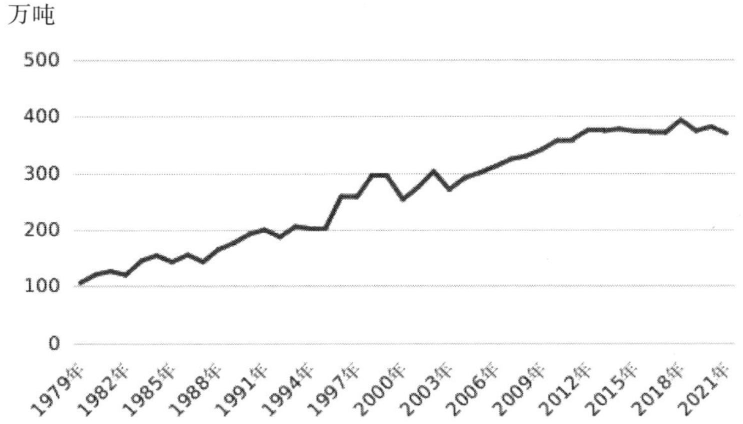

图3　改革开放以来宁夏粮食总产量变化情况（1979—2021年）

二、党的十八大以来宁夏粮食生产发展特点

（一）粮食生产总体稳定向好

十八大以来，宁夏认真贯彻落实习近平总书记关于“三农”工作重要讲话和重要指示批示精神，按照“调结构，保供给，提质量，保安全”的目标，不断加强农业基础建设，坚决遏制耕地“非农化”、基本农田“非粮化”，切实守好耕地保护红线，实现了粮食持续稳定。近十年来，宁夏粮食播种面积一直稳定在1100万亩左右，播种面积最高与最低之间相差165万亩，特别是近几年一直保持在1000万~1050万亩之间，并随着耕地保护政策的全面落实，逐年稳定增加。粮食总产量在368.4万~392.6万吨之间变化，最高与最低年份之间相差24.1万吨。从表1中可以看出，粮食播种面积、单产和总产都波动不大，粮食生产发展稳定向好，这主要得益于近年来稳定的政策扶持。

表 1　十八大以来宁夏粮食生产变动情况（2012—2021 年）

年份	播种面积（万亩）	增减幅度（%）	亩产（公斤/亩）	增减幅度（%）	总产量（万吨）	增减幅度（%）
2012	1181.7	–3.5	317.3	8.3	375.0	4.5
2013	1133.7	–4.1	329.3	3.8	373.3	–0.4
2014	1092.5	–3.6	344.7	4.7	376.6	0.9
2015	1092.2	0.0	341.1	–1.0	372.6	–1.1
2016	1076.9	–1.4	344.2	0.9	370.7	–0.5
2017	1083.8	0.6	341.0	–0.9	370.1	–0.2
2018	1103.5	1.8	355.8	4.3	392.6	6.1
2019	1016.1	–7.9	367.0	3.2	373.2	–4.9
2020	1018.8	0.3	373.0	1.6	380.5	2.0
2021	1033.9	1.5	356.0	–4.6	368.4	–3.2

（二）粮食种植品种趋于单一

宁夏深入推进农业供给侧结构性改革，持续调整优化粮食作物品种、品质结构，水稻种植由追求高产向绿色优质转变，肉牛、奶产业的蓬勃发展，为玉米生产、销售提供广阔空间，粮饲兼用玉米种植面积快速增加，主要粮食作物种植结构发生了显著变化，小麦、水稻、马铃薯面积比重下降，玉米种植面积比重大幅上升。2021 年小麦、水稻、马铃薯种植面积比重分别比 2011 年下降了 13.0、3.3 和 8.2 个百分点，玉米面积比重比 2011 年提升 22.1 个百分点（见图 4）。

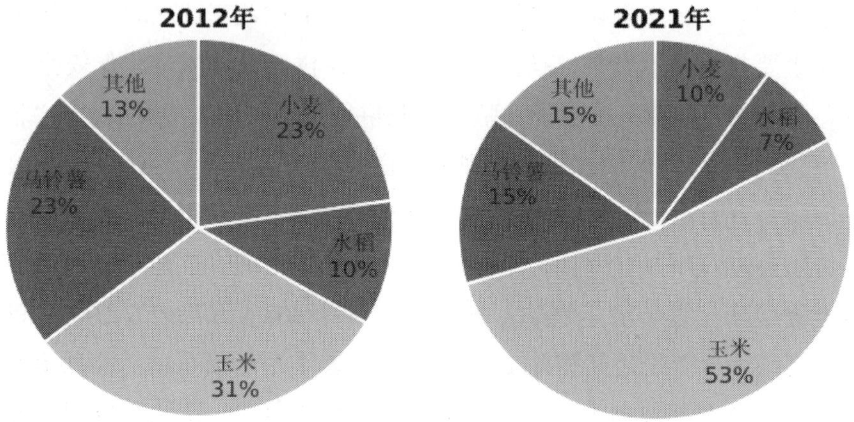

图 4　十八大以来宁夏粮食种植面积结构对比图

（三）粮食对外依存度偏高

近年来，宁夏粮食综合生产能力稳定在较高水平，粮食库存充裕，但粮食供给存在结构性矛盾，优质小麦、水稻、马铃薯大量外销，面粉、大米大量购进。据粮食部门数据显示，从消费需求看，宁夏粮食总消费需求约 375 万吨，其中，小麦 65 万吨，自产 19 万吨，占 29.2%，需从河南、山东、河北、内蒙古等地净调入 46 万吨，占 70.8%；水稻 50 万吨，自产 41 万吨，占 82%，需从东北调入 9 万吨，占 18%。

三、目前宁夏粮食生产存在的主要问题

（一）粮食生产收益低，农民发展种植业积极性不高

近年来，自治区持续加大对“三农”工作的政策帮扶力度，努力帮助农民增产增收，提高农民种粮积极性，但由于二、三产业的快速发展，外出务工收入远远高于种粮所得，所以从事农业生产的多为无法外出务工的老年人，新兴农业生产技术掌握困难，依靠经验种植是常态。特别是近两年国际形势、国内疫情等多重因素叠加影响化肥、农药、种子等各类农资价格大幅上涨，运输、人工等成本不断上升，进一步挤压了种粮效益。另外，在现有条件下粮食单产水平已临近边际递减，粮食种植面积因耕地有限而增幅减缓，再加上水资源短缺、异常天气频发问题，种粮不赚钱是困扰粮农的主要问题，农民的种植意愿不断降低。

（二）区域发展不平衡，山区农业生产效率有待提高

受自然条件和历史原因影响，宁夏山川种植业生产不平衡问题长期存在，引黄灌区、中部干旱带、南部山区在农田水利基础设施、道路交通、现代农业耕作技术方面存在明显差距，中南部地区种植业生产水平始终落后于引黄灌区。部分通往山区耕地的道路等基础设施不完善，大型机械无法进入山地耕作，机械化收割在山区、半山区农田配套率低，难以满足农业高质量发展需求。2021 年宁夏粮食单产山区为 238 公斤/亩，川区为 561 公斤/亩，山区单产水平仅占川区的 42.4%，山区种植业发展潜力有待进一步挖掘。

（三）农村劳动力短缺，与现代农业发展需求不适应

随着农村劳动力大规模向城镇和非农产业转移，“关键农时缺人手、

现代农业缺人才、乡村振兴缺人力”问题日趋突出。一是随着城镇化进程的加快和劳务产业的发展，有一定文化基础的劳动力特别是青壮年劳动力大量向外转移，留守农村的多为文化素质较低的老人和妇女儿童，农业劳动力整体水平与高质量农业发展对高技术、高文化水平从业人员的要求不相适应，严重制约着农业高质量发展进程。二是在农村从事传统种粮的农民年龄普遍偏大，农民外出务工人数逐年增加，年轻人种粮意愿不强，种粮“老龄化”不利于现代农业发展。

（四）新型农业经营主体数量增加，但提质增效有限

新型农业经营主体是实现农业现代化、促进农民就业增收的重要载体，近几年宁夏新型农业经营主体数量正在逐步增加，产业链也在不断延伸。但其推动农业高效发展，增加农业生产效益的作用发挥得还不够明显，主要原因：一是融资难、土地流转不稳定，发展规模难扩大。二是各类新型农业经营主体规模总体偏小，发展实力不够，主要从业人员为当地文化水平较低、年龄偏大的农民，生产的农产品销售渠道单一，难以应对市场波动，没有发展思路，对政府的依赖性较强，缺乏具备良好管理能力和先进市场经营理念的人才。

四、对提高宁夏粮食生产能力的思考和建议

（一）激发粮食生产内生动力，做好“藏粮于民”

一是进一步完善财政补贴政策，逐年增加对农民种粮的补贴标准，降低农业生产成本，不断增加种粮效益，充分调动农民种粮积极性。二是引导有文化的中青年和大中专毕业生从事粮食规模化、专业化生产，加大新型职业农民的培训力度，弥补粮食生产劳动力结构性失衡。三是为农户购买、租赁存储场地提供资金和服务，帮助他们提高储粮科学技术水平，减少产后损失。

（二）提升粮食综合生产能力，做好“藏粮于地”

一是加强宁夏耕地保护利用和高标准农田建设，强化永久基本农田依法依规保护，严防死守耕地红线，坚决防止耕地“非粮化”“非农化”。二是发挥产粮大县奖补政策引导作用，加快推进引黄灌区小麦、水稻储备粮

基地建设。三是合理统筹耕地资源，培育新型农业经营主体，推进粮食规模化生产。

（三）强化粮食生产科技支撑，做好“藏粮于技”

一是通过加强对良种、灌排、施肥、播种等技术体系的创新研发、让科技进步逐渐成为保障宁夏粮食生产的关键要素。二是积极推进仓储加工设施设备升级改造，加强高标准粮仓建设，强化粮食“产购储销”协同保障。三是鼓励粮农学习、使用高效粮食生产技术，优化粮食生产结构，推进粮食高质量发展。四是加大对农业生产先进技术的推广使用，同时针对种粮大户、农民合作社特点，开发研制适合新种植模式的大型农机具，帮助种粮大户提高粮食生产效益。

（四）完善粮食安全保障体系，做好“藏粮于库”

一是建立完善区、市、县政府储备及社会责任储备等多元储备体系，增强地方储备整体实力和粮油应急加工能力。二是不断提高国有粮食购销主体市场占有率，充分激发国有粮食收购主体和配套粮食加工企业的主渠道作用，采取预约收购、上门集中收购与分散收购相结合等方式为农民售粮提供便利，开展代储存、烘干、质检、加工、销售等业务，为新型农业经营主体和小农户提供专业化服务。三是粮食主管部门要加大执法整治力度，加强粮食收购市场巡查监测，严厉打击市场垄断、串通压价、价格欺诈等违法行为，有力杜绝坑农害农现象发生，坚决维护广大农户切身利益。

宁夏城市社区养老服务高质量发展研究

马　妍

党的二十大报告提出，“实施积极应对人口老龄化国家战略，发展养老事业和养老产业，优化孤寡老人服务，推动实现全体老年人享有基本养老服务”；自治区第十三次党代会报告也提出，“为人民群众提供全方位全周期健康服务”，“打造人民生活福地”。经过多年探索实践，宁夏已基本形成以居家为基础、社区为依托、机构为补充、医养相结合的养老服务体系，城市养老服务的有限供给与旺盛社会需求之间的矛盾为城市养老服务提质增效带来新挑战，而社区养老对推进宁夏城乡养老服务高质量发展具有非常重要的作用。

一、当前宁夏城市社区养老服务的主要特点

（一）日间照料中心是社区养老服务的主要依托

日间照料中心是当前宁夏城市社区养老服务的主要载体。日间照料中心服务地点一般是在社区内或者几个临近小型社区交界地段，物理空间上遵循步行一刻钟半径内，提供用餐、文娱活动、老年教育（老年大学）、康复理疗、精神慰藉等服务，主要在物质支援、健康支持、精神抚慰、老年

作者简介　马妍，宁夏社会科学院社会学法学研究所助理研究员，社会学博士。

①本文为2022年国家社科基金项目“黄河中上游多民族地区孝文化的民间实践与建设研究”（项目编号：22XMZ066）阶段性成果。

教育等方面提供整体关怀。目前，大部分社区都仅提供文化娱乐活动，提供社区老饭桌和老年大学的小区较少，服务种类较少是其特点之一。城市社区日间照料中心自2015年开始在宁夏各市县推广发展，目前一般有社区自营、第三方运营两种形式，总体运营情况不太乐观。政府在宁夏城市社区投资兴建的200多家日间照料中心相当一部分已交给社会力量经营，政府免费提供房屋和室内设施，配备公益性岗位并减免水暖电费，由经营者向老年人提供低偿或无偿服务。经营日间照料中心的机构包括民间非营利组织、养老机构等，其特点是政府与经营者建立契约式关系，国有资产交给民营机构，适当引入市场机制或半市场化机制进行经营。

（二）政府通过购买服务发挥兜底保障作用

为了保障养老服务落实，政府通过购买社会服务对困难老人进行入户服务，服务周期一般为1年，具有公益性特征。宁夏各县区的服务项目和数量也都不太一样，5个地级市根据老人生活状况、群体特征、实际需求、开展服务的外部条件等，因地制宜选取生活照料、家政服务、个人护理、医疗康复等内容作为购买服务项目，同时针对养老服务人员就生活照料、康复护理等方面的技能培养也采取政府购买服务方式。

（三）社区嵌入小微型机构养老引领发展方向

目前在银川市兴起一种社区嵌入型的小微养老机构，比较有代表性的是中房集团在银川布局的5家、隆光集团布局的2家机构，其特点是除了享受政府对民非组织经营养老事业的优惠政策外，一切由房地产企业自主开发经营，包括建设用房。也有通过公建民营和引入社会资本，建立嵌入社区的小微型医养结合养老机构，对接医疗卫生资源，探索医养结合服务进入社区。中房集团主要依托社区卫生中心的医疗资源为有需求的老年人提供康复护理、日托短托、慢性病常规诊疗等服务，而隆光集团主要是自主开办医养结合服务，在机构内配置医疗资源。

（四）全社会对入居式养老服务需求较大

入居式养老就是雇佣保姆到家中照顾老人，由保姆提供所有的生活照料服务。文化娱乐活动则由社区组织，需要社区对其有一定监管和支持。一般都是有步入中高龄、体弱多病甚至失能半失能老人的家庭，经济条件相对宽裕而子女难以全天候予以照顾的情况下，往往都是雇佣保姆到家中完成照顾老人的工作。雇佣保姆到家中来照顾老人，尽管从广义上讲仍然是借助社会力量进入家庭从事养老服务，这种养老模式涉及千家万户，社会监管和服务的提供依然要借助家政公司和社区，伴随人口老龄化的加剧这将是一种非常必要的养老模式。

二、当前城市社区养老服务业发展的困境

（一）社区养老服务碎片化

当前宁夏城市社区养老服务体系已基本形成，但养老服务内容和形式都呈现碎片化。首先，社区养老服务对象不能覆盖有需求的所有老人，尤其是对高龄老人和失能、失智老人的服务能力明显不足，已建成场地和装配的养老服务设施利用率不高、受惠群众覆盖面小。其次，服务项目分布不均衡，入户服务项目在很多社区没能开展，以生活照料和健康服务为刚需的服务项目落地且真正发挥作用的较少。最后，社区养老服务内容项目碎片化，政府购买服务项目独立运行，各种养老服务资源未有效整合，难以满足老年人现实需求。

（二）社区养老服务社会化程度较低

当前城市社区养老服务社会化程度比较低，还未形成推动养老服务高质量发展的有效机制。虽然通过政策制度和激励机制推动社会力量参与，但各类城市社区养老服务具有主导力量、发挥决定性作用的仍然是政府，社会力量参与明显不足。服务经费不足与专业人才缺乏是目前制约社区养老服务的主要瓶颈，特别是引导企业参与社区养老服务业方面还缺乏科学完备且符合地方实际的政策制度体系。

（三）社区养老服务与市场对接有限

社区养老的需求与市场的有效对接还很薄弱，养老产业发展步履艰难，目前投入运营的企业大部分是负债经营或基本持平。企业主要看重养老产业未来前景，基于早占先机而涉足，通过其他行业利润来补贴维持养老行业，希望在未来逐渐扭亏为盈，如银川市隆光集团、中房集团投资的养老机构基本都是这种情况。总之，由于老年居民消费市场发育不足、企业运

营能力有限以及产业发展环境等原因，造成养老服务产业发展不充分，市场机制尚未真正形成，养老行业与市场对接不够顺畅。

（四）社区养老机构可持续运营发展困难

财政投入建设的社区养老设施存在重建设、轻管理的现象，一些设施不能可持续运营，没有充分发挥公益服务效益。例如 2017 年各级财政投入资金按照一定标准建设的社区日间照料中心，由于专业人员不足和后期运营经费保障跟不上，绝大部分使用效率较低，一部分由政府部门协调委派 1~2 名公岗人员维持运行或依靠社区民政专干代为管理，还有一些靠社会慈善和爱心企业、个人捐赠来维持，难以发挥应有服务作用，很多机构仅能提供娱乐和文化活动，较多机构处于闲置状态，造成国有资产和公共资源的浪费。

（五）政府购买服务实效性和普惠性不足

政府购买为老服务项目一部分带有试点性，一部分通过委托社会组织承担上门服务，为特困老人解决一些实际生活困难。基本按月计算服务内容，不能与老人日常生活紧密结合，以家政保洁为主的单一服务内容不能满足老人实际需求，为老服务专业性、针对性不强，有限的经费使得政府购买服务项目覆盖面不广，实际服务效果不理想。

（六）老年人养老消费观念需转化

少子老龄化的到来，使家庭养老功能逐渐弱化，但依然不能立即改变老年人的传统财产观和消费观，老年人对付费养老服务接受有限，对免费公益服务热情很高。这种传统消费习惯和消费观念形成的消费文化与社会化养老服务存在矛盾。崇尚节俭和一切为子女着想的传统文化观念抑制了老年人对社会化养老服务的需求，不利于社区养老服务的开展，这也为当前中国养老服务产业发展举步维艰的现状提供了一个重要的实证解释。

三、宁夏城市社区养老服务高质量发展的对策建议

加快宁夏城市社区养老服务高质量发展，应从增强保障要素和优化具体措施两方面入手。建立有利于优化养老服务供需平衡、提高养老服务质量水平的多层次社区养老服务保障体系，具体为经费投入保障、政策扶持制度、人才队伍建设、老年医疗保险制度。在具体发展任务上，盘活存量

资源，调整优化结构方向，发展更具服务能力和可持续的社区养老服务。

（一）建立多层次的社区养老保障体系

1. 在经费投入上，要改革项目制

项目制是政府进行社区和居家养老服务投入的主要措施和路径，必须提高养老项目的科学性、可行性、可操作性。项目立项必须严谨科学，扎实开展实证调研和论证，吸纳各方面意见和建议，特别要重视老年人和项目所在地意见和建议。项目规划要因地制宜，尽量避免一刀切，在保持基本要求前提下，允许各地根据实际适当调整。项目设计可以设若干选项，试行自选项目制，即自治区下达项目资金额度，由地方和基层根据实际需求和条件自选项目。此外，建议不再实施短期性为老服务项目，把有限经费以合理合规的方式直补给特殊困难群体。

2. 在政策制度方面，要重视养老服务产业的扶持政策

将外部补贴和内部共济作为企业可持续发展的基本战略。一是外部补贴。主要通过实施社区养老服务机构的补贴政策，运用政策扶持和税收杠杆，包括免费提供运营的设施，对运营的水暖电予以减免，税收减免和资金直补等等，提高其运营能力和服务能力。要坚持同步发展普惠型养老服务产业和中高端养老服务项目，鼓励企业和社会资本进入养老服务产业，重视规范引导由房地产业衍生的养老服务产业健康发展。要坚持审慎和量力而行、注重可持续性的补贴原则，准确把握养老服务机构补贴界限。在设计好开办和运营初期补贴、日常运营补贴政策的基础上，重点发挥好服务质量高、服务对象满意度高的机构的奖励性补贴。二是内部共济。引导条件成熟的养老企业实现多业态、多元化经营，实现养老企业内部营利性业态与公益性业态之间实现利润共济，实现养老企业的可持续发展。例如石嘴山市引入青鸟颐享养老服务有限公司，创新“1+4+N”养老服务模式，建成智慧健康养老服务信息平台和市级调度指挥中心，开通“12349”民政服务热线，线上线下同步，在一刻钟生活圈内为老年人提供“十助”服务，同时开办养老机构、旅居养老机构、社区日间照料中心、政府购买方式的入户、入村、入社区等服务业态，实现企业内部公益性和营利性业态之间共济，一定程度上保证企业“先活下来，再生存下去”。

3. 在人才队伍建设方面，要稳定队伍长效发展

应从专业教育培训、提高补贴待遇、建立社会认可等方面吸引更多有志之士加入养老事业中。鼓励区内高校开设养老服务相关专业，健全稳定的养老护理员人才队伍支持体系，推行养老护理员等就业技能、岗位技能提升、转岗和创业培训，尤其是养老院院长、养老护理员和专兼职老年社会工作者培训。对符合条件的，综合考虑工作年限、技能水平等因素，合理制定和落实薪酬待遇，支持用人单位发放一次性入职补贴、养老服务岗位年度补贴等，稳步提高养老服务行业一线人员收入水平。鼓励社会工作、医疗和护理、餐饮等专业毕业生和技能型人才进入养老服务行业，切实解决收入偏低、留不住人才的问题。此外，要强化入居式养老服务人员规范管理，将养老服务从一般家政中介机构中分离出来，由具有资质的养老服务机构派遣并进行日常管理。要加强养老服务人员专业培训，提升从业者的医疗常识、心理疏导、营养配餐等技能。

4. 在社会保险方面，推动实施失能老人长期照护险

我国已建立比较完备的城乡居民和城镇职工社会保险制度，具备支持拓宽养老服务的体制机制。要适当逐步提高城乡居民养老保险水平，对特殊困难群体通过多种形式予以补贴；城镇职工基本养老保险待遇可基本满足大部分老年群体养老需求，在医疗保险如何满足高龄和重症老年人治疗和康复需求方面还需积极探索。宁夏是全国4个没有开展失能老人长期照护保险的省份之一，建议以银川市为试点，先从城镇职工开始，逐渐将受众推广至城乡居民，最终实现宁夏全域失能老人长期照护保险，增加失能老人养老支付能力，使其更有尊严地获得长期照护服务。

（二）盘活存量资源发展社区养老事业

1. 建设多功能社区综合养老服务中心，满足社区老年人养老需求

因地制宜地新建或升级改造原有日间照料中心，建设多功能社区综合养老服务中心。当前，宁夏城市社区日间照料中心主要是助餐、文化娱乐、日间休息、健身保健，部分功能没有充分发挥，日间休息床位大部分空置。各社区依据地理位置、覆盖范围和阵地条件，新建或改造既能辐射临近社区的养老服务中心，又符合本社区实际服务需求的综合养老服务中心。这

种综合养老服务中心具备中央配餐厨房、康复理疗、老年大学、失能失智老人的日托型喘息服务等普通社区养老服务中心承担不了的服务种类，同时可为临近社区养老服务中心提供相应支撑性服务。

2. 机构养老服务向社区延伸，社区养老服务向家庭延伸

应重新调整服务布局，引导机构养老服务向社区延伸，社区养老服务向家庭延伸。首先，养老机构实体和服务双线向社区延伸。非活力老人、非健康老人、失能失智老年人照护问题日益凸显，专业化养老服务需求巨大，但受制于传统孝亲观念、老年人消费文化、养老机构远离社区等因素，全区养老机构空置率70%左右。要加大力度布局嵌入社区的小微养老机构，实现养老机构实体向社区延伸，使老人能在社区养老设施享受专业化服务。其次，专业化机构服务向社区和家庭延伸。这种延伸能够使老年人在家中或者社区享受专业养老服务，既可拓宽企业服务空间和服务品类，实现利润增长、自我发展，又使居家或者就近养老服务对象享受到专业化、人性化养老服务。

3. 倡导健康积极养老消费文化，拓宽老年人养老消费空间

改变老年人养老服务消费观念需要久久为功。要不断提高社区和居家养老服务项目产品的质量和吸引力，创造良好的养老服务消费环境。鼓励养老服务消费新模式新业态发展，支持开发紧密结合社会现状的为老服务新形式、新项目。针对不同群体开展宣传教育，引导老年人逐步改变观念，接受和享受高品质养老消费。

4. 探索“社区+物业”养老服务模式，创新社区养老新业态

物业开展社区养老服务具有人力资源丰富、地理临近、匹配性好、专业性强、社区熟悉程度高等优势，应鼓励有条件的小区物业设立居家养老服务部门，依托原有人员或与第三方合作，为老年人开展家政、代购、维修、供餐、服务缴费、定期巡防、照料看护等定制养老服务；也可作为中间平台发起互助养老服务，探索成立独立的居家社区养老服务机构，提供日间照料或全托照料服务包括康复理疗服务等。需要强调的是，“物业+养老”不是对原有养老力量的替代，而是与现有居家社区养老方式有机融合，形成融合型居家社区养老服务新业态，可以扩展企业业务链、提高社会形象、产出更大社会效益，是物业企业获取新盈利增长点的转型发展之策。

宁夏实施创新生态涵养工程路径研究

王学琴

营造良好的创新生态是推动创新驱动发展战略的基石，是提升地区创新水平、实现高质量发展的关键所在。“十三五”期间，宁夏深入贯彻落实党中央、国务院科技创新重大决策部署和习近平总书记视察宁夏重要讲话精神，坚持走开放创新、特色创新之路，创新生态系统初步形成。但对照自治区高质量发展要求，创新能力仍然较弱，创新生态仍需完善优化。实施创新生态工程是提升科技创新能力和水平的重要途径，是创新高效和可持续性的重要保障。为此，自治区第十三次党代会将创新生态涵养工程列为打造科技创新高地的四大工程之一。

一、宁夏创新生态构建取得阶段性成效

创新生态涵盖基础体系、支撑体系和引导体系三大系统（见图 1）。其中，作为创新生态的基本构成，基础体系支撑引领创新生态演变与发展；作为创新生态的根本保障，引导体系是政府层面支撑保障创新生态搭建的顶层设计；作为创新生态的有力支撑，支撑体系是以市场化手段促进创新生态自组织性发展。创新生态汇集产、学、研等关键创新主体，涵盖政策、经济、文化等创新环境之间的关系，是创新与创业、科技与经济社会协同

作者简介　王学琴，宁夏科技发展战略和信息研究所助理研究员。

发展的统一整体。经过多年发展，自治区创新生态在基础体系、政策引导体系和支撑体系方面均取得了一定的发展。

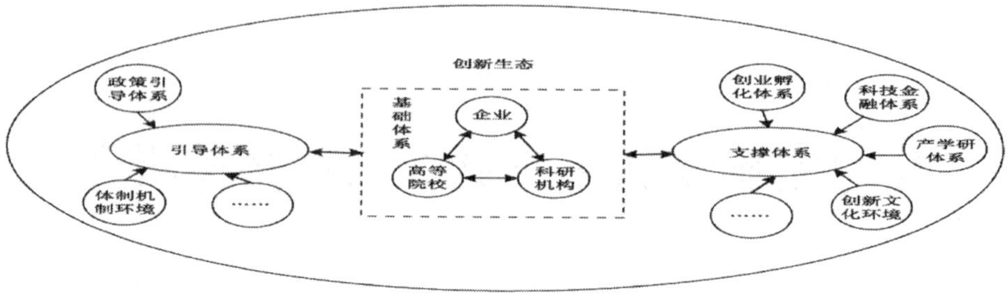

图1　创新生态组成框架

（一）创新生态引导体系构建成效

1. 体制机制改革成效逐步显现

自治区第十二次党代会将创新驱动发展战略确立为宁夏“三大战略”之首，成立了自治区创新驱动发展战略领导小组，建立了主要领导抓创新的工作机制，深入推进科技体制机制改革，以改革破难题、激活力、提效能、优环境。深化科技领域“放管服”改革，建立科研经费“包干制”等制度，着力推动科研管理向创新服务转变，有效激发了各类主体创新活力。健全科研人员职务科技成果所有权或长期使用权等改革举措，赋予科研人员更多自主权，确保科研人员有更多时间、更多精力从事科研工作。深化以需求为导向的科技项目形成机制改革，构建“产业出题，科技答题”科研组织新机制，健全完善重大科研项目“揭榜挂帅”、“赛马”、定向委托等制度，支持企业更多地牵头承担重大科技项目，着力提高创新效率。深化科技评价改革，建立科技人才、科技项目、科技成果分类评价制度，树立以创新质量、绩效、贡献为核心的科技创新评价导向和激励机制，构建更加符合科研规律和人才成长规律的科技管理服务体系。探索改革科技奖励制度，全面推行提名制，进一步激发科技人员的创新积极性。

2. 政策引导体系逐步完善

2016年以来，自治区党委、政府先后制定颁布了一系列支持、鼓励、推动科技创新的政策文件，为全区创新驱动发展提供了保障。其中，为了落实国家在科技创新方面的重大决策部署，自治区层面相继出台了《关于推进创新驱动发展战略的实施意见》《关于深化科技领域“放管服”改革优化创新服务环境的实施意见》《自治区技术市场促进条例》等政策文件；为了强化重点产业高质量发展的科技支撑，自治区科技部门制订了《自治区现代枸杞产业高质量发展科技支撑行动方案》《自治区葡萄产业高质量发展科技支撑行动方案》《自治区奶产业高质量发展科技支撑行动方案》等政策文件；为了支持科技型企业发展，自治区科技部门制定了《宁夏国有科技型企业股权和分红激励暂行办法》《宁夏回族自治区国家高新技术企业奖补实施细则》《宁夏回族自治区企业购置关键核心设备补助暂行办法》等政策文件，初步构建起全区科技创新政策的“四梁八柱”，覆盖科技创新全链条的政策体系基本形成。

（二）创新生态基础体系构建成效

1. 企业研发投入快速增长，创新主体地位日益突出

2020 年，企业研发经费支出占自治区全社会研发经费支出的比重达 78.82%，企业拥有的 R&D 研究机构占全区 R&D 研究机构总数的 67.45%，企业拥有的 R&D 人员分别占全区 R&D 人员总数的 74.07%，企业参与的 R&D 项目人员折合全时当量（人年）占全区 R&D 项目人员折合全时当量的比重达 72.04%，企业拥有的有效发明专利数占全区有效发明专利总数的 85.30%。

2. 政产学研用叠加效应凸显，创新成果不断涌现

国家和自治区一系列科技创新政策推动企业、高校、科研院所深度合作，研制出旋流干煤粉气化炉（神宁炉）、铸造用工业级 3DP 打印设备和中国标准高速动车组铝合金枕梁等一批先进设备，研发出 400 万吨/年煤间接液化、平板显示用高性能 ITO 靶材制备和 N 型单晶硅制备等一批先进适用工艺技术。培育小麦、水稻、玉米、枸杞、马铃薯等新品种 29 个。这些科技成果推动了产业、行业的技术进步，对促进宁夏地方产业结构调整优化、加快转变经济发展方式和助推经济社会发展发挥了重要支撑作用。

（三）创新生态支撑体系构建成效

1. 双创载体构建取得一定进展

近年来，自治区以高质量发展科技企业孵化器、众创空间等科技双创

载体为着力点，以引育科技型企业、聚集孵化人才、推动创新创业为宗旨，借助创新创业大赛和创新挑战赛等平台，营造更加良好的创新创业环境，推动宁夏科技双创工作纵深发展，创新创业体系不断完善，带动就业效应不断增强，有力地支撑经济平稳有序发展。截至2021年底，自治区“双创”载体达到108家，科技企业孵化器场地总面积达到85.09万平方米，管理机构从业人员410人。2021年，全区科技双创载体共孵化培育国家高新技术企业22家，国家科技型中小企业63家，分别较上年增长214.3%和37%。全区科技双创载体累计获得减免税共2076.62万元，为在孵的401家企业和创新团队减免房租等服务费用1215.99万元，减轻了企业创新创业的负担。

2. 科技金融体系逐步完善

近年来，自治区充分发挥政府投资撬动和重大项目牵引作用，建立了由自治区科技厅牵头、相关金融机构参与的科技金融合作机制，搭建了以政府为引导、各类金融机构广泛参与的科技金融体系，引导金融资本支持科技企业发展取得了一定成效，科技金融发展模式初步形成，与科技厅合作的金融机构类型不断丰富、数量逐步增加。截至2021年底，合作的金融机构涉及银行、保险、担保和小额贷款等各类机构，共计37家，全区各级财政累计为科技金融事业投入5.9亿元，其中，自治区本级财政累计投入3.46亿元、各市县（区）和有关科技园区累计投入2.44亿元。通过风险补偿、专项补贴、科技保险、科技担保等方式，引导和撬动金融资本121.71亿元，支持2037家（次）科技企业。

二、宁夏创新生态构建存在的问题

（一）多元主体共治的科技治理体系有待强化

构建多主体共同参与的科技创新治理体系是优化科技资源配置重要举措。宁夏多元主体协同治理方面还存在诸多问题，例如，各创新主体科技创新协调治理的职责定位并未理顺，重复布局、资源分散、支撑新旧动能转换不够等现象仍然存在；创新主体协同治理的体制机制仍有待完善；企业、高校的人才引留培用仍然面临较大的挑战；科技资源整合配置模式有待进一步优化；科技中介等第三方社会组织科技创新治理参与意识和参与能力仍需进一步加强。

（二）深度合作的产学研体系有待构建

产学研合作对创新推动具有重要的战略意义。近几年来，宁夏多个领域产学研合作成果丰硕。但是总体来看，产学研合作层次仍然不够高，产学研协同创新氛围仍然不够浓，产学研合作主要还是停留在技术转让、合作开发和委托开发等较低层次的合作上，而在共建实体化运作的研究开发机构，尤其是在共建新型研发机构方面的合作还是比较少，而且现有的大多数新型研发机构普遍存在产学研合作模式不合理及机制运行不够健全等问题，新型研发机构不能真正发挥协同创新引领作用。另外，企业、高校和科研院所人员在执行项目过程中存在目标差异，现有的风险分担与利益分配机制不够顺畅，容易造成企业对高校的科研能力信心不足、科研效能不能有效发挥、科技资源利用和成果转化率低等问题。

（三）能够支撑县域产业集聚发展的产业园区有待建立

随着创新驱动发展战略的深入，自治区在打造产业集群方面迎来了高质量发展契机。园区在实现共享资源、创造聚集力、带动关联产业发展以及打造产业集群等方面具有重要的作用。县域科技创新能力提升是特色产业集群高质量发展的重要引擎。近些年来，自治区在推动园区建设和县域科技创新工作方面取得了一定进展，但是因管理层对两项工作的协同融合发展的认识不到位，造成管理机制不顺，不少园区虽然结合县域特色产业发展制定规划，但是在吸引产业，集聚企业方面盲目追求数量，忽视了上下游企业集聚带来的规模效应和集聚效应，园区建设无法真正发挥其对县域经济发展的支撑作用。

（四）能够宽容失败的创新文化环境有待营造

近些年，从国家层面到自治区层面都将鼓励科学技术人员自由探索，营造鼓励创新、宽容失败的良好氛围纳入了相关政策文件。另外，新修订的《科技进步法》明确规定："原始记录等能够证明承担探索性强、风险高的科学技术研究开发项目的科学技术人员已经履行了勤勉尽责义务仍不能完成该项目的，予以免责。"但是，原始记录怎样才能证明勤勉尽责？因缺乏免责机制，相比结果问责，宽容失败在管理上更难以操作。因此，为保证项目质量和资金效益，管理方面更注重对研究结果的考核和惩处。鉴于硬性的考核要求，以及项目必须成功的压力下，科研人员会出现追求短期利益的实用主义和急功近利倾向，甚至不惜弄虚作假。

三、宁夏实施创新生态涵养工程路径探索

（一）构建科技创新多元主体互动的协同治理机制

明确政府、市场、社会等多元治理主体功能定位，培育科技创新治理主体，进一步推动政府由科技管理向科技创新服务转变，构建多元主体参与、协同共建的创新治理格局。着力优化政府市场协同机制，合理定位政府和市场功能，强化自治区科技管理部门战略规划、政策制定、环境营造、公共服务、监督评估和重大任务实施等职能，科技管理部门重点支持市场不能有效配置资源的基础前沿、社会公益、重大共性关键技术研究等公共科技活动，积极营造有利于创新创业的市场和社会环境，竞争性的新技术、新产品、新业态开发交由市场和企业来决定。强化部门联动会商机制，进一步推动相关行业主管部门在科技政策制定、创新需求凝练、任务组织实施、成果推广应用等方面的协同。建立重大科技决策咨询机制，推进科技智库、行业协会、企业、中介服务机构等社会、市场主体参与科技决策，发挥各类科技创新主体在推动科技创新中的作用，健全社会公众参与决策制度。

（二）打造产学研同频共振的创新生态

新型研发机构作为产学研合作的重要载体，能有效整合创新资源开展源头性技术创新和成果转化。因此，充分发挥科技类社会组织的作用，依托东西部科技合作机制，积极引进区外高等学校、科研院所以产学研合作形式共建新型研发机构，支持建设一批符合市场规律、贯通创新链、衔接产业链的新型研发机构。推进新型研发机构建立健全产学研等多方主体共同参与的理事会制度，建立科学化的研发组织体系和内控制度，采用市场化的用人机制、薪酬制度和激励机制。促进新型研发机构联合企业、大学、行业协会、孵化器和众创空间等机构，构建集科技研发、成果转化、科技

企业孵化培育为一体的产学研协同创新体系，探索出一条符合宁夏实际的新型研发机构产学研合作模式和运行机制对深化产学研合作、构建良好创新生态具有重要意义。

（三）建立县域园区协同推进的创新生态格局

各类科技园区是县域产业集聚的地方，是县域发展的重要引擎。因此，自治区政府应以宁夏黄河流域生态保护和高质量发展先行区建设为契机，以打造县域经济发展高地为目标，探索农业科技园区带动县域创新发展新机制、新模式，加强现有科技园区的基础设施建设和资源整合。县级政府要以科技园区为抓手，整合资源，协同推进，重点突破，切实压实园区建设主体责任，将科技园区建设纳入年度效能考核，树立抓园区就是抓产业、抓创新就是促发展的理念，打好产业发展的特色牌，突出农业科技园区的地方优势，围绕特色产业，延长产业链，拓展价值链，提高附加值，引导各主体分层、分类发展，推进构建园区产业间利益联结机制，鼓励增进不同经营主体与农户之间利益联结，促进产业链、供应链、价值链整合，带动三产融合的整体水平和发展质量，努力把各类园区打造成县域经济实力支撑区、特色产业集聚区。

（四）营造鼓励创新和创业的文化氛围

良好的文化氛围，是实施创新生态工程的重要基石。政府推进大众创业、万众创新，进一步加强“双创载体”建设，完善优化孵化基地管理机制，探索转型升级模式，拓宽投融资渠道，强化服务意识，完善基础设施建设，充分调动和发挥创新生态构建主体的积极性和创造性，让创新创业者拥有更多获得感，以“平台+企业+孵化+园区”的模式推进科创孵化平台建设，为各种类型企业、项目、理念、想法的孕育与快速成长提供优质沃土，为科技创新保驾护航，为科技成果转化提供支撑；着力建立健全创新文化制度体系，弘扬敢为人先的“拓荒牛”精神，营造“崇尚创新，宽容失败，支持冒险，鼓励冒险”的创新文化氛围，让科研人员身处没有负担、自由轻松，能够得到人文尊重、人文管理和人文关怀的创新环境，更大地激发科研人员的创新灵感。

宁夏科技创新水平波动情况分析及建议

郭红侠　邬佳宝　马万琪　伍继梅

《中国区域科技创新评价报告·2021》[①]显示，2019年，宁夏综合科技创新水平指数为56.83%，较2018年上升0.72个百分点，全国排名向下波动了2位，仍属于全国二类创新地区。本文结合区域科技创新评价指标体系架构，分析指标变化情况，重点选取下降幅度较大、排名靠后的三级指标深度解析宁夏科技创新指标波动原因，并提出对策建议，为打造科技创新高地，促进高质量发展提供决策支撑。

一、指标指数变化情况

中国区域科技创新评价指标体系由5个一级指标、12个二级指标、39个三级指标构成，各级指标与2018年相比出现了不同程度的变化。从一级指标来看，科技创新环境、科技促进经济社会发展两项指标权重为15%、

作者简介　郭红侠，宁夏科技发展战略和信息研究所创新室主任、助理研究员；邬佳宝，宁夏科技发展战略和信息研究所助理研究员；马万琪，宁夏科技发展战略和信息研究所助理研究员；伍继梅，宁夏科技发展战略和信息研究所助理研究员。

①数据说明：《中国区域科技创新评价报告2021》发布年份为2021年，报告中所用评价数据为2019年，故本文分析所用数据均为2019年（除特别说明的除外）；文中数据来源于《中国区域科技创新评价报告2021》《中国科技统计年鉴2020》《宁夏科技统计年鉴2020》《中国高技术产业统计年鉴2020》等对外公开发布的统计年鉴。

25%。2019 年两项指标指数分别较上年下降了 1.93、0.69 个百分点。经测算，科技创新环境造成综合科技创新水平指数下降 0.29 个百分点，科技促进经济社会发展拉低综合科技创新水平指数 0.17 个百分点。科技活动投入、科技活动产出、高新技术产业化三项指标权重为 25%、20%、15%。2019 年三项指标指数分别较上年上升 2.18、1.73、2.09 个百分点，经测算，科技活动投入拉动综合科技创新水平指数上升 0.44 个百分点，科技活动产出拉动综合科技创新水平指数上升 0.43 个百分点，高新技术产业化拉动综合科技创新水平指数上升 0.31 个百分点。

二、综合科技创新水平波动因素分析及预测

（一）科技创新环境方面

一是科研物质条件投入不稳定。2019 年每名 R&D 人员研发仪器和设备支出 3.26 万元，较 2018 年下降 2.05 万元，在全国排名从第 5 位下降到第 13 位。其中科研机构与企业每名 R&D 人员研发仪器和设备支出下降明显，反映出科技活动所需的研发仪器与设备支出水平波动较大。

二是科技创新意识不强。2019 年宁夏万人吸纳技术成交额为 768.61 万元，较 2018 年减少 617.98 万元，在全国排名从第 10 位下降到第 22 位。反映出创新主体对技术成果的需求不稳定，主动创新意识不够。科学研究和技术服务业就业人员平均工资 9.3 万元，较上年有所上升，但比全国平均水平低 4 万元，增速比全国平均水平低 6.67 个百分点。反映出宁夏科学研究和技术服务业的平均工资与全国平均水平仍有较大差距，政府及社会对科学研究和技术服务业的重视程度需进一步加强。

（二）科技活动投入与产出方面

一是科技活动财力投入有待加强。2019 年宁夏地方财政科技支出为 31.26 亿元，较 2018 年减少 2.76 亿元；地方财政科技支出占财政支出比重为 2.17%，较 2018 年下降 0.23 个百分点，低于全国平均水平。从企业技术获取和改造经费支出来看，企业技术获取和改造经费支出占营业收入比重 0.85%，较 2018 年减少 0.35 个百分点，全国排名下降 2 位。上述数据反映出宁夏科技投入水平下降幅度较大。

二是高质量科技成果产出少。2019年宁夏国家级科技成果奖系数为0，与青海省并居全国末位；万人发明专利拥有量5.06件，不足全国平均水平（13.89件）的40%。反映出宁夏高质量成果产出较少，与全国平均水平相比还存在明显短板。

三是技术成果市场化程度仍偏低。2019年万人输出技术成交额为225.61万元，仍不到全国平均水平的20%。万元生产总值技术国际收入仅为0.13美元，远低于全国平均水平（5.91美元），排名第28位。反映出宁夏输出技术成果的活动与全国平均水平仍有较大差距，技术要素市场的流动性、活跃度有待进一步提高。

（三）高新技术产业化水平方面

一是高新技术产业化效率偏低。2019年宁夏高技术产业营业收入占工业营业收入比重为3.69%，较上年下降0.5个百分点；高技术产品出口额占商品出口额比重为5.91%；新产品销售收入占营业收入比重为9.07%，较上年下降1.79个百分点。以上3个指标分别为全国平均水平的24.8%、20.2%、45.6%，在全国分别排名28位、28位、22位。反映出宁夏高技术产品国际竞争力水平不高，与全国平均水平相比仍有较大差距，整体处于产业链低端和价值链末端。

二是知识密集型服务业竞争力较弱。2019年全区知识密集型服务业增加值占生产总值比重14.45%，较2018年下降2.73个百分点。知识密集型服务业劳动生产率56.63%，较2018年下降16.73个百分点，全国排名下降5位。反映出宁夏知识密集型服务业发展态势不稳定，对经济高质量发展支撑不足。

（四）科技促进经济社会发展方面

一是科技支撑经济发展方式转变力度不够。2019年全区综合能耗产出率为4.52元/千克标准煤，仅为全国平均水平的25.9%，全国排名第30位。资本生产率为0.12万元/万元，仅为全国平均水平的40%，全国排名第30位。反映出宁夏新旧动能转换较慢，绿色发展压力较大，科技创新对驱动经济绿色发展需进一步加强。

二是科技支撑社会生活信息化水平有待提高。2019年电子商务销售额与地区生产总值比值为0.06，在全国排名从第24位下降到第27位。信息传输、软件和信息技术服务业增加值占地区生产总值比重为3.32%，万人移动互联网用户数为10833.80户，两项指标全国排名前10位，但分别下降4位、1位。反映出宁夏信息化、数字化发展水平和速度有待进一步提高，需持续加快发展。

（五）宁夏科技创新指标测算

通过对《中国统计年鉴》《中国科技统计年鉴》《宁夏统计年鉴》《宁夏科技统计年鉴》《中国高技术产业统计年鉴》《中国能源统计年鉴》等统计数据分析，2020年宁夏科技创新大部分指标数值较2019年有明显改善，39个指标中29个指标数值上升，4个指标数值下降。

科技创新环境方面，12个三级指标有10个指标数值上升，万人吸纳技术成交额明显提高，达到1573.84万元，增长1.05倍；10万人累计孵化企业数10.17个，增长66.45%，增长幅度较大。万人大专以上学历人数、万名就业人员专利申请数、10万人创新中介从业人员数、每名R&D人员研发仪器和设备支出为1972.94人、37.34件、2.89人、3.56万元，分别增长39.55%、31.25%、16.53%、9.20%。科学研究和技术服务业平均工资比较系数87.91%，增长14.33个百分点；有R&D活动的企业占比重34%，增长近4个百分点。万人研究与发展人员数、万人高等学校在校学生数增长率均在1%以上。

科技活动投入方面，6个三级指标有4个指标数值上升。企业R&D研究人员占全社会研究人员比重47.04%，增长3.21个百分点；万人R&D研究人员数8.66人年，增长7.31%；R&D经费支出与GDP比值为1.52%，增长0.07个百分点；企业R&D经费支出占营业收入比重0.94%，增长0.1个百分点。

科技产出方面，5个三级指标有4个指标数值上升。获得国家科技进步奖一等奖、二等奖各1项，技术发明奖二等奖2项，估算获国家科技成果奖系数4.5项当量/万人，达到近五年最高水平；万人科技论文数2.53篇，增长8.58%；万人发明专利拥有量达到5.31件，增长4.94%；万人输出技术成交额上升到233.08万元，增长3.31%。

高技术产业化方面，7 个三级指标数值均上升。高技术产业利润率、高技术产业营业收入占工业营业收入比重为 16%、4.69%，分别增长 5.01、1 个百分点。高技术产品出口额占商品出口额比重、新产品销售收入占营业收入比重、知识密集型服务业增加值占生产总值比重 6.58%、9.56%、14.99%，分别增长 0.67、0.49、0.54 个百分点。知识密集型服务业劳动生产率为 77.68 万元/人，增长 37.17%。

科技支撑经济社会发展方面，9 个三级指标有 4 个指标数值上升。劳动生产率 11.40 万元/人，增长 3.45%；综合能耗产出率 4.57 元/千克标准煤，增长 1.11%。万人移动互联网用户数 11259.88 户，增长 3.93%；信息传输、软件和信息技术服务业增加值占生产总值比重 3.71%，增长 0.39 个百分点。

个别指标与 2019 年相比仍向下波动，需要重点关注，如 10 万人中博士毕业生数 0.74 人，减少 22.92%；地方财政科技支出占财政支出比重为 1.89%，下降 0.28 个百分点；企业技术获取和改造经费支出 0.75%，下降 0.1 个百分点；电子商务销售额与 GDP 比值出现少许回落，下降 0.49 个百分点。

综合以上分析，假定科学研究和技术服务业新增固定资产占比重、万元生产总值技术国际收入、资本生产率、装备制造业区位熵、环境治理指数、环境污染治理指数 6 个指标数值保持不变，按照现口径，结合部分指标统计数据有可能出现的变化情况，预估 2022 年宁夏综合科技创新水平指数有望达到 58%。

三、对提升宁夏科技创新能力的对策建议

（一）倾力打造良好科技创新生态

一是强化科技基础条件建设。进一步落实科技成果转化中试基地和关键设备补助政策，重点加大对产业技术研究院、新型研发机构、企业、转制科研机构等单位购置科学仪器与设备奖补。

二是提升创新主体主动创新意识。持续实施企业家精神培育行动，通过“请进来”和“走出去”相结合，引导区内企业家增强创新意识、开展科技合作。持续实施科技型企业高质量培育行动，支持企业、高校、院所

充分利用区内外创新资源搭建科技企业孵化器、众创空间、双创基地等创新创业载体，支持传统企业通过引进先进技术，承接区外科技成果转化，转型为科技型企业。

三是引导科学研究与技术服务业持续健康发展。加快开展新型研发机构认定，推进投资主体多元化、管理制度现代化、运行机制市场化、产学研用一体化的新型研发机构发展，以新型研发机构带动传统科研院所及现代科技服务业发展，打造素质优良、结构合理的专业化、职业化科学研究与技术服务业人才队伍。进一步深化科技体制机制改革，深入实施以增加知识价值为导向的分配政策，完善体现知识价值的薪酬制度，进一步扩大科研经费包干制及职务科技成果权属混合所有制改革实施范围。

（二）着力提高科技活动投入产出水平

一是持续加大科技投入。建立稳定的财政科技投入增长机制，从制度上保证财政科技投入高于经常性收入的增长幅度。创新财政资金投入使用方式，形成风险补偿、后补助、创投引导等多种方式相结合的财政投入机制。促使市场在资源配置中起决定性作用，引导激励企业和社会力量加大科技投入，加快建立完善多元化、多层次、多渠道的科技投入体系。

二是增加高质量科技成果供给。围绕先行区建设、“双碳”目标、民生改善等高质量发展需求，顶层设计一批重大科技项目，深入实施“双百科技支撑行动”，联合国内优势科研力量，集中攻克制约产业发展的“卡脖子”技术问题，灵活运用揭榜挂帅、赛马制、定向委托等方式解决产业关键共性技术需求、企业个性化技术需求，推进高价值发明专利创造，形成一批高质量科技成果，争取获得国家科学技术奖。

三是激发技术市场活力。吸引东部省区优质技术转移机构来宁设立分支机构，大力支持高校、科研院所、企业建立专业化技术转移机构，引导从事技术评估、技术经纪和创新创业服务等活动的中介服务机构发展，鼓励市场化的技术合同登记认定机构发展，建立健全专业化、智能化、全链条技术交易服务体系和创新创业服务体系。激励高校、科研院所科技成果在技术市场挂牌交易，建立“企业出题能者破题”的技术交易机制，促进科技成果在县域交易转化，推进科技服务乡村振兴。

（三）大力推动高新技术产业高质量发展

一是推动高新技术产业提能增效。充分发挥科技创新第一动力，以高新技术产业开发区为载体，围绕产业链部署创新链、围绕创新链布局产业链，支持龙头企业牵头组建创新联合体，聚焦重点产业引进转化一批重大科技成果、攻克一批行业共性关键技术、搭建一批高能级产业创新平台，为高新技术产业注入高科技动能。完善以上市为目的的科技型企业培育支持体系，助力科技型企业挂牌上市，借助金融力量做大做强，推动科技、金融、产业良性循环。

二是支持知识密集型服务业创新发展。强化科教融合、产教融合，促进金融、信息、商务等专业学历证书与职业资格证书同步对接，培养一批知识密集型服务业行业人才。建立知识密集型服务业科技创新基金，支持阅海湾商务区、中关村“双创”园等建设知识密集型服务业集聚区，推动金融、法律、科技等服务业联动发展，为制造业等产业发展提供良好的“雨林”生态，把知识密集型服务业打造为全区高质量发展“新引擎”。

（四）持续推进经济发展方式转变

一是强化绿色低碳科技创新。着力构建以市场为导向的绿色技术创新体系，深入实施宁夏能源转型发展科技支撑行动，注重依托重大能源工程推进科技创新成果示范应用，高效推动“光伏+”融合发展、“源网荷储”一体化①和多能互补发展以及传统能源绿色低碳高效开发利用，加快建设新型能源体系，利用科技含金量提升产业含绿量。

二是大力发展数字经济提升信息化水平。抢抓“东数西算”历史机遇，发挥宁夏作为全国唯一“交换中心+枢纽节点”双中心优势，深化新一代信息技术与制造业、农业生产全过程融合发展，大力发展工业互联网和电子商务，探索建设虚拟产业园，在新发展格局中塑造新优势、实现跨越发展。

①“源网荷储”一体化：电源、电网、负荷、储能整体解决方案的运营模式。

宁夏加快乡村全面振兴样板区建设路径研究①

师东晖　周　婷

二十大报告指出，全面推进乡村振兴是全面建成社会主义现代化强国的重要任务之一。2022 年是实施“十四五”规划的第一年，更是乡村全面振兴迈上新台阶的关键一年。自治区第十三次党代会提出主动和融入新发展格局，加快建设乡村全面振兴样板区，奋力谱写全面建设经济繁荣、民族团结、环境优美、人民富裕的社会主义现代化美丽新宁夏壮丽篇章。2022 年，在自治区党委、政府的坚强领导下，宁夏持续巩固拓展脱贫攻坚成果同乡村振兴有效衔接，大力发展“六特”产业，补足乡村发展短板，深入实施乡村建设行动，不断提升乡村治理水平，群众生活获得感、幸福感大幅提升。

一、2022 年宁夏推进乡村全面振兴取得的成效

2022 年，宁夏全面推进乡村振兴战略，持续巩固拓展脱贫攻坚成果同乡村振兴有效衔接，以提高就业和收入为主要目标，实施“六大提升行动”，发展“六特”产业，加强落实乡村建设行动，乡村现代化治理能力与治理水平显著提升，乡村振兴取得一定成效。

作者简介　师东晖，宁夏社会科学院农村经济研究所助理研究员；周婷，宁夏农村经济经营管理站办公室副主任、农经师。

①本文为国家社会科学基金项目（项目编号：20CMZ029）阶段性成果。

（一）巩固脱贫攻坚成果成效显著

宁夏全面建立了防止返贫动态监测机制和帮扶机制，脱贫攻坚成果得到根本巩固。在制度方面，2021年，宁夏出台《自治区党委　人民政府关于实现巩固拓展脱贫攻坚成果同乡村振兴有效衔接的实施意见》《关于健全防止返贫动态监测和帮扶机制的实施方案》《关于建立巩固拓展脱贫攻坚成果有效衔接乡村振兴“四查四补”常态化机制的意见》《关于支持乡村振兴重点帮扶县的若干意见》；2022年，宁夏出台《“万企兴万村”行动倾斜支持乡村振兴重点帮扶县专项工作方案》，完善了防止返贫监测帮扶、巩固脱贫攻坚成果、易地搬迁后续扶持、乡村振兴重点帮扶县等政策机制，构建了符合宁夏实际的巩固拓展脱贫攻坚成果同乡村振兴有效衔接的政策体系。在实践层面，宁夏对全区脱贫不稳定户、边缘易致贫户、突发严重困难户等实施常态化监测，重点监测农户收入水平变化和“两不愁三保障”巩固情况，全面做好全区的动态监测工作。截至2022年6月30日，全区新增监测对象1263户4745人，累计识别监测对象1.43万户5.47万人，75.5%的监测户已消除返贫致贫风险，98.4%的监测户得到产业、就业等帮扶；全区脱贫人口人均纯收入11359.69元，是2021年度脱贫人口纯收入11587.28元的98.04%。[①]同时，宁夏持续巩固教育、医疗、住房脱贫成果，深入拓展农村饮水安全保障，实施问题动态清零机制，脱贫质量全面提升。截至2022年6月，宁夏脱贫家庭义务教育阶段学生失学辍学问题动态清零，脱贫人口和监测对象医保投保率达到100%，累计完成农村危房改造49.25万户、新建抗震宜居农房3.24万户，农村住房安全问题得到有效解决。

（二）特色产业发展势头持续向好

宁夏深入实施特色农业提质计划，大力发展葡萄酒、枸杞、牛奶、肉牛、滩羊、冷凉蔬菜“六特”产业，农村人均可支配收入显著提高，特色产业助力乡村全面振兴。截至2022年6月底，宁夏新增葡萄酒酿造基地3.1万亩、枸杞种植基地2万亩，“贺兰山东麓葡萄酒”品牌价值达到301.07

---

①王林.宁夏举行“以先行区建设为牵引　推动高质量发展实现新突破”系列新闻发布会·打造塞上乡村乐园专题[EB/OL].中华人民共和国国务院新闻办公室,2022-07-27.

亿元，枸杞综合产值120亿元，品牌价值达到191.88亿元；牛奶产量达到167.45万吨，产值达到58.3亿元；肉牛饲养量为182.7万头，肉牛存栏143.03万头，肉牛出栏39.67万头；滩羊饲养量为1098.26万头，滩羊存栏702.53万只，滩羊出栏395.73万只，“盐池滩羊”品牌价值达到98.25亿元；全区农林牧渔业总产值227亿元。同时农村居民人均可支配收入达到15337元，脱贫地区人口纯收入11359.69元（2021年10月至2022年6月）。同时，宁夏特色产业依托国家和自治区级特色产业集群、现代农业产业园，形成特色产业集聚发展格局，大力发展龙头企业、农民合作社和家庭农场，累计带动脱贫人口37.26万人，贫困县（区）特色产业收入占农村居民人均可支配收入的40%以上，特色产业成为带动宁夏脱贫群众增收的支柱产业。2022年11月15日，自治区印发《全区居民收入提升行动实施方案（2022—2027年）》，提出以“六特六新六优”产业为优势，进一步壮大农业特色产业优势，拓宽农民增收渠道，缩小城乡收入差距。

（三）乡村建设行动全面推进

2022年，宁夏深入推进乡村建设行动，完善乡村建设推进机制。2022年8月1日，宁夏制订并印发《宁夏乡村建设行动实施方案》，从村庄建设、乡村规划、农村道路、农村饮水安全、基础设施建设、农村清洁能源建设、农村物流发展、农村住房安全、数字乡村建设、村级综合服务、农村人居环境整治提升、农村基本公共服务、农村基层组织建设、农村精神文明建设等14个方面进行了安排部署。其中农村饮水安全方面，宁夏城乡供水一体化覆盖率达到90%，“互联网+城乡供水”的“彭阳模式”成为全国可推广的成功智慧水利经验；农村清洁能源建设方面，宁夏银川市西夏区、吴忠市利通区、银川市金凤区、固原市隆德县、吴忠市青铜峡市、固原市原州区先后被评为全国村庄清洁行动先进县；数字乡村建设方面，截至2022年宁夏建成5G基站4082个，建制村占总量的70%左右；农村人居环境整治方面，宁夏从2018年以来取得了较大成效（见表1），截至2022年10月底，宁夏农村集中供水率达到98.8%，农村自来水普及率达到96.5%，农村卫生厕所普及率达到64.9%，农村生活污水处理率基本达到30%，农村生活垃圾治理率达到95%，贺兰县、青铜峡市被评为2022年国家乡村振兴示范县。

表 1 2018—2022 年宁夏农村人居环境整治取得的成效

	2022 年	2021 年	2020 年	2019 年	2018 年
农村集中供水率	98.8%	98.5%	98%	98%	85%
农村自来水普及率	96.5%	95.8%	95%	93%	84%
农村卫生厕所普及率	64.9%	58.8%	58%	44.5%	31.8%
农村生活污水治理率	30%	28.96%	26%	28.79%	—
农村生活垃圾治理率	95%	95%	92%	90%	90%

（四）乡村治理能力与水平逐步提升

宁夏坚持以共建共治共享为方向，在乡村治理能力与水平现代化方面取得了较大进步，初步形成了以党建治理为引领、法治建设为保障、德治建设为底色、自治建设为基础、智治建设为支撑的“五治”工作格局，全面提升人民群众获得感、幸福感、安全感。2022 年，宁夏以“党建+”的治理为引领，严格落实“五级书记”共同抓的责任机制，加强村级五星级党组织建设，充分发挥了基层党组织战斗堡垒作用和党员发挥先锋模范作用，以党建引领凝聚起乡村治理的强大合力。积极开展法治乡村建设工作，组织群众参加法治乡村建设宣传活动，设立村级综治中心、矛盾调处室、警务室和人民调解委员会等，基本实现村部矛盾纠纷自我解决；充分发挥新时代文明实践中心的作用，截至 2022 年 6 月底，宁夏所有县、乡、镇新时代文明实践中心全覆盖，建设新时代文明实践站 2709 个，各类服务场所 1802 个，新时代文明实践基地和实践点 272 个，加大乡村理论宣讲力度，丰富群众文化生活，形成良好的移风易俗与乡村文明风气，夯实基层德治基础。健全党组织领导的村民自治机制，完善“四议两公开”决策程序，完善村规民约，引导村民积极参与村级事务管理，推进农村基层自治。加强智治在乡村治理中的支撑作用，将村级综治中心与全网格化的电子监控有效连接，打造智能化的网格服务体系，提升了乡村治理现代化能力与水平。

二、2022 年宁夏乡村全面振兴面临的主要障碍

宁夏在全面推进乡村振兴方面取得一定成效，但在实践过程中还存在巩固脱贫成果任务依然艰巨、特色产业益农机制有待健全、乡村建设力度

有待加强、乡村治理能力急需全面提升等主要障碍。

（一）巩固脱贫成果任务依然艰巨

宁夏在巩固拓展脱贫攻坚成果上取得了显著成效，但在2022年的巩固拓展脱贫攻坚成果同乡村振兴有效衔接的督察整改中也凸显了一些问题，主要有：一是脱贫地区的内生发展动力有待提升。在宁夏南部山区受自然条件、公共服务条件等因素制约，脱贫地区依然存在自我发展动力不足的现象；同时，全区不同程度存在一些监测对象受文化程度、劳动技能等因素影响，其稳定消除风险难度较大，导致内生发展动力与能力不足。二是脱贫人口就业稳定性还不高。绝对贫困虽已消除，但由于受今年的灾情、疫情等因素影响，脱贫人口就业收入存在不稳定性，脱贫人口稳定增收成为较大难题。三是衔接政策优化机制不通畅。在多次调研中发现，宁夏盐池县、同心县、红寺堡区、原州区、隆德县、彭阳县、泾源县、西吉县、海原县9个脱贫县均存在不同程度的住、养同区现象，农户与基层多数认为是养殖用地政策受阻，完善养殖帮扶政策难度较大。

（二）特色产业益农机制有待健全

宁夏特色产业发展取得了一些成效，但还存在产业基础不稳固、产业链条短、品牌建设不足等问题，产业带动能力较弱。一是产业发展基础急需进一步提升。宁夏乡村特色产业虽然也有几个发展较好的龙头企业，但特色产业发展总体层次较低，产业发展布局不清晰，产业发展基础较弱；二是特色产业链条较短、较弱。2021年，宁夏农产品加工转化率为69%，但乡村产业与现代产业结合不紧密，一二三产业融合发展不足。全区脱贫地区产业存在同质化、低端化现象，还存在深加工产业链条较短、可融合产业链条不足、现有产业链条不强等问题。同时特色产业中龙头企业对当地长效带动能力较弱，产品附加值无法实现，特色产业的价值实现不充分。三是品牌建设不足。宁夏六大特色产业品质优良，产值在乡村产业中占到80%以上，随着特色产业产值的不断增加与品牌价值效应，宁夏具有市场竞争力的多元化品牌较少；同时，还有一些特色产业的品牌建设滞后，导致品牌价值无法凸显。宁夏的肉牛养殖是带动农户脱贫的主导产业，在宁夏南部山区已经形成一定养殖规模，但由于缺乏肉牛品牌营销，导致宁夏肉牛产业发展缺乏知名度，肉牛产业带动能力受限。

（三）乡村建设力度有待加强

宁夏乡村建设行动取得了初步成效，但乡村建设还有短板，主要表现在以下几个方面：一是数字乡村建设水平较低。2022年，宁夏实施数字农业示范项目17个，建设“互联网+”农产品出村进城县级运营中心3个，现有的数字乡村水平将会成为未来全面推进乡村振兴的短板。二是农村基础设施建设精准度不高。实地调研发现，农户对硬化路需求较大。虽然硬化路基本上实现主要干道全覆盖，但同一个村不同的路面引起农户对硬化路的精细需求，比如家家户户门口实现硬化路，田间种植主要道路实现硬化路等。三是农户人居环境提升意识不足。虽然宁夏在人居环境整治中下了大力气，但依旧存在农户对人居院落环境优化意识不强的问题，大多数农户习惯在院落中进行养殖与蔬菜种植，出现部分院落环境脏、乱、差的现象，部分地区农户过度依赖基层社区人员对其环境进行维护。

（四）乡村治理能力亟需全面提升

宁夏已初步形成了政治、法治、自治、德治、智治的“五治”乡村治理体系，但乡村治理还存在一些现实问题。一是村干部的综合能力有待提升。2021年以来，宁夏全面优化村“两委”班子的年龄、学历结构，平均年龄有所下降，学历结构得到优化，但在乡村治理实践过程中村干部的工作能力、管理能力、市场判断力、法治思维、创新能力等综合能力亟待提升。二是乡村治理人才短缺。培养村干部的综合能力是需要一定的知识储备与实践经验的，宁夏目前具备乡村治理能力的人才较少，这也是导致群众参与度不高的主要原因之一。三是乡村智治水平较低。乡村治理现代化最主要的体现是智能化、智慧化，目前宁夏乡村数据信息的智能化管理与运用、现代科学技术的智慧化运用尚未实现建制村全覆盖。

三、宁夏加快乡村全面振兴样板区建设的政策建议

2023年，宁夏应持续深入学习贯彻落实党的二十大精神和自治区第十三次党代会精神，以黄河流域生态保护和高质量发展先行区为统领，以样板区建设为抓手，全面推进乡村振兴，主动服务、融入和支撑中国式现代

化，全力抓好巩固拓展脱贫攻坚成果同乡村振兴有效衔接，着力推进乡村振兴重点工作，打造塞上乡村乐园，加快建设乡村振兴样板区。

（一）持续巩固拓展脱贫攻坚成果

2023年，宁夏应持续巩固拓展脱贫攻坚成果，确保不发生规模性返贫。首先，要持续落实“四个不摘”要求，持续完善落实防止返贫动态监测帮扶机制，紧盯农村低保人口、特困供养人员、重度残疾人口、易返贫致贫人口“四类重点对象”，织牢织密防止返贫动态监测网，及时识别脱贫不稳定户、边缘易致贫户、突发严重困难户“三类人口”，落实精准帮扶措施，确保监测对象应纳尽纳、应帮尽帮、及时消除风险。其次，在保持扶贫政策延续与稳定的前提下，逐步健全缓解相对贫困、解决多维贫困的长效政策体系，拓展脱贫攻坚的帮扶政策与乡村振兴政策的精细化衔接。最后，在增强脱贫户内生发展动力与能力方面下功夫，构建农户增加收入的能力建设机制与可持续发展机制，提高农户增收的稳定性。

（二）健全特色产业益农机制

2023年，宁夏应健全特色产业益农机制，一是增强产业发展基础，要以“产业发展”和“就业帮扶”为抓手，努力打造“六特”产业和劳动密集型产业，调整优化产业扶持政策，完善企业与农户之间的利益联结机制，将更多的财政衔接资金用到产业发展上，推动落实劳务输转、乡村公益性岗位脱底安置、帮扶车间吸纳等就业帮扶举措，对脱贫人口、农村低收入人口等重点人群就业状态分类实施动态监测，着力构建全方位多层次多渠道就业、产业帮扶体系，不断带动脱贫人口就业和增收。二是延长产业链条、补足产业链条、增强产业链条，增加产品附加值。宁夏优质农业产业资源为增加产品附加值提供条件，加强与科研院所的技术合作，引进多元化的生产加工业，加强农产品深加工的转型升级，做好产业链扩容准备，增强现有产业链条，利用现代农业产业园区实现特色产业高质量发展。三是加强特色产业品牌建设，增加特色产业品牌的市场占有量。鼓励宁夏具有市场竞争力的中小企业创建本地品牌，激发本地品牌发展潜能，提高宁夏品牌的市场影响力与竞争力。

（三）加快乡村建设步伐

2023年，宁夏应进一步加快乡村建设步伐。一是围绕“加快建设乡村全面振兴样板区”的奋斗目标，推动乡村产业高质量发展，引导脱贫地区从特色种植、特色养殖、特色手工等方面入手，支持农户高质量发展“小而精”的庭院经济。二是持续提升乡村基础设施建设和公共服务水平，坚持规划到村、产业到村、任务到村、示范到村、联系到村、考核到村“六个到村”，统筹整合各类资金，集中实施一批农村饮水安全、防洪灌溉等中小型水利工程、农网巩固提升、农村公路建设、“快递进村”、国土绿化等项目，持续改善群众生产生活条件。三是接续实施农村人居环境整治提升五年行动，深入开展村庄清洁，做到屋内屋外、院内院外、村内村外全覆盖、全整治，深入推进农村环境卫生整治、户厕改革和污水处理，加强农村生态文明建设。

（四）全面提升乡村治理能力

2023年，宁夏应切实加强乡村治理体系建设，深化农村重点领域改革，加快发展新型农村集体经济，不断激发农业农村发展内生动力，全力打造“塞上乡村乐园”，走好美丽乡村建设之路。一是加强党组织领导。持续加强农村基层“党建+”工程，充分发挥基层党组织战斗堡垒作用和党员发挥先锋模范作用，以党建引领凝聚起社会治理的强大合力。二是强化法治教育，积极开展并组织群众参加法治乡村建设工作，推进更高水平的平安法治乡村建设，保持农村社会和谐稳定，促进社会融入，筑牢基层法治治理的保障基础。三是夯实德治建设，依托新时代文明实践平台，推进精神文明建设和农村移风易俗，筑牢基层治理的教化基础。四是健全党组织领导的村民自治机制，探索村规民约的传承创新，引导村民全面参与乡村治理，进一步提升农民群众自我管理、自我服务水平。五是强化智治支撑，利用大数据平台，加强基层治理智能化平台建设，筑牢基层治理支撑。六是加强乡村技术人才、管理人才、经营人才的引进与培育，突破乡村产业发展的技术瓶颈，通过高端管理人才引入先进管理理念，加强生产经营型人才培养，建立一批高素质乡村人才队伍，提升乡村综治能力与水平。

社会调研篇

SHEHUI DIAOYAN PIAN

宁夏创建全域“互联网＋医疗健康”示范区研究报告

杨永芳

习近平总书记视察宁夏时强调：“越是欠发达地区，越需要实施创新驱动发展战略。”自治区第十三次党代会指出，当前，要“加快构建平急结合的公共卫生体系、优质均衡的医疗服务体系、全民全程的健康保障体系”，并提出了未来五年全面推进健康宁夏建设的路线图。2018 年 7 月，国家卫生健康委批复宁夏为国家首个“互联网+医疗健康”示范省区。近年来，宁夏以示范区建设为引领，以创新应用为核心、以大数据为支撑，聚焦人民群众看病就医急难愁盼问题，在“互联网+医疗健康”政策机制、互联互通、产业培育、一体化应用等方面大胆探索、先行先试，初步形成较为完善的“互联网+医疗健康”机制保障体系、应用服务体系和监管治理体系，让群众在家门口就能享受到优质医疗服务和良好健康管理，“互联网+医疗健康”示范区建设为推进健康宁夏提供了必要保障。

一、宁夏创建全域“互联网＋医疗健康”的主要做法及成效

（一）加强顶层设计，为示范区建设提供全方位政策保障

坚持以人为本，便民惠民，把人民群众多层次、多元化的医疗健康需求作为创建示范区的根本目标，一盘棋做谋划，一张图干到底，推动示范

作者简介　杨永芳，宁夏社会科学院社会学法学研究所研究员。

区建设既为宁夏开新路，又为全国创经验。一是高起点谋划。国家卫生健康委与自治区政府签署了共建“互联网+医疗健康”示范区战略合作协议，成立委、区共建工作机制，按照全域统筹、分步实施、突出特点、强化示范的原则，共同研究制订示范区四年建设规划，出台示范区建设实施方案。同时将“实施智慧医疗健康升级工程”纳入全民健康水平提升行动，“互联网+医疗健康”纳入综合医改，一体研究部署，一体组织实施，一体合力推进，为推进示范区建设提供规划依据。二是高标准规范。制定出台“互联网+”医疗、“互联网+”医药、“互联网+”医保等制度管理类、服务规范类、应用标准类等 29 项标准规范，形成完善的互联网诊疗收费、医疗质量和医疗安全管理、风险评估、突发情况预防处置、医务人员培训考核、医保支付等制度规范体系，推动“互联网+医疗健康”规范发展。三是高要求监管。创新制定互联网诊疗监督管理办法，建成全区互联网医院监管平台、处方审核流转平台，实现多种形式的互联网医疗服务事前、事中、事后的全流程监管。完善“互联网+医疗健康”监管考核体系，涵盖 6 类考核维度、542 个考核指标、595 个评分公式和 10 个考核方案，实现对所有互联网医院的准入和运行全过程监管。

（二）聚焦互联互通，为示范区建设构筑一体化管理模式

按照全域、全周期、全业务思路，在关键处用劲，在要害处发力，创新开展全宁夏“一个平台”“一个数据库”“一个监管体系”的“一体化”管理模式，推动信息互联互通，统筹资源共享，促进资源下沉，全域同质服务，打造了全民健康共治管理新格局。一是信息资源互通。对标国家标准，编制宁夏区域医疗卫生信息云平台、宁夏互联网医院数据交换接口标准，建成自治区、市、县、乡、村五级的卫生医疗信息专网，实现村级卫生专网全覆盖。全区各级医疗单位、各业务系统与云平台进行对接，“互联网+医疗健康”一体化平台覆盖 37 家二级以上医疗机构，汇聚医护人员、药师 2.07 万人，服务患者 115.22 万人次，推动基层乡镇卫生院与自治区、市、县医疗机构间电子病历、电子健康档案等信息的共享调阅。在全国卫生健康信息化发展指数（2021）城市排名中，银川市的卫生健康信息化发展总指数、卫生健康信息化应用水平分指数在省会城市中分别排名第 10

位、第5位。二是数据资源共享。打通与国家、部门、区域、行业之间数据共享通道，建成全区电子健康档案、电子病历、全员人口三大基础医疗健康数据库和10多个专业数据库，汇聚全区医疗、医保、公共卫生、药品供应、中医药、医生、人口等医疗健康数据。国家平台与宁夏51家二级以上医疗机构、21个业务应用系统相联，汇聚685万份居民电子健康档案、6.88亿条医疗卫生服务数据，实现全域医疗机构数据资源共用。“宁夏‘互联网+’推动优质医疗资源线上共享”案例在2021年全国深化医改经验推广会上获评“2020年度‘推进医改服务百姓健康’十大新举措”。三是创建五大平台。建成覆盖全区的急救网络指挥平台，为救护车全部安装了GPS定位、无线呼叫等终端系统，出诊医生使用PAD记录上传电子病历，实现以云技术为手段、以省为单位的“120”网络管理。建成宁夏免疫规划综合信息平台，实现了对预防接种的主动监测和全区所有冷库、冷藏车疫苗流通安全的全过程实时监控，保障了儿童疫苗接种的安全和有效。建成全区中医医疗信息共享平台，实现全区公立中医医院、基层中医馆间的互联互通、数据共享和业务协同。建设全区血液一体化管理平台，实现了对各地采供血机构血液采集、血液检测、成分制备、临床供应和血液调配的全过程记录和业务协同，提升了突发事件的应急管理效率。建成自治区妇幼健康信息平台，覆盖全区所有开展妇幼保健的医疗机构，实现信息共享交换。

（三）加快产业培育，为示范区建设营造集群式发展环境

坚持把示范区建设作为科技创新赋能医疗健康和对外开放合作的重要载体，制定出台“互联网+医疗健康”产业发展意见，配套制定15个相关支持政策，坚持政企联动，运用健康医疗大数据、5G、人工智能、区块链等新技术优势，加快培育健康产业，探索走出了一条围绕提供全生命周期、全方位、全链条的健康产业发展之路。一是发挥资源优势，培育新兴产业。在中卫市创建国家级健康医疗大数据中心、在银川市创建互联网医疗健康应用产业园，并建设宁夏（无限）粤港澳大湾区协同创新中心，依托科技和产业优势，打造“互联网+医疗健康”的孵化器，已经吸引100多家互联网企业，审批互联网医院73个。二是加快技术研发，延伸产业链条。在国家卫生健康委的批准下，依托北京大学、宁夏大学等高校科研平台成立国家健康医疗大数据研究院，培养复合型优秀人才，开展健康医疗大数据智能处理、信息挖掘等科技研究及公众健康、临床实践相关应用产品研发。与大专家.COM 合作成立全国首个院士专线 Re 医学教育基地，与第三方企业合作建立“互联网+医疗健康”标准规范研究、医疗领域认知智能、“互联网+医学影像”等实验室，提供技术革新及模式创新支持。三是引入社会资本，打造产业集群。支撑深创投集团在宁夏成立“互联网+医疗健康”创业投资基金，积极推动已投企业来宁参与基于“互联网+医疗健康”的研发和实施项目，打造宁夏“互联网+医疗健康”产业生态链。

（四）拓展推广应用，为示范区建设提升惠民生服务能力

始终坚持惠民服务智能化发展方向，把惠民应用作为示范区建设的核心之举，创新“互联网+医疗健康”发展新途径、新方法，通过云服务、大数据分析、人工智能科技等技术赋能智慧医疗创新服务，让人民群众享受到实实在在的便利。一是以电子健康码为核心，提升服务“速度”。把电子健康码作为“互联网+医疗健康”便民服务应用的“金钥匙”，大力拓展应用场景，为患者提供诊前、诊中、诊后的全流程服务，有效缓解“看病烦”“流程繁”的问题。依托实时健康信息获取打造个人“健康画像”，以全链条、全方位的“智慧”医疗服务，为群众健康提供记录一生、服务一生、管理一生的重要渠道。二是以医疗诊断平台为主线，拓展服务“广度”。构建三个层面的“互联网+远程门诊”，让群众在基层即可通过远程门诊找到市级、省级乃至全国各地知名专家看病，实现大病不出县区，常见病、多发病不出乡镇（社区）。截至目前，在宁夏备案注册全国医师已达 6.7 万余名，线上提供服务 397 万人，邀请“北上广”等地专家接诊近 5000 例。按照“人员云化、平台虚拟化和机制市场化”原则，建成自治区级影像、超声、心电、病理、胎心监测等远程诊断中心，实现诊疗时间、诊疗地域和诊疗内容全覆盖，形成“基层检查+上级诊断+区域互认”模式，完成各类诊断近 300 万例，开展胎心监护次数达 2.1 万人次。三是以新基建新技术为手段，丰富服务“深度”。依托新技术创新为基层医疗卫生机构搭建人工智能辅助诊疗系统，规范电子病历书写等诊疗过程，累计为基层医务人员在诊疗中提出多方案的诊断建议近 164 万次，基层门诊电子病历书写率及规范率提升90%以上，提高基层医务人员诊疗服务能力。采用政府购买服务方式，向基层投放云诊车等智能化设备，将体检随访数据实时上传，多渠道完善和丰富居民电子健康档案内容。开展居民健康画像管理服务，探索“刷脸就医”、智能查房、移动医护、智能药房、“互联网+”中药煎配送中心、5G远程医疗服务等应用，解决患者从医院门口到诊室“最后一百米”的难题，打造数字健康管理闭环，实现全生命周期健康管理服务。四是以信息化和线上服务为支撑，增强疫情防控力度。搭建宁夏新冠病毒核酸检测信息系统，通过“一张工作台+一部手机”的轻量化便捷部署，有效保障了疫情防控期间大规模核酸检测筛查任务。联合“互联网+医疗健康”协会，11家互联网医院开设疫情防控专区，提供24小时线上健康咨询、慢病复诊、线上义诊等服务，提供线上义诊服务94.68万人次，健康咨询服务59.29万次，心理咨询服务12.72万次，送药上门服务3.8万次。

二、宁夏创建全域“互联网＋医疗健康”存在的主要问题

（一）思想认识尚有局限，互联网医疗参与度不高

当前，由于宁夏优质医疗资源还不能完全满足群众就医需求，医疗机构利用互联网主动服务患者的动力不足，部分医院参与互联网医疗建设的积极性不高；从医务工作者方面来看，部分医务工作者受传统经验和诊疗模式影响，对于通过互联网进行数据采集、表达、存储和处理还不习惯，认识上还有一定偏差；从患者方面来看，互联网医疗属于新鲜事物，普通群众认知程度低，对于互联网医疗缺乏信任感，担心医生不能根据病人实际情况作出判断，或上传的相关信息不能真实反映病况而出现误诊，导致患者通过互联网就诊的意愿不强，就诊率总体不高。

（二）行业规范和监管滞后，制约互联网医疗快速发展

由于行业规范远远滞后于市场应用，互联网医疗服务水平参差不齐，相关法律法规和监督管理机制还不健全，政策层面没有制定相关的互联网医疗主体条件或资格审查准入机制及监管措施。互联网与医疗跨行业的监管体系、技术标准、产业政策还没有完全形成，互联网上医生的资质和诊疗行为的审查和监管问题还不能有效解决，监管工作总体滞后于互联网医

疗的发展速度，制约了互联网医疗的快速发展。

（三）信息壁垒依然存在，信息化建设不能满足互联网医疗需求

虽然目前大多数医疗机构都建立了患者的个人电子健康档案，但各医院之间仍处于信息隔离状态，院内信息共享与信息交换程度不高。医疗信息和数据涉及患者的个人信息安全，在开放大数据的环境下，患者将自己的个人信息上传到网上，容易造成个人信息泄露、隐私被不法分子侵犯等问题，有些医院不愿意共享信息。有的地方信息系统由不同企业研发，信息系统与基层健康档案信息系统之间兼容性较低，数据传输中常有数据项不匹配、多次录入、系统运行不稳定等情况。区域内医疗机构数据资源共用共享、互联互通难度较大，医共体信息平台与基层医疗机构信息系统的整合力度不够，信息化技术手段不能很好地辅助医共体基层能力建设。一些基层社区卫生服务中心人员也反映，数据存在多头填报的问题，需要反复核对，工作量很大。

（四）互联网诊疗规范性还不高，相关服务缺乏协同性

目前，一些小型医院为拓宽医疗服务收入，参与到了互联网医疗诊断中，但这些医院临床医师的医疗技术水平、临床经验、专业素养等参差不齐，而大型公立医院医生平时工作量已经处于超负荷状态，还要忙于科研、教学等工作，工作量基本饱和，参与互联网医疗的积极性不高，制约了互联网医疗的发展。医生在第三方平台或机构上为患者提供医疗服务，一旦出现医疗事故，医生和医疗机构资质情况难以核实，无法保障患者权益。县域医共体建设中相关机制尚不健全，信息化手段也未能完全服务县域“基层首诊，双向转诊，急慢分治，上下联动”的分级诊疗模式。医药企业、药店、医药配送公司等相关单位延伸服务的主动性不强，没有积极参与到互联网医疗服务体系中。

三、深入推进“互联网＋医疗健康”示范区创建工作的对策建议

（一）积极争取国家支持，着力提升服务能力

将宁夏作为国家重大项目先行先试重点区域，给予专项资金和配套政

策支持，加快健全和制定出台相关法律规范，界定“互联网+医疗”健康适用范围，明确医疗机构、医生、患者、互联网企业之间的法律责任，规范互联网医疗行为。依托宁夏中卫市的西部云基地，成立西部医疗健康大数据中心，支持银川建设以医疗大数据为突破口的经济产业园区，以技术变革深化医改和促进产业发展。针对宁夏在医疗健康信息化、大数据应用、标准规范研究等方面人才缺乏的状况，积极争取国家部委支持，整合国内高校资源和专业医疗培训机构，以宁夏大学为依托，在宁夏设立医疗健康的实训基地和远程培训基地，加快本土化人才培养；加大省部间的卫生领域沟通和交流，持续推进自治区医疗机构与国家卫生健康委直属三甲级医院合作帮扶，协助自治区引进和培养一批高端人才。

（二）加大资金投入力度，推进医疗信息共享

要加大对医疗卫生行业资金投入力度，在智慧医疗体系、医疗卫生便民服务应用、网络信息安全保障等方面给予支持。推动宁夏尽快建成“互联网+医疗健康”互联互通的一体化平台，以患者为中心，充分利用互联网技术建立并完善本院病人个人电子病历、电子健康档案，建立实现部门数据互通的电子病历系统，提高信息收集效率。推行线上公共卫生咨询服务、线上药品监管服务，实现相互之间信息数据的互联互通，建设多院互通的一卡通，打通信息壁垒。推动互联网技术与医疗服务融合发展，优化县域医共体建设中的医院和社区机构融合、医防融合，在医共体内部推行电子健康档案互联共享，真正让老百姓在家门口就能享受优质医疗服务，缓解看病就医难的现状。

（三）推进医疗卫生改革，提升诊疗技术水平

要加快推进全民健康信息、互联网诊疗、县域医共体一体化建设，推动跨县域、跨机构的服务协同，深化智慧医院辐射深度，促进县级医疗机构专家、技术、服务走向基层。将互联网优势与医师利益诉求相结合，鼓励名医、专家积极参与到互联网医疗中来，建议将医师在互联网医疗平台开展的科普医学讲座、发布的健康贴士等工作时间折算成医师参与继续教育的时间，将互联网诊疗人次数与医生个人的职称评定、业务考核等挂钩，推动专家对互联网医疗的参与积极性。督促各地医疗机构落实医生多点执业的相关政策，为医生提供更广阔的执业空间，从而优化医疗资源配置效率。

（四）加快医疗产业发展，提升医疗服务质量

加大投入力度，加快推动医药材料交易的商流、物流、资金流和信息流，实现质控、交易、支付、结算和监管的线上一体化服务，建立数字化医药服务体系。鼓励有条件的单位建设智慧药房，构建中药智能化生产体系，开展区域性互联网预约、智能缴费、药师审方、药物配送等服务，实现处方流转、在线医保支付、智能煎药和配送上门一体化服务。加强市场监管和信息安全监管，加大执法力度，避免网上医疗欺诈，防止患者信息泄露，保护好隐私权。

宁夏育龄人口生育意愿调查报告①

贺　茜　李怀宇

第七次全国人口普查数据显示，我国正在经历生育率下降、人口增长率降低、老龄化水平提高的人口转变阶段，宁夏也不例外。党的二十大报告提出，“优化人口发展战略，建立生育支持政策体系，降低生育、养育、教育成本”，体现了党中央对人口生育问题的高度重视。研究宁夏育龄人口的生育意愿影响因素，有利于完善生育政策，提高生育水平，对科学把握人口发展规律，促进人口长期均衡发展，推动经济社会可持续发展，实现人口规模巨大的中国式现代化具有重要意义。

一、宁夏育龄人口生育现状

2000—2021 年宁夏出生人口数与出生率变化趋势如图 1 所示。2005—2015 年的 10 年间，宁夏人口的出生数明显下降，出生率不断降低，下降了 0.33 个百分点。2015 年开始实施全面二孩政策，出生人口数与出生率的变动趋势发生变化。

作者简介　贺茜，宁夏社会科学院农村经济研究所助理研究员；李怀宇，宁夏回族自治区文化和旅游厅干部。

①本文为 2021 年宁夏哲学社会科学规划青年项目“宁夏人口结构变化对经济社会发展的影响及对策研究”（项目编号：21NXCRK01）阶段性成果。

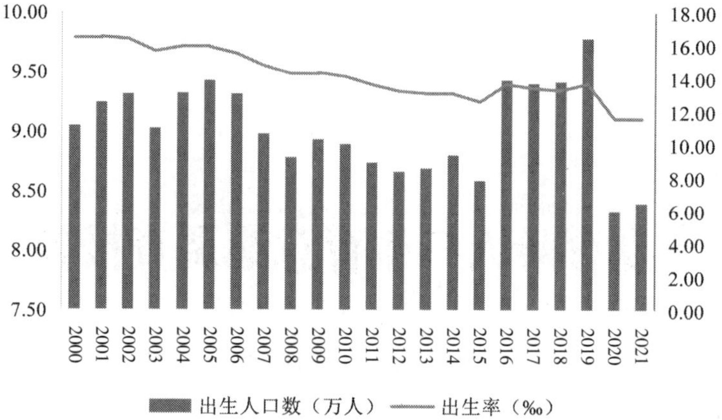

图 1　2000—2021 年宁夏出生人口数与出生率变化

（一）二孩政策时期

自 2015 年 10 月发布的十八届五中全会会议公报提出实施全面二孩政策以来，人口生育水平持续多年向下的态势出现逆转，人口出生率出现反弹，人口发展进入新阶段，部分渴望生育二孩的家庭意愿得到了满足，孩次构成发生较大转变，一孩比重有所下降，二孩、三孩比重明显提高，生育政策调整成效明显，呈现“两头低，中间高”的特征。但由于少数民族原本就执行一、二、三孩政策，符合二孩再生育条件的汉族夫妻数量不多，有生育意愿的汉族夫妻数量也不多，因此之后的几年没有出现出生人口大幅增长的情况。至 2020 年底，生育新政已落地 4 年，政策效应已在 2016—2019 年集中释放，2020 年后集中释放效应弱化，2020 年、2021 年出生人口数下降较多，2020 年较 2019 年下降 14.85%。宁夏总和生育率由 1981 年的 4.06、1989 年的 2.61、2000 年的 1.99 下降为 2020 年的 1.67，总体上呈波动下降的趋势。2020 年宁夏总和生育率排名全国第五，低于贵州、广西、西藏、甘肃，比全国平均水平高 0.37。根据人口学理论，总和生育率需要达到 2.1，才能达到世代更替水平，即维持下一代人口与上一代数量上持平。通常认为总和生育率达到 1.5 左右是一条“高度敏感的警戒线”，低于 1.5 会进入低生育陷阱，想要再次提高生育率将会很困难。虽然宁夏目前总和生育率稍高于发达国家 1.6 的水平，但仍然需要积极应对生育率降低、出生人口数下降的趋势，将相对有利的人口年龄结构优势转化为经济发展实绩。

（二）三孩政策时期

2021年5月31日，中共中央政治局召开会议，提出进一步优化生育政策，实施一对夫妻可以生育三个子女政策及配套支持措施。2021年7月20日，《中共中央 国务院关于优化生育政策促进人口长期均衡发展的决定》公布，提出实施三孩生育政策及配套支持措施。由于女性从怀孕到分娩通常需要40周，所以三孩政策对2021年的出生人口数基本无影响，2022年上半年起政策效应才会逐步显现，但由于育龄人口三孩生育意愿普遍偏低，预计短期内政策对人口增长的影响有限。

二、低生育率对经济社会发展的直接影响分析

出生人口下降是多重因素综合影响的结果，包括生育旺盛期育龄妇女规模下降，年轻人婚育观念显著变化、生育养育教育成本偏高、新冠肺炎疫情影响婚育安排等。长期低生育率会带来一系列的经济社会发展问题。“少子老龄化”将成为常态。近年来宁夏一直处于出生率较低的状态，但出生人口仍明显高于死亡人口，由于人口惯性，人口总量仍处于增长状态，同时由于人口预期寿命的增加，老龄人口出现快速增长趋势，人口老龄化的问题越来越严重。

（一）对劳动力供给的影响

劳动力老化是低生育率的直接后果，未来10年劳动年龄人口的总数仍然可观，但新加入劳动力队伍的人数将减少。2020年宁夏20—29岁年轻劳动力人数较2010年减少5.7%，这一年龄段的新生劳动力是受教育程度最高、消费能力最强的。青年劳动力人口的下降使得人均负担的养老费用不断上升。一方面劳动力数量相对于需要抚养的老人数量减少，老年抚养比上升，人口老龄化程度不断加深，将导致整个社会的养老成本增加；另一方面少儿抚养比下降，劳动年龄人口比例上升。在达到一个较高水平的老年人口比例之前，将会形成一个对于资源配置、劳动力数量以及经济发展有利的“人口红利”阶段，这是一国人口变迁过程中的一个必经阶段，随着少儿人口比例的下降以及老年人口比例的上升，逐渐进入老龄化社会，

人口红利将会逐渐消失。

2020 年全国人口总抚养比为 45.88%。宁夏总抚养比由 2010 年的 38.47%上升到 2020 年的 42.86%，其中，少儿人口抚养比由 2010 年的 29.62%下降到 2020 年的 29.12%；老年人口抚养比由 2010 年的 8.85%上升到 2020 年的 13.74%。老年抚养比上升幅度明显高于少儿抚养比下降幅度，抚养重心从少儿逐渐转向老年。人口抚养比反映了人口红利的状况，当人口抚养比较低时，劳动力供应充足，儿童和老人相对较少，人口负担轻，使得社会保障支出少，社会财富累积较快，高储蓄率和高投资率并存，可为经济快速增长创造条件。一般把人口总抚养比低于 50%的阶段称为人口红利期。由此可知，我国仍然处于人口抚养比较低时期，宁夏的人口红利水平高于全国平均水平。但与过去相比，60 岁以上的老年人口比例上升速度较快，将使得社会养老负担逐渐加重。随着经济社会发展，特别是科学技术的进步和医疗水平的提高，人口预期寿命不断延长，老年人口数量越来越多，未来总抚养比还会继续攀升，劳动年龄人口上养老、下育幼的负担将进一步加重。

（二）对社会生产总过程的影响

在生产方面，人口抚养比的提高将导致劳动年龄人口减少，老年与少年等非劳动人口数量增加，参与创造和生产社会价值的劳动力减少，影响劳动生产率，而消耗社会生产产品的人增多，造成全要素生产率下降，在一定程度上制约经济的潜在产出水平。

在分配方面，总抚养比的提高会加重家庭以及企业的社会保险负担，人口年龄结构老化将给养老与医疗体系带来压力，降低劳动者的净收入水平，使得储蓄下降。

在消费方面，根据凯恩斯的绝对收入假说，劳动者的净收入水平与消费水平呈正相关关系，少年人口的消费水平会随着父母的收入减少而降低，老年人的消费习惯趋于保守，拥有相对较低的消费意愿与消费水平，因此抚养比升高会对消费水平产生负面影响。

综上，较低的生育率水平导致抚养比升高，人口红利逐渐消失，从而对未来经济发展产生负面影响。

（三）对人力资本投资的影响

人口数量决定了人口红利，而人口质量决定了人才红利，人才红利强调技术与知识程度较高的劳动力对经济增长带来的效益，是经济增长的源泉。新发展阶段之下，要加速“人口红利”向“人才红利”转化。

从微观角度的家庭生育情况与其对后代的人力资本投资之间的关系来看，在利他偏好下，随着近年来就业竞争等生存压力的增加，父母会增加对其子女多方面的投资来提高孩子的竞争力，从而尽可能地提高其后代的生活水平。在家庭资源有限时，孩子数量影响投入资源的分配问题，使得家庭需在孩子的数量和质量之间进行权衡。新家庭经济学理论将孩子看作“耐用消费品”，认为家庭中孩子的数量和质量直接存在替代效应，且人力资本投资是边际效率递增的，家长更偏好提高子女个人的质量。因此生育率降低会使得家庭对后代的人力资本投资增加。在利己偏好下，将父母对子的人力资本投资看作是投资品，通过对其成本、风险以及未来的收益进行评估，在利润最大化的前提下做出决策。

综上，不论是出于利他偏好还是利己偏好，低生育率都会使得家庭增加对子女的人力资本投资，尤其是教育投资。人口出生率下降为劳动力质量提高提供了契机，虽然人口红利逐渐消失，劳动力要素的数量供给呈现下降趋势，但随着劳动力质量的不断提升，人才红利将会慢慢凸显，从而又对经济增长产生一定的促进作用。

三、宁夏育龄人口生育意愿调查问卷结果

（一）调查对象及方法

本调查以宁夏5个地级市年龄在20—49周岁的居民作为调查对象。自编问卷《2022宁夏育龄人口生育意愿调查问卷》。通过线上和线下两种方式同步发放同一份标准化的问卷，以期回收尽可能多的样本量，使分析结果更有效、更全面。在线上发布的问卷星微信问卷采取分层抽样和简单随机抽样相结合的方法。在5个地级市的发放的线下问卷采取方便取样方式，在学校、商场、公园、社区街道、村部等处派发问卷。线上线下共回收1078份问卷，筛选掉数据缺失、填写时间过短、选项不合理等无效问卷，

共回收有效问卷1057份，受访者分布于全区22个县（区）。

（二）调查样本描述性统计

研究对象的样本情况见表1。打算生育子女数的平均值为1.52，符合宁夏生育率预期。

表1 调查样本情况

变量	基本情况	人数	比例(%)
性别	男	404	38.2
	女	653	61.8
年龄	20—24	165	15.6
	25—29	183	17.3
	30—34	243	23.0
	35—39	194	18.4
	40—44	139	13.1
	45—49	133	12.6
现居住地	银川	361	34.2
	石嘴山	197	18.6
	吴忠	163	15.4
	固原	176	16.7
	中卫	160	15.1
流动人口类型	户籍人口	902	85.3
	流入人口	155	14.7
出生地	城市	418	39.5
	农村	639	60.5
居住地地貌	川区	811	76.7
	山区	246	23.3
民族	汉族	786	74.4
	回族	259	24.5
	其他少数民族	12	1.1
婚姻状态	已婚	737	69.7
	未婚	283	26.8
	离异/丧偶	37	3.5
文化程度	初中及以下	154	14.6
	高中、中专	138	13.1
	大专、本科	626	59.2
	研究生	139	13.1

续表

变量	基本情况	人数	比例(%)
就业类型	行政事业单位	296	28.0
	国企	129	12.2
	集体、私营、外资合资企业	217	20.5
	务农/打零工	108	10.2
	个体/自由职业者	127	12.0
	学生	90	8.5
	无业/待业	90	8.5
家庭年收入	3 万元及以下	143	13.5
	3 万~8 万元	354	33.5
	8 万~15 万元	305	28.9
	15 万~30 万元	210	19.9
	30 万~50 万元	31	2.9
	50 万元以上	14	1.3
独生子女	独生子女	203	19.2
	非独生子女	854	80.8
打算生育子女数	0	115	10.9
	1	377	35.7
	2	481	45.5
	3	66	6.2
	4 及以上	18	1.7
父母/公婆能否帮忙照顾孩子	基本不能帮忙照顾	277	26.2
	能够偶尔帮忙照顾	223	21.1
	能够帮忙照顾一定时间	297	28.1
	能够长期帮忙照顾	260	24.6

（三）育龄人口生育意愿影响因素模型分析

1. 研究方法

在调查问卷中选取问题“您打算生几个孩子?”来衡量生育意愿，将选项合并为二分类变量。由于选择打算生育 3 个及以上孩子的样本数仅为 84，占全部样本的 7.9%，样本量较少，使用模型分析生育意愿影响因素时误差较大，因而本文将二孩生育意愿作为实证模型的因变量。将打算生育子女数为 0 和 1 的赋值为 0，即无二孩生育意愿；打算生育子女数大于等于 2 的赋值为 1，即有二孩生育意愿。

本文使用二元 logistic 模型进行回归分析。模型设定如下：

$$\ln\left(\frac{p_i}{1-p_i}\right)=\beta_o+x_i\beta+\varepsilon$$

其中，p_i 为受访者 i 拥有二孩生育意愿的概率，x_i 为影响因素向量，β 为待估系数，ε为随机扰动项。

2. 基本回归结果与稳健性检验结果分析

模型回归结果见表 2。

表 2　生育意愿影响因素多元 logistic 回归分析结果

	二孩生育意愿(参照组：生育一个或不生育)	
自变量名称	偏回归系数值	OR 值
女性(参照组：男性)	−0.190	0.827
	(−1.25)	(−1.25)
年龄(参照组：20—24 岁)		
25—29	0.170	1.185
	(0.59)	(0.59)
30—34	0.715**	2.045**
	(2.19)	(2.19)
35—39	0.647*	1.91*
	(1.85)	(1.85)
40—44	0.671*	1.957*
	(1.81)	(1.81)
45—49	0.0696	1.072
	(0.18)	(0.18)
出生地农村(参照组：城市)	0.430***	1.538***
	(2.75)	(2.75)
山区(参照组：川区)	0.693***	1.999***
	(4.02)	(4.02)
民族(参照组：汉族)		
回族	0.525***	1.69***
	(3.12)	(3.12)
其他少数民族	0.215	1.24
	(0.35)	(0.35)
已婚(参照组：未婚)	0.434*	1.544*
	(1.78)	(1.78)
独生子女(参照组：非独生子女)	0.381**	1.464**

续表

自变量名称	二孩生育意愿(参照组:生育一个或不生育)	
	偏回归系数值	OR 值
	(1.96)	(1.96)
受教育程度	-0.260**	0.771**
	(-2.33)	(-2.33)
就业单位(参照组:学生)		
行政事业单位	0.360	1.434
	(1.08)	(1.08)
国企	-0.430	0.651
	(-1.16)	(-1.16)
集体、私营、外资合资企业	0.109	1.115
	(0.32)	(0.32)
务农/打零工	0.556	1.744
	(1.30)	(1.30)
个体/自由职业者	0.275	1.317
	(0.75)	(0.75)
无业/待业	0.336	1.399
	(0.86)	(0.86)
家庭年收入	0.174**	1.19**
	(2.49)	(2.49)
父母/公婆照料	0.182***	1.2***
	(2.70)	(2.70)
常数项	-1.725***	0.178***
	(-3.53)	(-3.53)
N	1057	1057
$Pseudo\ R^2$	0.1145	0.1145

注：*P<0.10，**P<0.05，***P<0.01；括号内数据为 t 统计量。受教育程度、家庭年收入、父母/公婆照料程度均为定序变量，且将其处理为分类变量与连续变量在回归结果上无显著差异，因此，本文在回归分析中将受教育程度、家庭年收入、父母公婆照料程度这三个变量当作连续变量来处理。

根据回归结果，通过观测 OR 值（优势比）及显著性可知，30—34 岁、35—39 岁、40—44 岁人口的生育意愿显著高于 20—24 岁人口，25—29 岁、45—49 岁人口的生育意愿与 20—24 岁人口的区别不显著。出生地为农村的人口生育意愿是出生地为城市的人的 1.54 倍。居住地为山区人口的生育意愿是川区人口的2倍。回族人口的生育意愿是汉族的1.69倍。已婚人口的生育意愿是未婚人口的1.54倍。独生子女的生育意愿是非独生子女的1.46倍。受教育程度越高，生育意愿越低。家庭收入越高，生育意愿越强。有长辈帮忙照顾孩子的人生育意愿是没有人帮忙照顾的1.2倍。性别、工作单位对生育意愿的影响不显著。

（四）不想生育二孩的原因分析

在选择打算不生育及只打算生育一个孩子的492人中，通过频数分析得到影响受访者“不想生育两个孩子”原因的具体选择情况如表2所示，一选、二选、三选代表所选三项的重要性排序，通过分别给一选、二选、三选赋分为3、2、1，最后计算各项的综合得分并进行排序。平均综合得分的计算方式为：∑频数×权重/本题填写人数。

表3 不想生育二孩的原因重要程度排序

	一选人数	二选人数	三选人数	平均综合得分	排序
年龄原因，过了最佳生育年纪	112	26	10	0.81	2
身体原因，自身或排偶配偶身体情况不允许	31	46	30	0.44	7
经济原因，抚养孩子成本高	197	106	85	1.80	1
事业原因，影响事业发展和工作	25	103	45	0.66	5
家庭原因，没时间照顾养育孩子	25	95	97	0.75	3
社会原因，生育政策和社会配套措施不完善	23	67	128	0.67	4
其他家庭成员不同意	3	13	17	0.11	8
未来规划不明确，尚未确定生育计划	48	25	63	0.52	6

由表3可知将经济原因作为第一重要性影响因素的人最多，占比40.04%，年龄原因次之，占比22.76%；将经济原因作为第二重要性影响因素的人也最多，占比21.54%，事业原因次之，占比20.94%；而将社会原因，即生育政策和社会配套措施不完善因素作为第三重要影响因素的人最多，占比26.01%，家庭原因次之，占比19.72%。从平均综合得分和排序来看，经济原因是最重要的影响因素，年龄原因次之。反映出生育、养育、教育成本偏高是影响二孩生育意愿的最重要因素。对于25—40岁的生育高峰期人口，儿童无人照料也是影响生育意愿的重要因素。如何平衡好工作与育儿之间的关系同样也是重要因素。

四、对提高宁夏人口生育意愿的建议

提高人口生育率并非易事。尽管越来越多的国家采取鼓励生育的措施来逆转生育率下降的趋势，但取得显著成效的寥寥无几。人口变动具有内在规律，即人口惯性。当低于更替水平的生育率维持较长时期，即使生育率恢复至2.1，人口还是会在很长一段时间内保持负增长，长期面临人口缩减、劳动力萎缩和老龄化问题。由于人口年龄结构影响人口总数还会继续增加一段时间，因而只有未雨绸缪，实施有效的生育支持政策，才能推动实现适度生育水平。

（一）树立现代“大人口观”理念

从宏观上讲，“大人口观”和全面的人口政策不仅关注眼前人口数量的控制，而且关注人口的质量的提高和结构的优化，认为最优的人口是在数量、质量和结构上求得平衡从而满足可持续发展要求的人口；就微观而言，“大人口观”和全面的人口政策不仅包括家庭成员规模的合理选择、生育健康的维护，而且也包括子女成长的规划设计、家庭成员的老年生活保障等，是一种综合的社会政策。要将人口政策的视角由以数量为核心拓展至包括人口规模、生育、年龄结构、健康与死亡、人口分布与迁徙等多个领域，构建符合可持续发展需要的总和人口政策体系。针对家庭生育决策的综合性和长期性，生育支持政策体系也应该是一个基于经济社会文化等多方面因素全覆盖、成长周期全覆盖、孩次全覆盖的整体性政策体系。

（二）重塑生育友好的社会支持环境

重塑社会婚育文化，关爱女性，加强青年婚恋观、家庭观教育引导，营造适龄婚育和生育友好的社会文化氛围，应成为配套措施的重要内容。加强对青少年婚恋观念的引导，提供婚恋机会及咨询等婚姻辅导，帮助适龄青年进入婚姻。加强流动人口、青少年等人群的生殖健康服务。在政策制定和资源分配过程中纳入生育视角，突出家庭友好的社会政策属性。增强对家庭类型和非婚生育的包容度，关爱特殊困难家庭、留守家庭和单亲家庭。在全社会形成适龄婚育的共识，巩固生育友好的社会文化基础。

（三）构建生育友好的就业环境

针对婴幼儿父母的社会陪伴时间，实施以带薪产假、丈夫陪产假、父母育儿假为主要内容的支持措施。针对育龄妇女生育的时间成本、机会成本问题，生育政策宽松化、产假延长等改革举措及配套支持措施的制定和实施，应具有社会性别平等视角，要扭转“育儿是女性专责”的意识，明确育儿分担机制，在利益相关者中合理分担生育的各类成本，平衡生育支持措施和女性就业之间的关系，以消除女性生育的后顾之忧。卫生健康部门可联合妇联、人力资源社会保障部门等单位，制定“家庭友好型”企业认证制度，每年推出一批“家庭友好型企业”。鼓励弹性工作制。建立女性生育保障和弹性工作制度，鼓励用人单位对于哺乳期及子女尚处于入托前的女职工实行弹性工作制，便于其平衡好工作与育儿之间的关系。完善生育保险制度，扩大覆盖范围，将灵活就业人员妇女纳入保险范围。创造良好的生育环境，切实解决妇女在怀孕、生产、入托、入学中遇到的困难，让妇女敢生、能生、想生。

（四）强化“现金+税收”补贴支持措施

根据莫迪利安尼生命周期消费理论，需要解决生育期人口的过低收入问题。重构“养儿防老”的传统养老模式，为生育二孩三孩或赡养父母的青壮年，设置更优惠的养老金缴纳标准，实施定向补贴，使其当下的经济条件更宽裕，也没有未来养老顾虑。实行激励生育的税收政策，依据子女数量构建全孩次的差异化的个人所得税扣除额。将辅助生殖检查、不孕不育治疗相关费用按比例纳入医保范畴，减轻生育能力不足家庭负担。目前，黑龙江、湖北、湖南、四川、甘肃等多个省份的多个地区已出台育儿现金补贴、购房补贴、购房贷款优惠等生育支持政策，宁夏也需适时研究制定出台相关政策，通过经济手段减轻育龄人口的经济顾虑和压力，提高生育意愿。

宁夏基层医疗人才队伍建设调查研究[1]

张宏彩

习近平总书记在党的二十大报告中指出："我们要实现好、维护好、发展好最广大人民根本利益，紧紧抓住人民最关心最直接最现实的利益问题，坚持尽力而为、量力而行，深入群众、深入基层，采取更多惠民生、暖民心举措，着力解决好人民群众急难愁盼问题，健全基本公共服务体系，提高公共服务水平，增强均衡性和可及性，扎实推进共同富裕。"深化推进基层医疗健康人才队伍建设是人民健康的基础，是扎实推进共同富裕战略的根本。近年来，宁夏持续深入推进医疗健康改革，推进分级诊疗、"互联网+医疗健康"示范区、集团医院、医联体等体制机制建设，努力缩小城乡医疗健康发展差距，改善基层人民群众就医环境，极大满足了广大基层群众医疗健康需求，进一步夯实基层共同富裕健康基础。

新时代新阶段，基层医疗健康发展质量对基层居民而言，是基层首诊质量，即县级医院、乡镇卫生院和村卫生室等基层医疗机构软硬件发展质量，是基层居民看病就医的第一站，是基层医疗健康服务的主阵地。基层医务人员作为基层医疗健康服务的主要提供者，是基层居民的全科医生，建设一支高素质、高水平的基层医疗队伍对实现"基层接得住，患者愿意

作者简介 张宏彩，宁夏社会科学院社会学法学研究所助理研究员。

①本文数据来源于国家统计官网、宁夏统计官网和宁夏回族自治区卫生健康委员会官网。

去”基层医疗健康服务体系意义重大，是基层人民群众实现共同富裕的重要支撑。

一、宁夏基层医生队伍基本情况

党的十八大以来，自治区党委、政府高度重视基层医疗健康事业发展，持续深化医疗健康体制改革，不断加大加强基层医疗健康事业投入，尤其是2018年宁夏获批全国首个“互联网+医疗健康”示范区建设，让宁夏基层医疗健康事业有了突破式发展。自治区党委和政府突出科技赋能基层，把基层医疗健康人才队伍建设与科技创新发展放在同样重要的位置，加强基层医疗健康人才培养、引进、使用等体制机制改革。通过“互联网+”、大数据、人工智能等信息技术赋能基层医疗健康服务，基层医疗健康服务基础设施和服务环境得到不断改善，医疗健康管理信息化高速发展，基层医疗健康人力、技术、设施发展的短板得到极大改善，尤其是基层医疗健康人才队伍建设趋向规范化、专业化高质量发展，基层“科技+服务+治理”医疗健康服务体系正在形成。

（一）基层医疗机构发展情况

截至2021年底，宁夏医疗机构共有4571个，比上一年减少3个（医院减少5个，基层医疗健康机构减少5个，专业公共卫生机构增加1个，其他卫生机构增加6个）。其中，医院有213个，基层医疗健康机构4242个，专业公共卫生机构95个，其他卫生机构21个。

2017年以来，宁夏基层医疗机构数量总体呈上升趋势（见表1、表2），社区和农村医疗机构在资源配置上，基本实现了一村一卫生室和一社区一卫生服务中心（站），极大地便利了基层人民群众就医服务需求。

表1　2017—2022年宁夏医疗卫生机构数量

单位：个

机构名称	2021年	2020年	2019年	2018年	2017年
医院	213	218	217	231	209
基层医疗卫生机构	4242	4247	4077	4121	3966
专业公共卫生机构	95	94	90	89	87

数据来源：宁夏统计官网和宁夏卫生健康委员会官网。

表 2　2017—2021 年宁夏基层医疗机构数量

单位：个

机构名称	2021 年	2020 年	2019 年	2018 年	2017 年
乡镇卫生院数	205	205	205	217	220
社区卫生服务中心(站)数(个)	239	231	222	184	166
村卫生室数	2159	2172	2173	2300	2301

数据来源：宁夏卫生健康委员会官网。

2017 年以来，宁夏各级医疗机构实有床位呈上升趋势（见表 3）。2021 年，宁夏全区医疗卫生机构实有床位 35703 张，比 2017 年增长 2.53%，其中，基层医疗卫生机构 3884 张，社区卫生服务机构实有床位 455 张，乡镇卫生院实有床位 3394 张。社区卫生服务机构总诊疗人次为 445.96 万人次，比上一年增加 47.03 万人次，病床的使用率为 8.31%。乡镇卫生院总诊疗人次为 597.76 万人次，比上一年减少 13.62 万人，病床使用率为 30.14%。

表 3　2017—2022 年宁夏医疗机构实有床位数量

单位：张

机构名称	2021 年	2020 年	2019 年	2018 年	2017 年
医院	35703	35565	35324	35698	34822
基层医疗卫生机构	3884	4094	4002	3955	3686
专业公共卫生机构	1604	1602	1454	1252	1212

数据来源：宁夏卫生健康委员会官网。

（二）基层医疗机构卫生人才队伍发展情况

截至 2021 年底，宁夏全区共有卫生人员总数为 7.31 万人，比 2020 年增加 0.11 万人，增长 1.57%。全区乡镇卫生院共有 205 个，机构人员总数为 6452 人，其中，卫生技术人员 5762 人（包括执业医师 2449 人，注册护士 1621 人）；全区社区卫生服务机构共有 239 个，机构人员总数为 3344 人，其中，卫生技术人员 3060 人（包括执业医师 931 人，注册护士 1488 人）；全区村卫生室共有 2159 个，乡村医生 3040 人。

2021 年，宁夏全区医疗卫生机构日均负担诊疗为 7.1 人次，日均负担住院 1.2 床日。其中，社区卫生服务机构医师日均负担诊疗 17.1 人次，比上一年度低 1.3 人次，日均负担住院 0.1 床日，与上一年度相同；乡镇卫生院医师日均负担诊疗 9.8 人次，日均负担 0.4 床日，这两组数据与 2020 年度相同，没有变化。2017 年以来，宁夏医疗卫生技术人员规模不断扩大，呈逐年上升趋势（见表 4）。2021 年，我国每千人口执业医师 3.04 人，每千人口注册护士 3.56 人；每万人口全科医生数为 3.08 人，每万人口专业公共卫生机构人员 6.79 人。① 宁夏每千人口执业医师 3.1 人，每千人口注册护士 3.8 人，每万人口全科医生 1.76 人。可见，与国家整体医疗健康人力资源配比率相比较，宁夏拥有较富足的医疗健康人力资源，农村每千人口执业医师略低于国家平均水平。

表 4　2017—2021 年宁夏每万人拥有卫生技术人员数

指标	2021 年	2020 年	2019 年	2018 年	2017 年
每万人拥有卫生技术人员数(人)	84	81	80	77	73
每万人拥有城市卫生技术人员数(人)	117	113	111	111	106
每万人拥有农村卫生技术人员数(人)	60	58	52	49	46
每万人拥有执业(助理)医师数(人)	31	31	30	28	27
每万人拥有城市执业(助理)医师数(人)	44	42	41	40	38
每万人拥有农村执业(助理)医师数(人)	24	23	20	18	17
每万人拥有注册护士数(人)	38	36	35	34	32
每万人拥有城市注册护士数(人)	56	53	52	52	49
每万人拥有农村注册护士数(人)	23	23	20	19	17

数据来源：国家统计官网、宁夏卫生健康委员会官网。

（三）基层医疗机构业务用房和诊疗设备发展情况

根据国家乡镇卫生院建设标准要求，截至 2022 年 7 月，宁夏全区乡镇卫生院业务用房建设、基本诊疗设配配置率均实现 100%，彩超、数字影像、生化检验等诊疗设备基本实现全覆盖。截至 2021 年底，全区共有 68 个乡镇卫生院达到国家服务能力建设基本标准，有 17 个乡镇卫生院达到推荐标准，标准化建设率达 41.46%。全区社区卫生服务机构业务用房建设、设备配置达标率分别为 91.55%、96.3%，有 12 个社区卫生服务机构达到国家服务能力建设基本标准，5 个社区卫生服务机构达到推荐标准，标准化建设率达 7.11%。全区村卫生室业务用房、基本诊疗设备配置达标率均

①国家卫生健康委员会.2021 年我国卫生健康事业发展统计公报[R].（2022-07-12）[2022-10-25]http://www.gov.cn/xinwen/2022-07/12/content_5700670.htm.

实现了100%，村卫生室均配备了全科诊断仪。

目前，宁夏远程医疗服务体系基本能辐射到乡镇卫生院，能够实现影像、超声、心电等远程诊断和互认，乡镇卫生院和村卫生室能够通过人工智能辅助诊疗系实现对66种疾病诊断。截至2021年底，全区投放了26台云巡诊车和580个云巡诊包，搭载了血压、心电、彩超、大生化、五分类血球、尿液分析仪等检查检验设备，能够提供B超、心电等七大项五十三小项基本检查检验。

二、宁夏基层医疗人才队伍建设存在的问题

2021年2月，中共中央办公厅、国务院办公厅印发的《关于加快推进乡村人才振兴的意见》明确指出，按照服务人口1‰左右的比例，以县为单位调整乡镇卫生院人员编制总量，乡镇卫生院至少配置1名公共卫生员，“按照服务人口，以县为单位每5年动态调整乡镇卫生院人员编制总量，允许编制在县域内统筹使用，用好用足空余编制。”实践中，宁夏基层医疗健康人才队伍还存在总量不足、结构不合理、服务能力欠缺等诸多问题，这些问题严重影响和制约了宁夏基层卫生健康事业发展。

（一）基层医师总量不足，医务人员配置不均衡

宁夏医师数量过度集中在大城市三甲医院，城乡基层特别是农村和偏远山区医师数量十分有限。2021年，宁夏每千人口医师数为3.1人，其中，城市每千人口医师数为4.4人，农村每千人口医师数为2.4人，城乡比为1.8:1。基层康复、儿科、急诊、精神科等专业的医师更为稀缺，存在学科人才结构残缺不齐、长期无法弥合的困局。尤其是2020年新型冠状病毒疫情暴发，基层公共卫生人员数量不足矛盾更为突出，全区公共卫生人才队伍薄弱问题在疫情防控中尤为凸显。

从人员分布来看，截至2021年底，宁夏全区共有卫生人员7.2万人（不含私人诊所），其中，4.5万人分布在县级以上医院，占总数的62.5%；2.37万人分布在乡镇卫生院和社区卫生服务中心（站），占总数的32.9%；0.33万人分布在基层卫生室，占总数的4.58%。另外，诸如信息管理等技能人员1.02万人，基层医疗机构人数非常少。从服务人群看，2021年，各

级医院总诊疗人次为1972.53万人次，占49.69%，基层医疗机构诊疗1800.08万人次，乡镇（社区）医疗机构直接服务对象和人员数量相比，显然是不足的。从在岗人员情况看，近年来，宁夏基层治理、乡村振兴、上级行业主管部门单位等基层卫生人员抽调借用问题非常突出，导致基层卫生人员在岗数量短缺问题严重，乡村医生一年大部分不在岗现象常见。因此，由于基层卫生人员不足，导致基层医疗健康服务供需矛盾日益突出，基层医疗健康“守门人”功能不断弱化。

（二）基层医务人员结构不合理，人才培养瓶颈多

基层医务人员专业结构不合理主要有以下表现：一是基层信息化人才缺口非常大。根据2021年国家区域卫生信息化调查信息显示，宁夏区、市、县三级医疗机构信息化技术人员中计算机及信息技术专业人数占比不到50%，乡镇（社区）卫生院（中心/站）计算机信息技术专业人才更为紧缺，多数为临时聘用人员。二是基层老少科室医务人员紧缺。目前宁夏乡村主要是老年人、儿童、妇女等群体，对老年科、妇产科、儿科等医疗健康服务需求大幅增加，然而，针对这些群体的医务人员、全科医生严重不足，无法满足群众的医疗服务需求。三是高素质人才留不住问题严重。医护人员职业发展除了学历教育基础外，需要长时间的实践锻炼，由于基层工资待遇低、工作环境差等原因，宁夏基层卫生机构医生等专业技术人员流动性非常大，人才队伍不稳定，高学历、高层次专业技术人员在基层医疗健康机构非常少见。

基层医务人员业务培训不够科学规范。一是人才培养机制不健全。宁夏基层医务人员业务提升培训多为区内培训，未建立起科学、系统、规范的乡镇（社区）和基层医务人员培训机制，无相关培训、学习的福利待遇、补助、奖励等激励和保障政策。二是人才培养模式单一。宁夏仅有1所医学院校——宁夏医科大学，覆盖了从中专到博士的所有学历层次。对于基层医疗机构卫生人员而言，全科医生培养仅适用于乡村医生，乡镇卫生院和社区医疗机构人员只有转岗和定向培养两种渠道，这两种培养方式存在人员培养数量少、对接渠道窄、接受机构限制等诸多制约因素。三是培训内容与工作实际差距大。医学院校全科医生培养也存在“重应试，轻实践”

等问题，突出乡村医生应试达标率，缺少实践操作培养。且培训内容存在不接地气、指导性不高、针对性不强等问题，与广大基层医务人员期望差距较大。四是信息化培训不足。近年来，国家对基层卫生专业技术人员取消了计算机等条件限制，而随着信息化技术与医疗健康服务融合的不断加深，基层医疗机构卫生员面临信息化能力和业务提升双重压力，其专业技术能力提升面临渠道窄、供需不平衡，不能满足医疗人员专业技术提升需求。

（三）基层医疗服务诉求多样化与服务主体供给矛盾突出

随着经济社会发展、人民生活水平提高和医疗保障制度逐步完善，人民群众的健康需求不断释放，并呈现多样化、差异化特点，引起基层医疗机构的负担则越来越重，基层医疗健康服务质量和能力提升显得尤为重要。同时，宁夏乡村人口基数庞大，乡村老龄人口越来越多，其健康保障问题日趋严峻，对乡村卫生室和乡村医生带来巨大挑战。但是，目前宁夏覆盖生命全周期、健康全过程的医疗健康服务机制尚未完全建立，面对日常健康需求、生育质量提升、老龄化健康保障等种种压力，在超负荷、任务重的情况下，基层医疗健康服务根本无法满足个性化、多样化服务需求，未来宁夏基层医疗服务供需矛盾将越来越严重。实践中，宁夏基层医疗机构医务人员供给主要存在以下问题：

一是工作负担日益繁重。分级诊疗制度实施以来，基层医务人员几乎为基层老、中、少、幼所有群体提供医疗健康服务，尤其是村卫生员需要服务一个建制村（包括 5~8 个自然村）十几里范围数千人，且多数基层医务人员面临交通、住房、餐饮、安全等问题，经常早出晚归，既增加个人经济负担又影响正常工作。二是基层日常行政事务工作负担繁重。随着医疗体制改革、分级诊疗制度的实施，居民基本医疗和公共卫生服务工作不断下沉，基层医疗健康机构服务人群、范围、内容等工作任务不断加重，加上应对名目繁多的行政事务，无形中增加了医务人员的工作量。三是基层医务人员一岗多责问题较为严重。例如乡镇（社区）卫生院（中心/站）负责人几乎均由卫生专技人员担任，他们既要履行医务人员工作职责，又要履行行政管理职责。多数专科医生兼任全科医生职责，工作压力大、任务重，长此下去难免产生职业倦怠情绪。此外，基层医务人员被借用、抽借等现象普遍，各级各类行政机构、医疗机构任意到基层卫生机构抽调人员现象常见。

（四）基层医疗卫生人员权益保障机制不健全

虽然《中华人民共和国医师法》对医师的权利和义务都做出较为具体的规定，但是在实践中，基层医疗卫生人员权利往往难以实现，例如，医务人员的休息休假、劳动安全保护、薪酬待遇与福利等保障，需要地方完善的政策体系来保障和推进实现。2018 年，自治区政府办公厅印发《关于改革完善全科医生培养与使用激励机制实施方案的通知》（宁政办发〔2018〕65 号），主要是针对基层全科医生培养、工资待遇和职称评审机制建设，缺乏针对基层医务人员工作绩效转化、执业风险保障、成长周期和知识更新培养等保障举措。此外，随着医疗、医药、医保改革不断深化，基层医疗机构医务人员工作环境、服务方式和内容等都发生了很大变化，对基层医务队伍结构和质量提出新的要求，但是涉及基层医疗卫生人员权益保障制度体系仍不健全，难免影响医疗人员的工作积极性和队伍稳定性。

一是基层医务人员职称晋升体制不够科学合理。宁夏基层医务人员卫生专业技术评审标准没有充分考虑到基层医务人员对常见病、多发病的诊疗、护理、康复以及公共卫生服务等日常业务工作，与医务人员工作实际联系不够紧密，存在职称评审与实际业务工作“两张皮”现象。基层人才发展空间有限、向上流动机会较少。实践中，基层中级职称专业技术人员扎堆问题非常突出，个人职称晋升受编制管控、制度限制等因素影响，医务人员业务能力提升空间较小，造成多数医务人员业务自我提升积极性不高。

二是工作环境较差。首先，办公条件较差。当前，宁夏多数乡镇卫生院沿用 20 世纪 90 年代房屋，大部分房屋很难满足现代医疗发展需求，有些房屋存在安全隐患，严重影响日常业务开展。其次，基层医疗设备现代化程度较低。近年来，自治区对基层医疗健康投入逐年增加，完成基层医疗机构的标准化建设，分批改造基层卫生机构的办公场所和医疗设施设备问题，但是一些基层医疗机构仍然存在基础设施不完善、设备陈旧老化问题，距离国家规定标准仍有差距。

三是工资薪酬较低，社会保障层次低。首先，基层医务人员工资收入低。与市级、县级医院相比，基层医务人员总体收入偏低，业绩考核等绩效奖励机制不健全，个人待遇上平均主义现象普遍，未能体现多劳多得、按劳分配原则，医务人员工作不能安心基层工作，工作积极性不高。其次，养老等保障性收入偏低。受基层财政水平影响，基层医务人员工资收入较低，相应的财政缴纳各类保险金基数相对较低，尤其是基层医生养老保障性问题更为突出，是影响基层医疗健康人才队伍稳定性关键因素之一。最后，住房和交通问题解决难。乡镇（社区）卫生院医务人员，尤其是基层医生，考虑子女教育等因素，县城购房或市里购房现象普遍，致使多数基层医务人员长期与家人分居或县城乡镇（基层）长途奔波现象普遍。

三、对宁夏基层医疗机构人才队伍建设的思考建议

党的二十大报告指出："必须坚持科技是第一生产力、人才是第一资源、创新是第一动力，深入实施科教兴国战略、人才强国战略、创新驱动发展战略，开辟发展新领域新赛道，不断塑造发展新动能新优势。"习近平总书记在中央人才工作会议上强调，坚持全方位培养用好人才，坚持营造识才爱才敬才用才的环境。新时代新发展阶段，宁夏应以国家健康中国战略和乡村振兴战略目标实现为抓手，深化推进自治区共同富裕战略和创新驱动发展战略，结合宁夏基层医疗健康事业和医务人才发展实际，健全和完善相应制度体系，优化环境，全力推动宁夏基层医疗人才队伍高质量发展，为广大基层人民群众实现共同富裕目标提供健康保障。

（一）加强统筹规划，提高政策制度保障力

一是确保国家相关政策落地落实落细。贯彻落实好《关于允许医学专业高校毕业生免试申请基层医生执业注册的意见》（国卫基层发〔2020〕11号）、《关于加强基层医疗健康机构绩效考核的指导意见（试行）》（国卫办基层发〔2020〕9号）等文件精神，依据"三医"改革和分级诊疗制度等文件要求，扩大基层医疗队伍配给，优化基层卫生人才队伍结构，创新基层卫生人才培养和发展路径，提升基层医疗健康服务能力。二是因地制宜做好制度完善和创新。结合宁夏基层发展实际，制定更有效率、操作

性强的基层卫生人才队伍建设制度体系，尤其是制定符合基层卫生人才职业发展的绩效考核、奖励、待遇、职称晋升等制度，确保基层医疗健康人才在基层干得好、留得住。三是建立科学合理的中长期基层卫生人才发展规划。明确宁夏未来五年或十年基层医疗健康服务体系和服务能力现代化发展目标，明确基层医疗健康人才梯队结构、人员数量设置等建设目标指数，确立具体明晰的基层医疗人才队伍培养—培训—考核—晋升职业发展目标和规划，夯实基层医疗健康人才基础。

（二）强化资源统筹，健全和完善基层医疗人才引进和培养机制

一是建立基层医疗健康人才引进倾斜政策体系。放宽、做优人才引进条件和标准，充实基层医疗健康人才队伍，同时，实施本地基层户籍医疗健康人才定向订单培养培训等方式，解决人才“留不住”的问题。二是优化培养方式和途径。构建医学院校教育+继续教育、医院定向培养+培训、职业继续教育+技能考核等多途径人才培养体系，提升基层医务人员服务能力和水平。三是突出培养的实用性。结合基层基本医疗服务需求，注重对常见病、老年病、多发病以及全科医生培养，提高基层医务人员服务实用性。

（三）深化人事改革，构建科学合理薪酬体制

一是建立人事控编动态调整机制。以辖区服务人口数量、工作量等变量为参考，深入研究基层医疗人员机构编制配备问题，科学核定和设置基层医疗机构编制与岗位，解决人才供给不足问题。二是加强基层医务人员职称评聘机制改革。以服务质量、数量和对象满意度为考评核心，拓宽基层医务人员职称评审考核路径。三是推进基层医务人员薪酬待遇统一化管理，深化同工同酬、基层医生划入乡镇卫生系统等改革举措，解决临时工、合同工、基层医生等人员待遇低、社会保险保障水平低问题，化解基层医务人员养老保障后顾之忧，提高基层医务人员职业认同感。

（四）加强基础设施建设，优化基层医务人员工作环境

一是加大基层医疗健康投入力度。加大基层医疗机构业务用房、硬件设施配置的投入，改善基层诊疗环境，优化设施设备配置升级，提高基层医疗机构标准化建设水平。二是加强基层信息化建设投入。加快补齐基层医疗信息化短板，提高基层医疗健康机构信息化建设水平，推动基层医疗健康服务科技融合度和利用率。三是切实落实中央基层减负要求，减少基层医疗机构填报各类报表负担，让基层医务人员集中精力提升业务能力。

（五）突出科技赋能，提高基层医务人员诊疗水平

根据中央和自治区“互联网+医疗健康”发展相关要求，深化推进宁夏“互联网+”、大数据、人工智能、5G 等信息技术与基层医疗健康的深入融合应用，提升基层医疗健康服务水平，提高基层人民群众获得优质医疗服务资源的幸福感。一是加强基层医疗机构信息联通建设。通过标准化建设，保障国家、自治区、市优质医疗服务资源通过远程医疗、教育等系统下沉到基层，提高业务协同效率、资源共享联通便利度。二是深化推进“医联体”“集团医院”帮扶共建，构建自治区、市、县、乡镇卫生机构的远程诊疗、教学服务体系，提升基层医疗服务水平。三是加大基层人工智能辅助诊疗系统基层覆盖率，充分发挥人工智能辅助诊疗系统知识库、AI 库、数据库等专业化、标准化、科技化优势，化解基层医疗机构人才结构不合理、人员供给不足、服务技能和水平低等问题。

关于宁夏老龄人才开发和使用现状及对策研究

何银玲　张修身　李　欣　张　栋

党的二十大报告在部署中国式现代化建设这项中心任务时指出"实施科教兴国战略，强化现代化建设人才支撑"，并指出要"深化人才发展体制机制改革，真心爱才、悉心育才、倾心引才、精心用才，求贤若渴，不拘一格，把各方面优秀人才聚集到党和人民事业中来"。这是以习近平同志为核心的党中央立足于新时代新征程中国共产党的使命任务，着眼于全面建设社会主义现代化国家的奋斗目标，在人才工作方面提出的重要论述。在人口老龄化不断加深的背景下，做好老龄人才资源的开发使用，对宁夏推动全面建设社会主义现代化任务的完成有着积极意义。

一、当前宁夏人口老龄化现状和特点

根据宁夏回族自治区第七次全国人口普查公报人口年龄构成情况：全区常住人口中，0—14 岁人口为 1468004 人，占 20.38%；15—59 岁人口为 4760508 人，占 66.09%；60 岁及以上人口为 974142 人，占 13.53%，其中 65 岁及以上人口为 692824 人，占 9.62%。与 2010 年第六次全国人口普查

作者简介　何银玲，中共宁夏区委党校哲学部原主任、教授；张修身，宁夏回族自治区党委老干部局组宣处处长；李欣，宁夏回族自治区党委老干部局组宣处副处长；张栋，宁夏回族自治区党委老干部局人事处主任科员。

相比，0—14 岁人口的比重降低 1.10 个百分点，15—59 岁人口的比重降低 2.85 个百分点，60 岁及以上人口的比重上升 3.95 个百分点，65 岁及以上人口的比重上升 3.21 个百分点。数据表明，宁夏同全国一样生育率下降叠加平均预期寿命的延长，必然导致人口老龄化程度进一步加深，并表现出老年人口规模日益庞大、老龄化进程明显加快，老龄化水平城乡差异明显、低龄老年人口占老年人口比重过半等特点。

整体来看，人口老龄化是我国社会发展的总趋势，也是今后较长一段时期的基本国情，这给我国经济社会发展带来巨大挑战和冲击，但也蕴藏着宝贵的发展机遇和希望。面对超大规模的老年人口以及快速老龄化社会，如何做到科学应变、化危为机、危中寻机，如何努力转化老龄风险为“长寿红利”，我国党和政府应势而为将其上升至国家战略高度，制定了《国家积极应对人口老龄化中长期规划》（以下简称《规划》）。其中，将开发老龄人才，实现“老有所用”和“老有所为”作为缓解老龄化压力的一条路径，具有重要意义。老龄人才资源开发与利用是指对老年人才资源进行再培训、再使用以及合理配置和优化使用环境，从而使他们的潜能得以充分发挥，创造性得以充分展示的过程，其目的是合理有效地使用老龄人才，充分发挥老龄人才的作用，推动我国现代化建设和人口与社会协调发展。

在自治区党委老干部局针对 2000 名离退休老干部和老专家进行的问卷调查中，对于“您觉得离退休干部可否对社会做二次贡献？”的问题，有 68.7%的受访者回答“可以”。数据说明，退休老年群体确实是一支可再开发、再利用的人才资源，为他们发挥余热搭建平台、创造条件，就可能发挥出更大能量，创造更大价值。2021 年 11 月 25 日出台的《中共中央 国务院关于加强新时代老龄工作的意见》（以下简称《意见》）指出：“促进老年人社会参与。”“鼓励老年人继续发挥作用。把老有所为同老有所养结合起来，完善就业、志愿服务、社区治理等政策措施，充分发挥低龄老年人作用。在学校、医院等单位和社区家政服务、公共场所服务管理等行业，探索适合老年人灵活就业的模式。鼓励各地建立老年人才信息库，为有劳动意愿的老年人提供职业介绍、职业技能培训和创新创业指导服务。”[①]这些政策精神为我们开发和使用老龄人才指明了方向、提出了要求。

二、开发老龄人才实现“老有所用”的重要意义

（一）开发老龄人才有益于为我国全面建设社会主义现代化国家提供更加雄厚的人才资源支撑

党的二十大报告指出，“教育、科技、人才是全面建设社会主义现代化国家的基础性、战略性支撑。必须坚持科技是第一生产力、人才是第一资源、创新是第一动力”，“深入实施人才强国战略”，“把各方面优秀人才集聚到党和人民事业中来”，老龄人才队伍是我们国家人才队伍的重要组成部分。实践证明这支队伍不但是一支素质很高的“生力军’，而且是一支投入成本低、回报率高，稍事开发即可利用的宝贵财富和智力资源。对于宁夏这样一个经济欠发达省区，应当更好地珍惜和挖掘人才，在加大培养和吸引优秀中青年人才，做大人才增量的同时，也应该广开思路，在用好人才存量上多下功夫，充分利用日益增多的老龄人才的智力潜能，为促进宁夏黄河流域高质量发展先行区建设做出贡献。

（二）开发老龄人才资源可以缓解宁夏人才资源短缺问题

由于区位条件、经济发展水平、教育发展程度等各种原因，宁夏对人才培养、吸引和使用的有利条件比较欠缺，导致人才流失的因素更多；经济社会发展对人才资源的需求与人才资源供给的矛盾十分突出的，人才资源的匮乏更是长期制约宁夏经济社会发展的突出问题。据调查，在宁夏有些单位，特别是一些高等院校的人才（师资）队伍在一些资深专家相继退休之后，出现后继乏人，正常的教学、科研工作都受到影响，有些科研项目甚至难以为继。因此，在人才相对短缺的情况下，正确地认识老龄人才的价值，大力开发老龄人才资源，充分发挥老龄人才的作用，不仅能够最大限度地实现老年人才的期望，而且在老龄人才为社会做出贡献的同时，缓解宁夏整体人才短缺的状况，直接满足社会各方面对紧缺人才的需求。

①中共中央、国务院关于加强新时代老龄工作的意见[N].人民日报,2021-11-25.

现实中，有许多行业对老龄人才的需求量很大。诸如老审计师、评估师、会计师、教授、医生、编辑等最受欢迎，可谓越老越值钱；在建筑行业中，质量管理、土建质检、注册造价工程师等也对老同志特别青睐；在保健品销售、保险业务等营销行业中，也很喜欢社会关系广泛、社会经验丰富和与人沟通能力强的老龄人才参加。在许多方面老龄人才能发挥一般中青年人才难以发挥的作用。因此，在国家全面推行延迟退休的政策背景下，启动和加强老龄人才开发，将他们的经验优势和智力优势转化，以此提升全社会人才资源利用率，不仅可以解决当前高素质人才紧缺的问题，而且可以实现科研项目上的连续性、科技远景目标上的开拓性以及新老交替的互补性，对行业的承前启后、人才梯队衔接具有重要意义。

（三）充分发挥老龄人才的优势和潜能，更好地实现老年人的价值

老龄人才作为知识资本的“潜在载体”具有明显的优势。一是知识的科技含量较高。他们知识基础扎实，而且其所掌握的知识大多经过实践检验，实用性较强。二是成本相对较低。一方面，相比于年轻人而言，老年人在长时间的工作和学习之后具有扎实的专业知识基础，积累了丰富的经验和娴熟的操作技能，往往不需要投入大量的时间和成本进行培训或学习即可参与各种研发和创意工作。对于知识的更新，他们是“不用扬鞭自奋蹄”，会根据工作需要，通过自学补充新知识。另一方面，他们本身已有养老金，支付给他们的报酬只要略高于一般体力劳动者就满足了，一般不会为了待遇斤斤计较。三是老龄人才一般事业心较强，工作态度端正，对自己要求严格，很少会主动“跳槽”。他们参与社会发展的愿望十分强烈，其目的，不只是为了增加经济收入，更重要的是满足精神和心理的需求，他们希望将自己几十年积累的知识、经验、技能等继续贡献出来，更好实现自己的人生价值。

三、当前宁夏老龄人才资源开发使用面临的问题

在自治区党委老干部局抽样调查中，对于“您认为制约离退休干部人才队伍建设的主要因素是什么?”的问题，受访者选择排位第一的是“思想观念”（55.25%），第二是“政策支持”（47.34%），第二是“社会环境”（41.75%），第三是“管理服务”（38.23%），第四是“体制机制”（31.51%）。

《中共中央、国务院关于加强新时代老龄工作的意见》指出，要“全面清理阻碍老年人继续发挥作用的不合理规定”，深入探讨其中的问题及原因，才能提出解决这些问题的思路和对策。

（一）老龄人才资源利用缺乏有效的制度和法律保障

老年人再就业是老龄人才资源利用的最主要渠道，但我国尚未建立起完善的老年人再就业体系，也缺乏专门为老年人再就业提供服务的社会机构和老年人才交流平台。多数老同志只是在本系统内、小范围零星发挥一些作用，在就业市场上及各行业中，老年人再就业过程中面临的年龄歧视、岗位歧视等不平等现象较为严重，老年人的合法劳动权利还得不到有效保障。

（二）对于老龄人才资源的开发社会关注度不高

在我国社会中，受传统思想影响，觉得老年人再就业、再创业是“瞎折腾”“不安分”，退休了就应该颐养天年，不要再跟年轻人抢机会。老年再就业培训和指导环节基本缺失，许多老年人退休后不但缺乏必要的生活和心理指导，也缺乏重回工作岗位的激情和动力。

（三）企事业单位对老龄人才资源的重视度不够

现实中，许多企业把退休人员看作是“包袱”，大量高级知识分子、技术人员退出工作岗位后，企事业单位更多的是考虑吸收年轻人员进行补充。而年轻人由于缺乏有经验、有技术的资深老龄人才引导和传承，给企事业生产和工作造成了不必要的损失；有些企事业单位领导对利用再就业的老年技术人员、返聘的管理人员有忌讳，觉得不好管理，拒不执行人社部门制定的高层次人才延退或返聘制度；有的单位甚至采用边缘化等手段催促老年专家和技术人员尽早退休，以便腾出专技岗位，给年轻人员晋升职称，人为阻碍了老龄人才资源的使用，以至于造成部分科研项目难以接续和延伸，更难以攀登科技高峰。

（四）就业市场对老龄人才的需求度较低

人们的普遍看法就是老年人就应早点退休给年轻人腾岗位，也有的人担心使用老年人才会影响甚至冲击年轻人的就业机会，就业市场普遍存在对老年人的年龄歧视。不分层次和个体差异“一刀切”的退休政策，甚至将一大批国家培养多年、仍然年富力强的高层次人才“打发”回家，闲置起来，从此失去科研或工作的条件和平台，人为地缩短了高层次人才的职业年限和科研时间，造成人才资源的极大浪费。

（五）老年教育发展的规模和质量难以承担培养老龄人才的任务

当前，宁夏已建成自治区级老年大学1所，五市及22个县（区）开办老年大学28所，高校、社区也开办了老年大学分校。大部分老年大学具有固定办学场所，硬件设施基本齐全，文化活动开展相对较好。全区老年人参与学习的积极性、主动性和需求明显提高，老年大学已经成为提高老年人生命质量的精神乐园和老年人共享经济社会发展成果的重要载体。在自治区党委老干部局的问卷调查中，对于“您退休后，大部分时间用于做哪些事情？”的问题，选择“进入老年大学再学习”的受访者排位第一，为82.05%，可见多数退休老年人愿意接受继续教育。

但是，宁夏老年教育的水平还难以承担老龄人才开发培训的任务。一是受组织机构、人员编制、活动经费以及师资教学等因素影响，宁夏大部分市县（区）老年大学建设发展很滞后，办学层次较低，教学人员多为临时聘用缺乏针对老年教育培训的专业教师。二是老年教育资源供需矛盾突出。三是老年教育“重乐轻教”问题较为突出。受传统“老而无为”观念的影响，老年大学的教学内容多为文化娱乐性科目和课程，而应用型专业知识和实用性技能类的课程，突出老有所乐，而忽视老有所为和老有所用。因此，目前老年教育亟待转型，向着真正实现终身教育的目标发展提升。

四、加强宁夏老龄人才开发使用的建议

在宁夏老干部局的问卷调查中，对于“您认为应该从哪些方面加强离退休干部人才队伍建设？”的问题，受访者回答“建立健全离退休干部人才管理的长效机制”的排位第一，占66.1%；回答“加大为离退休干部人才服务的力度”的排第二，占60.9%；回答“加大教育培训力度”的排第三，占49.5%；回答“加大经费投入力度”排第四，占44.8%。大力开发老龄人才资源，需要各级党委、政府完善政策，强化措施，保障老年人社会参与的权利。

（一）转变思想观念，重新认识老龄人才价值

当前，充分认识开发和使用老龄人才既是应对人口老龄化的严峻挑战，妥善解决老龄化问题的有效途径，也是全面建设社会主义现代化人才强国的重要举措。充分发挥老龄人才作用，深入挖掘和发挥他们的价值，正如习近平总书记所指出的："对老龄社会要有三个积极看待：积极看待老龄社会，积极看待老年人，积极看待老年生活。"开发使用老龄人才不但可以壮大人才队伍，还可以缓解人口老龄化带来的社会问题，使离退休的老年人才从单纯的消费者转变为积极的社会财富创造者，减轻社会的养老负担。

（二）实施积极扶持政策，逐步健全制度保障

最新修订的《老年人权益保障法》指出，根据社会需要和可能，鼓励老年人在自愿和量力的情况下，依法从事经营和生产活动，参加志愿服务、兴办社会公益事业等。法律赋予了老年人参与社会发展的权利，要使这一法律得到贯彻执行，还需要各级政府主管人才开发部门将老龄人才作为整个人才资源的一个重要组成部分，尽快制定配套政策和措施，使老有所为、老有所用真正落实到制度机制上，得到法律制度保障。

（三）组建老龄人才协会，搭建推介使用平台

近年来，宁夏先后成立了老科协、老龄人才资源开发协会等组织，但目前老龄人才的开发仍然处于半自发状态，缺乏组织性和系统性。按照中央《意见》指出的："鼓励各地建立老年人才信息库，为有劳动意愿的老年人提供职业介绍、职业技能培训和创新创业指导服务以及维权服务。"为此，宁夏老龄工作部门也要建立老龄人才资源开发协会，将全区符合条件的老龄人才，例如具有中级、高级技术职称的专业技术人员以及具有技师职称和享受高级技术工人待遇（企业达到原来企业七至八级）的技术工人，发展为老龄人才资源开发协会的会员，为老龄人才开发提供"用武之地"。老龄人才资源开发协会要搭建推介平台，一手拉住庞大的老年人才队伍，一手拉住众多的需要人才的企事业单位，进行市场组接，发挥老龄人才作用，解决企业迫切需要人才的难题。宁夏也应尽快建立本地老龄人才网，为全区经济社会发展提供老龄人才智力支持和技术指导。

（四）根据老年人能力意愿，分类开发使用老龄人才资源

对于普通老龄人才资源以“老有所乐”为基础进行开发，在充分尊重老人个人兴趣爱好和意愿的前提下，通过所在社区，组织他们参与到基层治理、志愿服务和精神文明建设活动中来。对于拥有特殊技能的老龄人才资源提供实现“老有所用”的条件。政府有关部门及企事业单位，在征求个人意愿的前提下，鼓励单位延后其退休时间，或者进行退休后的返聘使用，为其提供事业继续发展的平台和空间，做好单位人才梯队建设和“帮、传、带”工作。

（五）积极发展老年教育事业，提升老龄人才培训质量

随着老龄化社会的到来，老年人对于文化知识和科技知识学习的需求将进一步加大，发展老年教育事业的形势和任务更加紧迫。中央《意见》也做出了部署：“扩大老年教育资源供给。将老年教育纳入终身教育体系，教育部门牵头研究制定老年教育发展政策举措，采取促进有条件的学校开展老年教育、支持社会力量举办老年大学（学校）等办法，推动扩大老年教育资源供给。鼓励有条件的高校、职业院校开设老年教育相关专业和课程，加强学科专业建设与人才培养。”通过发展老年教育，帮助老年人更新观念，学习掌握新知识和新技能，增长才艺，提高素质，促进健康，增添活力，跟上社会的发展进步。在已开办的宁夏老年大学教育中，在注重老有所乐的基础上，应逐步向注重实用性老年人才培养和知识更新方向转型，使老年教育更好地助力老有所为和老有所用。特别要帮助老年群体熟悉和掌握电脑和智能手机等数字化技能的使用，从而跨越数字鸿沟、拥抱数字经济，为全区老龄人才培养发挥更大作用。

宁夏推进“互联网＋教育”发展情况研究

张东祥

党的二十大报告提出：“我们要办好人民满意的教育，全面贯彻党的教育方针，落实立德树人根本任务，培养德智体美劳全面发展的社会主义建设者和接班人，加快建设高质量教育体系，发展素质教育，促进教育公平。”这为全区在新时代新征程中办好人民满意的教育，全面推进素质教育实施指明了方向，提供了遵循。2018 年 7 月，宁夏获批建设全国“互联网+教育”示范区。自治区党委、政府高度重视，把“互联网+教育”示范区建设纳入全区经济社会发展大局，以信息化为战略制高点，锚定五大示范目标，实施 10 项重点行动，出台 8 个规范指南，凝聚 UGBS 强大合力，全省域推进、全学段部署、全流程重构、全要素保障，率先在全国建成省级“互联网+教育”大平台，率先联通一张专网，率先实现数字教育资源全覆盖，率先开展教师信息素养全员测评，形成“互联网+”赋能教育优质均衡发展的宁夏范例。

一、宁夏推进“互联网＋教育”发展主要做法及成效

近年来，自治区教育部门坚持教育公平和高质量发展一体两翼为方向，教育部与自治区政府成立部区共建示范区领导小组，深化部区两级合作，

作者简介 张东祥，宁夏社会科学院《宁夏社会科学》编辑部副编审。

高位部署，强力推进，全力打造全国“互联网+教育”示范区、人工智能助推教师队伍建设、智能社会治理教育实验3个试点，突出教育资源共享、创新素养教育、教师队伍建设、学校党建思政、现代教育治理模式变革5个重点，制定出台智慧校园、教育专网、网络安全等指南规范，制定教育大数据、学校画像、平台接入等10项技术标准，为西部地区数字教育发展做出示范，为国家实施教育数字化战略做出宁夏贡献、提供宁夏经验。

（一）夯实数字教育基础，推动教育资源公平

以全国“互联网+教育”示范区建设为契机，系统布局新型基础设施建设，建成宁夏教育云省级大平台，融入国家智慧教育平台，对外开放500多个数据接口，实现4800多万件数字资源高效汇聚、122个智能应用高度集成、269万名教育用户高频互动，平台日均访问量达800万人次，累计突破200亿人次，有力地破解了系统重复建设、数据共享壁垒、教学场域割裂等问题，使全区师生同在“一张网”上共享资源、“一块屏”上互动教学、“一朵云”上学习成长，为全区教育部门、学校、师生和家长提供均等化、个性化服务，有力地促进了教育公平。一是打通教育资源壁垒。以自治区为单位建成宁夏教育云平台，统一数据标准、认证服务、管理运营、应用服务、安全保障，推动各类教育平台互联、数据互通、应用协同，避免了平台重复建设造成的资金浪费，破解了资源不能共享、数据不能互通的问题，为全区各级教育行政部门、各级各类学校、全体师生开展教学教研、学习辅导、监测评价、教育管理、家校共育，提供了全过程、一站式、便捷化服务。二是实现网络全面覆盖。通过政府统谈统付、以租代建等方式建设教育专网，推动电信、移动、联通等网络运营商注资升级万兆光纤链路，建设5G、Wi-Fi6等新一代网络基础设施，实现1个自治区级核心节点、28个市县枢纽节点、3442所学校网络末梢的高速互联互通，学校200兆以上互联网接入率从2017年25%提升到100%，数字化教室覆盖率从80%提升到100%，在线互动教室覆盖率从1%提升到100%，数学校园覆盖率从10%提升到100%，智慧教室、数字化实验室、人工智能创新中心等现代化教学空间纷纷建成，全区学校网络高速互联、信息高效互通、资源高度互享。三是加快数字设备建设。建立数字资源多元引入、智能审查、动态更新、开放共享机制，全区学校所有教学班都配备了数字黑板、教学一体机等数字教学设备，所有教师和学生都能利用数字终端获取优质资源、开展信息化教学。实施教室数字化升级改造，普及应用“三个课堂”，建设中小学在线课堂教室4400多间，开辟云端互助“通道”，形成跨省联带、山川协带、城乡帮带、强弱拖带、中心领带模式，使偏远薄弱学校与城市优质学校“同上一堂课”。四是加快数字校园建设。制定数字校园建设标准，推进教学设施、科研设施、公共设施的智能化升级，建设智慧教学、智慧研训、智慧实验、智慧安防等智能教育环境，全区所有高校、职业院校和中小学校建成了数字校园，树立和培育一批标杆校，促进学校物理空间与网络空间一体化融合发展。

（二）汇聚优质教育资源，满足师生教学需求

围绕师生应用需要，创新资源供给模式，着力构建多元主体共同开发资源的格局，满足师生日常教学和多样化、个性化学习需求。一是推动汇聚数字资源。对接国家智慧教育平台，引入企业资源库，整合本地各平台资源库，广泛发动学校教师开发课程资源，汇聚学科教育、安全教育、心理健康、社区教育等优质数字资源，上线慕课83门，全面覆盖了基础教育各学段各学科，形成了不同版本的数字教材与课程资源。推进教学模式创新变革，基础教育掀起课堂革命，职业教育强化产教融合，高等教育创新人才培养，全区教育质量显著提升，11个县（区）和44所学校被评为全国教育信息化应用优秀典型，177节课入选2021年基础教育“部级精品课”，位居全国第五、中西部第一。二是动态优化数字资源。联合国内知名院校共同研发数字资源智能审查系统，实现对平台海量资源的精准、快速审核，大幅减轻了人工审核负担。建立应用驱动、用户评价、持续迭代的资源动态优化机制，根据师生使用需求与评价，动态调整资源库的引入数量、类别和类型。三是全域覆盖数字资源。建立共享开放机制，通过宁夏教育云平台全天候向全区师生和社会公众免费开放，实现资源全域、全员、全时覆盖，使优质资源更加公平地惠及每一名学生，提升了教学效率，改变了以往“教师苦教，学生苦学”的局面。

（三）运用新型教育模式，提升教育教学质量

大力推动信息技术在教学、学习、评价等方面的融合应用。一是创新课堂教学新模式。推动专递课堂、名师课堂、名校网络课堂“三个课堂”普及率实现100%，所有乡村中小学校与城镇学校结对互动教学，开展网上送课、同步上课，实施“一师多校，在线走教”，缓解了薄弱学校教师结构性短缺等问题，实现了优质师资在线共享。银川市二十一小通过专递课堂，按照统一的教学进度和课程安排，与地处西海固地区的泾源县白面镇小学云端同步上课，把城市优质资源送到农村偏远地区，让大山里的孩子在家门口就能享有名师优课。二是共享应用学校教学新模式。中小学校以课堂提质增效为重点，利用智慧教学助手开展智能学习诊断和多元学习评价，精准分析学生学情，开展靶向教学，提升课堂教学质量和效益。银川市第十五中学利用教师智能助手翻转课堂，开展问题导学、小组互学、探究引学、技术助学，快速诊断课前课中学生学情，及时调整教学内容和教学策略，大幅提升了课堂教学的针对性和实效性。全区各职业学校利用VR、AR、3D影像、人机对话等技术，开展虚拟仿真实训教学，多维度、立体化呈现真实环境，解决实训设备更新快、材料消耗大、情景再现难、环节风险高等问题，缩短实训教学时间和培训周期。全区各高校利用大学慕课、福课联盟等平台，与国内92所高校“网上结对，线上牵手”，共享精品在线课程、数字图书文献等优质资源，广泛开展慕课教学，推动平台互通、课程互选、学术共研，实现了在协作中共建共享共用。三是推行线上学习新模式。建成1100多所云端数字学校，集聚3000多名教师开展网络教学、在线辅导，上线6500多节同步教学课程，打造永远在线的网上课堂，为学生课前预习、课堂学习、课后复习创造条件，有效满足学生课上课下、校内校外的泛在学习需求。疫情期间，通过数字学校开课18万多堂，学生在线学习3000多万人次，确保全区160万师生离校不离教、停课不停学。中宁县把教师备课室搬上网络空间，通过“教研训”联通、“学测比”融通，从“起点”打造高效课堂。教师线上备课普及率达100%，信息素养测评优秀率达94%，农村学校学生的课堂好评率提高了4.5%，家长认可度达99%。四是推广教研合作新模式。组建600多个名师网络工作室，开通

1300多个课程社区，线上常态化开展专题教研、联片教研、协作教研、巡课听评课等活动，加强区域间、校际间教研合作交流，形成一批教研联盟、教研协作体，有力地促进了基础教育质量整体提升。银川市第十七中学与永宁县闽宁中学每月开展一次网络大教研，组织教师集体备课、集体研讨、同课异构，促进了学校之间的教研合作，提升了农村教师的教学水平。五是探索教育评价新模式。探索制定教师画像标准，开展基于大数据分析的课堂教学评价，采集“教”与“学”的表现性数据信息，通过后台计算与图形化处理，提供客观的量化评估结论，实现科学的课堂诊断。建成中学生综合素质评价管理平台，对学生思想品德、学业水平、身心健康、艺术素养、社会实践五个方面成长过程进行写实记录，为考试招生改革提供真实可信可用的评价档案。

（四）强化教师数字素养，推进教学专业发展

坚持把校长信息化领导力、教师信息技术应用能力提升作为推进教育数字化发展的重要任务，深入实施人工智能助推教师队伍建设国家级试点，着力培养适应信息化、人工智能等新技术变革的新时代教师。一是加强教师素质培养。推动师范生培养改革，在全区高校师范专业开设人工智能教育课程，提升未来教师利用人工智能优化学科教学的能力，近四年累计培养“人工智能+学科专业”复合型师范生6000多名。宁夏师范学院建立教师教育创新基地，打造教学技能实训智能平台，重点培养未来教师应用人工智能、大数据等新技术开展教学的能力。二是提升信息素养能力。举办12期“互联网+教育”大讲堂，邀请国内教育信息化领军人才50多人次，交流分享教育数字化发展的新理念、新趋势、新动态。实施全员轮训计划，面向教育局局长、校长、教师持续举办专题培训、应用培训、名师讲坛等600多场次，累计培训6.4万人次。银川市兴庆区三十小利用O2O模式对教师进行教育技术培训，通过宁夏教育云平台线上与名师名校“零距离”接触、“面对面”研修，开阔了教师的视野，提升了教师的素养。三是开展教师智能研修。建设人工智能教育宁夏研究院，并以此为依托，在5个地级市建设8个县域教师智能研修中心，统筹资源，协调推进区域教学改革、课程建设、教师培养、教学评价、教学研究和成果培育推广，构建以县域研修为主、跨县研修为辅、多种研修方式并存的线上线下协同研修新格局，打造集课程建设、资源管理、教学指导、教师发展和质量评价为一体的教师研修培训基地，努力培养造就引领教育改革发展、辐射带动区域教师素质能力提升的好老师。

（五）聚焦教育教学治理，提升数字管理效能

构建纵向贯通、横向连接、覆盖全区的教育治理网络，加快推进教育治理数字化，推动教育治理从“人治”向“人数共治”转变。一是推动党建思政联网。建成智慧党建云平台，打造了100个党建示范点网络工作室、100个教师党支部书记“双带头人”网络工作室，建强网上战斗堡垒。推进云上思政，建成100堂网络思政精品课，开展“网上重走长征路”“同上一堂思政课”等活动，构建线上线下、课内课外思政教育协同体系，推动思政工作联网上线。二是集成教育管理系统。集成考试招生、教师管理、学籍管理、教育督导等23个业务管理系统，建成一个平台、一套门户，打造一个教育APP，贯通区市县校四级用户，实现管理入口统一汇聚、管理末端广泛延伸，教育管理效能不断提升。调研中一名中学校长说，自从用了信息化平台，再也不用楼上楼下跑、班里班外问，在手机上就能及时掌握学校教学楼、宿舍、食堂、实验室的情况，实时监控校园安全情况。三是提升政务服务水平。建立教育政务服务网上办事大厅，推动转学入学、办学审批、资格认定、证书办理等100多个服务事项“线上办，马上办”，大幅提升了教育政务服务效率。2019年，“宁夏‘互联网+教育’助力解决学生办证难”被国家发改委列为“群众办事百项堵点疏解行动”优秀案例。四是提高教育决策能力。建设教育科学决策服务系统，汇聚了15年全区教育事业、经济社会和区域发展数据，形成了宁夏教育数字地图，实现了地区间、学校间的对比分析、动态监测、问题预警，大数据服务教育决策与改革发展能力明显提升。2021年10月，宁夏被中央网信办、教育部等八部委确定为国家智能社会治理教育特色实验基地。五是完善校园管理体系。健全网络安全实时监测和主动防御体系，适时开展网络安全应急演练，出台《网络安全工作指南》，指导各地各学校开展网络安全防护，落实在线教育机构和教育APP备案管理制度，保障在线教育健康发展，维护师生信息安全和切身利益。

二、宁夏推进“互联网＋教育”发展存在的主要问题

（一）优质资源应用不够广泛

由于中小学生使用网络自控力差，部分中小学为了防止学生过渡用手机影响学习，将学校的网络关闭，难以实现资源全域、全员、全时覆盖，不能让每一名学生随时随地享受优质资源。特别是一些寄宿制学校的学生无法享受到互联网带来的优质教育资源。因受应试教育影响，有些学生缺乏自主学习约束力，自觉学习观念差，对教师的教学有较强依赖，造成学习效果不是很明显。

（二）经费投入严重不足

“互联网+教育”需要网络环境、设施设备、教育教学资源、技术平台等相关条件支撑，这些信息化产品和技术不断快速迭代，单靠一次投入不能满足师生教学需求。目前教育信息化经费来源主要包括财政专项经费和学校生均公用经费两个渠道，财政专项经费主要用于新建、扩建学校的网络、多媒体、师生用电脑、校园安全监控等设施购置，生均公用经费主要用于已有信息化设施设备的日常维护、更新、教师素质培训等，这些费用远远不能满足“互联网+教育”的发展要求，硬件设备落后和软件配备不足问题成为制约教育现代化的短板和瓶颈。宁夏农村学校和部分县城中小学还没有实现网络进班，部分学校仅仅在一些示范班配置了计算机，教师和学生使用不够方便。

（三）教师培训还有差距

一些教师受传统观念影响，还不习惯甚至不会运用互联网开展教学工作，一些教师的个人专业能力与学习的信息化条件存在很大差距，存在不会获取网上优质资源、不会处理软件图片和视频、不会制作动画等问题，有的依然使用传统教学模式和技术，运用信息知识、选取信息技术、加工处理信息的能力不强。

（四）信息技术迭代更新滞后

宁夏教育云平台中基础教育模块不够优化，部分教育平台还不能实现

互联互通。一些学校网速较慢，智慧校园建设滞后，利用大数据、人工智能等技术改善学校教学设施的水平较低，中小学生教育数字终端普及率偏低，制约了互联网教育的发展。

三、宁夏推进“互联网＋教育”发展的对策建议

（一）建立可持续的教育信息化经费保障机制

明确财政预算的主体投入地位和教育行政部门的统筹使用权限，单列专科项目，明确每年投入比例，专户管理使用。严格教育信息化经费监管，将教育信息化专项经费纳入政府教育专项督导，定期进行监督检查。

（二）加强对“互联网＋教育”的政策支持

强化“互联网+教育”的顶层设计，增强互联网平台的统筹规划，建立上下贯通、左右融通的教育政务系统建设机制，避免同类系统、平台的多级重复开发和同类数据的重复上报；实施教育资源服务平台和管理服务平台托底工程，筛选上架一批经常用、普遍用的优质资源供各地无偿使用，避免因重复建设造成资金浪费；提高教育互联网企业准入门槛，加强政府对教育信息网络平台的监管、规范和调整，使网络资源更加便利多元、契合学习者需要。

（三）优化智慧教育基础环境

近来，宁夏智慧教育平台已融入国家智慧教育平台。宁夏智慧教育平台将进一步升级扩容，优化基础教育模块，完善职业教育模块，上线运行高等教育、继续教育等模块，推动平台互联、数据互通、应用协同。统一规划、建设、管理教育专网，实现教育网络万兆到县、千兆入校、百兆进班。加快智慧校园建设，利用大数据、人工智能等技术改善学校教学设施、科研设施、公共设施，逐步为中小学生配备符合技术标准和学习需要的教育数字终端。

（四）推进教育大数字资源共建共享

完善多主体参与、多渠道供给、多形式保障的数字教育资源公共服务体系，加强优质数字教育资源遴选和引进，探索资源建设使用可持续发展机制，推动数字资源迭代更新。优化数字资源供给，分门别类建设专题资

源库，研究建立学科知识图谱，实现资源智能推送、高效供给，支撑学生泛在化学习。把好数字资源准入关，加强内容审核、购买使用、用户评价、投诉举报等全链条管理，确保资源的正确政治方向和价值导向。

（五）创新数字化教学示范应用

普及中小学数字环境下的混合式、合作式、体验式、探究式等课堂教学模式，推进教学组织方式变革，加强学情分析和结果运用。引导职业院校建设虚拟与现实融合、线上与线下结合的智能化实训教学空间，解决实训设备更新快、材料消耗大、情景难再现、环境风险高等问题。鼓励高校开展“人工智能+教育”等新模式的实践和应用研究，提高人才培养质量。

（六）构建教育数字治理新模式

依托宁夏教育信息化管理中心建设宁夏教育大数据中心，健全学校、教师、学生等核心数据库，建立教育数据要素采集、确权、流通、应用、安全机制，促进教育数据有序流动、开放共享，支撑教育科学决策、精准管理和高效服务。加快教育治理数字化转型，助推教育领域“放管服”改革，推进办学许可证、教师资格证、学生证、毕业证等常用证照电子化应用，教育政务服务事项全面实现“一窗受理，一网通办”，让数据多跑路、群众少跑腿。

宁夏高水平建设全国东西部科技合作引领区的对策建议

苗冠军　王学琴　马　伯

建设东西部科技合作引领区是科技部赋予宁夏的新机遇和新使命，也是自治区第十三次党代会做出的新部署，对推动宁夏打造区域有影响力的科技创新高地，破解发展不平衡不充分问题具有重要意义。近年来，宁夏深入贯彻习近平总书记关于开展东西部科技合作的重要指示精神，坚持走开放创新之路，探索形成了东西部科技合作的"宁夏模式"，为建设全国东西部科技合作引领区奠定了基础。立足新阶段，建设全国东西部科技合作引领区要把握新机遇，迎接新挑战，践行新使命，努力打造东西部跨区域协同创新样板，为欠发达地区实现高质量发展提供"宁夏方案"。

一、宁夏建设东西部科技合作引领区的现实基础

（一）部区协同联动形成推进合力

宁夏和科技部建立部区会商机制，成立了以部区主要领导为组长的"科技支宁"东西部合作协调领导小组，定期召开东西部科技合作推进会，共同推动东西部科技合作系统谋划和部署落实。2022 年，科技部等九部门联合印发《"十四五"东西部科技合作实施方案》，科技部批复宁夏建设全

作者简介　苗冠军，宁夏科技发展战略和信息研究所副研究员；王学琴，宁夏科技发展战略和信息研究所助理研究员；马伯，宁夏科技发展战略和信息研究所助理研究员。

国东西部科技合作引领区，进一步实施“科技支宁”，支持宁夏打造跨区域协同创新样板。自治区第十三次党代会报告明确部署“高水平建设全国东西部科技合作引领区”，并印发《关于高水平建设全国东西部科技合作引领区的实施方案》，提出建设全国东西部科技合作引领区的指导思想、目标定位和重点任务，为推动东西部科技合作引领区建设指明了方向，汇聚了力量。

（二）合作空间拓展释放合作潜力

建立“市场主导、政府引导，互惠互利、合作共赢”的东西部科技合作机制，积极拓展东西部科技合作主体，先后与北京、天津、江苏等 11 个省市、中国科学院、中国工程院、西北农林科技大学等 13 所院校签署合作协议，初步形成“11+13”合作体系，与全国 30 个省市、自治区（含港澳台）的 736 家创新主体开展合作，合作领域从特色优势产业扩大到新兴产业、医疗健康、生态环保等方面，合作内容涉及联合技术攻关、共建创新平台、共建科技园区、柔性引进人才、战略咨询指导等方面。东部有多个省市和高校、科研院所通过建立科技合作项目联动支持机制、对口支援、共建科技创新基地、科技成果对接、院士行等方式，与宁夏开展形式多样的科技合作，形成汇集多方力量、协同支持宁夏科技创新的良好局面。

（三）创新资源集聚带动科技实力提升

通过项目合作、共建平台、柔性引进创新团队等方式，吸引区外先进技术、科技人才等优质创新资源向宁夏汇集，有效增强了宁夏科技创新力量，提升了宁夏创新能级。累计柔性引进科技创新团队 62 个，吸引了包括 151 名院士在内的 9000 余名区外人才参与宁夏科技创新工作。联合共建各类科技创新平台 160 个、园区 9 个，在北京、上海等地建设离岸孵化器和“飞地”科研育成平台 10 个，争取中国工程院在宁夏建立西北首家工程科技发展战略研究地方研究院。通过东西部科技合作，带动全社会研发经费投入强度从 2016 年的 0.95%增长到 2021 年的 1.54%，年均增速居全国前列。宁夏区域创新能力综合排名从 2016 年全国第 24 位跃升到 2019 年全国第 20 位，进入综合科技创新水平指数高于 50%的二类创新地区。

（四）项目合作催生创新成果不断涌现

坚持“围绕产业，聚焦瓶颈，重点突破”的原则，设立东西部科技合作专项，依托东西部科技合作机制，汇聚区内外科技资源，着力攻克制约产业发展的关键技术难题，涌现出一批创新水平高、行业带动力强、能形成经济增长点的科技创新成果，助推宁夏特色产业向高端化迈进。2017 年以来，全区累计实施东西部科技合作项目 1205 项，研发总投入 111.34 亿元，各级财政累计投入 19.53 亿元，引进转化新技术、新成果、新工艺 600 多项，在工业、农业、社会发展等一些关键技术领域取得突破，形成了一批“单项冠军”，一些产品技术达到国内国际先进水平。围绕宁夏重大战略需求，组织实施重大战略咨询研究项目 41 项，汇聚 190 多位两院院士参与项目研究，为推动宁夏产业转型升级和经济社会高质量发展提供高水平咨询服务，部分“软课题”已结出“硬成果”。

（五）创新合作方式形成多样化模式

在东西部科技合作过程中，宁夏积极探索以人才柔性引进为主的项目合作、以机制创新为主的园区共建合作、以资源交流共享为主的平台载体合作等一揽子合作方式，通过全方位、多领域、深层次合作，汇聚和增强宁夏的科技创新力量，为欠发达地区走开放创新之路探索了一条可行路径。在引才引智方面，探索“项目+人才”“平台+人才”“成果+人才”等柔性引智模式，推动人才引进从“政府引才”为主转向“政府引才，企业引智”并重，从“刚性”引才转向“柔性”引才，有效弥补了宁夏科技创新的人才短板。在创新研发平台合作方面，通过东西部共建各类创新平台、科技园区、共建科研“飞地”等方式，吸引东部创新资源发挥更大效用，形成了“区外研发，区内转化”的新模式。宁夏多措并举推动东西部科技合作模式入选科技部科技体制改革案例库。

二、宁夏建设东西部科技合作引领区面临的短板和弱项

（一）产业链与创新链结合不紧密

目前，宁夏传统产业多新兴产业少、低端产业多高端产业少、资源型产业多高附加值产业少、劳动密集型产业多资本技术密集型产业少的“四

多四少”问题依然突出，特别是制造业“两高一资”特征明显。主要工业产品以原材料和初级加工产品为主，产业链条短、关联度散、耦合度低，产业链创新链供应链还存在很多堵点、盲点和痛点，与东部先进产业链的互补性、配套性较差，还未形成紧密的产业合作网络和科技创新合作网络，无法持续有效地吸引东部优质创新资源围绕宁夏产业链开展协同创新，影响了东西部科技合作的层次和深度，持续合作模式和发展空间有待拓展。

（二）创新主体协同发展能力薄弱

企业是东西部科技合作的主体，但目前宁夏企业创新活力不足，大部分企业缺乏开放创新意识，对开展东西部科技合作推动协同创新重视度不够。企业不愿创新、不会创新、不敢创新现象并存，大企业“反应迟钝”、小企业“小富即安”比较普遍。全区规模以上工业企业R&D投入强度不足1%，规模以上工业企业有研发活动的占比不到40%，建有研发机构的规模以上工业企业不到20%，相当一部分制造企业只从事生产加工，无研发投入，不引进转化高价值科技成果。2020年，全区规模以上工业企业平均购买国内技术经费支出14.29万元，在全国排名靠后。全区科技型企业数量偏少，每万家企业中高新技术企业数量不足20家，位居全国后位。

（三）合作平台载体作用发挥不够

由于受运行管理体制机制不完善、高层次人才缺乏等因素的影响，东部创新主体来宁夏自建或共建创新平台仍然偏少，缺乏支撑性的重大科技创新平台，部分新兴、交叉和重点领域平台布局还存在空白。一些平台建设时间较短，还未进入稳定运行阶段，创新平台在聚集研发资源、促进关键技术研发、优化产业结构以及提升区域创新能力等方面的作用发挥不够。园区共建仍处于起步与探索阶段，园区共建管理运行体制机制不完善，园区共建缺乏内在动力，合作内涵较为单一，合作层次较浅，“飞地”园区数量少、规模小，产业集聚辐射带动能力较弱。

（四）人才智力合作有待深化

全区高校、科研院所数量少，科教资源十分匮乏，高水平科研院所、国家重点实验室等重大创新平台几乎为零，整体创新能力偏弱。科技创新人才总量不足，特别是高水平科技人才、一流创新团队严重缺乏。全区研发人员只有 2.1 万人，每万人中拥有研发人员数不到全国平均水平的一半。目前人才引进主要靠政府单条腿走路，各类创新主体特别是企业柔性引才的主体作用尚未充分发挥，引才的理念、机制、方式创新不够。人才配套政策不完善，落实不到位，激励机制不健全，人才的培养、引进和留用存在难度，人才创新活力不足，人才流失问题比较突出。

（五）科技合作体制机制不完善

目前，东西部科技合作市场化机制还不完善，特别是合作共赢机制还不健全，企业作为东西部科技合作的主体，参与东西部科技合作的积极性不高，在引进东部科技创新资源、搭建合作载体、推进协同创新等方面作用发挥不够充分。东西部科技合作主体的联系不够密切，合作协议推进落实不好，实质性的合作进展和成效不够明显。部门协同联动机制仍不健全，东西部科技合作统筹谋划和协同推进存在不足，东西部科技合作激励机制还未建立，市县区、园区开展东西部科技合作的积极性不高，东西部科技合作的领域、层次、范围有待进一步拓展和深化，开放创新对推动全区经济社会高质量发展的作用有待加强。

三、推进宁夏建设东西部科技合作引领区的对策建议

（一）开展东西部创新链产业链融合发展

充分发挥宁夏比较优势，采取产业链供应链上下游对接合作、区域间产业转移合作、科技成果跨区域转移合作等模式，有序承接东部地区产业转移，推动宁夏创新链、产业链与东部地区紧密对接和一体化联动发展。聚焦强链补链搭建产业转移合作平台，采取在东部地区园区设置园中园等方式建立研发、金融中心，主动承接科技、人才、金融等资源辐射。通过共建科技成果转移转化示范基地、新型研发机构战略联盟等形式，吸引东部地区科技创新成果在宁夏孵化转化。聚焦宁夏新型材料、清洁能源、装备制造、电子信息、大健康产业等特色主导产业，开展精准招商、以商招商、产业链招商、委托招商，引进一批建链延链补链强链项目，布局一批重点产业链，推动产业合作向产业链合作转变，全面融入东部产业链、创新链合作网络，提升产业协同创新能力和全产业链竞争力，形成东西部合

作研发、合力转化、共创价值的新局面。

（二）加强东西部创新主体协同发展

深入开展企业家创新精神培育行动，引导区内企业提高创新意识、强化科技合作。围绕“六新六特六优”特色产业集群建设，采取“一业一企一策”方式，引进培育一批创新引领型企业。实施科技型企业培育行动和高成长企业助跑计划，通过引培并举壮大高新技术企业、科技型中小企业群体，培育发展创新型示范企业和“瞪羚”企业。扎实落实国家和自治区科技型企业奖补、研发费用加计扣除、企业研究开发费用财政后补助等惠企政策，鼓励企业加强科技创新。通过引进与合作共建产业园、科技企业孵化器等方式，在装备制造、光伏材料、稀有金属、多元合金、精细化工等领域，加快培育一批“专精特新”中小企业。鼓励引导市县（区）、企业、高校、科研院所联合东部创新主体聚焦清洁能源、新型材料、装备制造、现代农业、生态环保等产业领域创办新型研发机构。支持宁夏企业到东部建设“飞地”研发中心、科研成果育成平台和离岸孵化器，创新科研代工、委托研发等合作模式，打造协同创新共同体。支持行业领军企业联合区内外各类创新主体组建平台型、网络型、高水平产业创新联合体，开展关键核心技术攻关，促进科技成果转移转化，带动产业链上下游、大中小企业融通创新。

（三）强化开放创新平台载体战略支撑

实施创新力量厚植工程，统筹优化科技创新平台布局，鼓励东部高校、科研机构参与自治区实验室、基础学科研究中心等高能级创新平台建设，重点在优势特色产业领域建设自治区实验室，在生态修复、葡萄酒、煤化工、医疗卫生等领域争创国家重点实验室、技术创新中心和临床医学研究中心分中心。建立科技合作示范机制，采取奖补等方式，支持五市与东部建立科技合作伙伴关系，共建协同创新载体。支持市县（区）政府、开发区、科技园区和龙头企业与东部地区深化园区结对合作，聚焦高新技术产业、数字经济等领域，共建园区、互建“飞地”园区、设立分园区，形成创新合作联盟，深化“共建、共管、共享”全方位合作，推进“东部研发+宁夏制造”“东部成果+宁夏转化”的合作模式走深走实。实施高新区“双创”升级工程，引入东部创新创业资源建设一批高水平、专业化“双创”载体，加快完善“众创空间—孵化器—加速器—科技园区”全链条科技企业孵化育成体系。支持开发区、高新区建立“管委会+运营公司”运行机制，提升园区运营管理水平，更有效地集聚创新资源，打造科技创新高地。

（四）推进东西部人才智力交流合作

推进教育、科技、人才一体化统筹发展，探索人才引培留用新机制。实施“人才+产业”行动计划，在银川、中卫、宁东能源化工基地开展“政府出钱，企业育才”试点，建立科技型企业人才培养储备机制。实施人才伙伴计划，支持引导区内园区、企业、高校、科研院所与东部地区建立柔性引才伙伴关系和人才定向培育机制，吸引东部地区人才以项目合作、顾问指导、挂职兼职、技术咨询、退休特聘等形式来宁提供智力支持。实施优秀博士、硕士预引进计划，发挥院士工作站、博士后科研工作（流动）站、人才小高地、继续教育基地、专家服务基地等人才载体作用，吸引高层次人才来宁创新创业。鼓励区内高校与东部“双一流大学”结对共建，开展学科共建和学生联合培养。深化与中国科学院“西部之光”项目合作，加强青年科技骨干人才培养。建设一批服务黄河流域生态保护和高质量发展先行区建设与“六新六特六优”产业发展的现代产业学院，开展订单式、新型学徒制技能人才联合培养。健全以创新价值、能力、贡献为导向的人才使用激励制度，探索对引进的高层次、紧缺人才实行年薪制、协议工资制和项目工资制，探索实行高层次人才职称直聘办法，对引进的高层次人才在科研项目申报立项、科技奖励和成果转化收益分配等方面给予无差别待遇。开展赋予科研人员职务科技成果所有权或长期使用权试点工作，落实扩大科研经费使用自主权政策，充分激发人才创新创造活力。

（五）深化东西部科技合作体制机制创新

发挥我国制度优势，深化部省会商机制，建立完善区域联席会议和联动推进机制，以建设东西部科技合作引领区为抓手，深入实施“科技支宁”工程，丰富“央地”“院地”合作模式，构建点到面、一对多、多层次、多领域的东西部科技合作体系，打造具有宁夏特色、对西部其他省区具有示范效应的区域和跨区域协同创新机制，不断扩大“科技支宁”在西部地区的辐射带动效应，聚力服务国家新时代西部大开发战略。建立政府引导、市场主导、企业主体的常态化科技合作对接机制，完善“平台+人才+项目”一体化长效合作模式，支持企业、高校等创新主体参与东西部科技合作，提升创新主体支撑发展能力。建立完善东西部互助合作和利益分享机制，创新互助合作体制机制和模式，推动重点实验室、新型研发机构、产业园区、众创空间、科技企业孵化器等各类创新创业平台载体的共建或共享。建立创新主体合作共赢机制，探索科技成果有序转移的利益分享和合作共赢模式，鼓励企业与东部各类创新主体深度对接、合作研发、成果引进和精准引才。建立东西部科技合作部门协同联动和评估激励机制，强化对市县（区）、相关部门单位及园区的评估，对东西部科技合作示范市、县（区）和示范园区予以奖补，激发多元主体共同推进东西部科技合作的积极性。

银川市粮食安全调研报告

张保君

“悠悠万事，吃饭为大。”2022 年 3 月 6 日，习近平总书记在看望参加全国政协十三届五次会议的农业界、社会福利和社会保障界委员时强调粮食安全是“国之大者”。在粮食安全这个问题上不能有丝毫麻痹大意，不能认为进入工业化，吃饭问题就可有可无，也不要指望依靠国际市场来解决。要始终绷紧粮食安全这根弦，始终坚持以我为主、立足国内、确保产能、适度进口、科技支撑。我们要按照习近平总书记的要求，切实抓好银川市粮食生产，确保粮食安全。

一、银川市粮食生产基本情况

（一）1949—1957 年，粮食生产恢复和发展

1950 年《中华人民共和国土地改革法》颁布实施，实行农民土地所有制，获得土地的农民真正实现了“耕者有其田”。全市粮食播种面积从 1949 年的 51.5 万亩增加到 1957 年的 96.1 万亩，亩产从 94 公斤增长至 104 公斤，总产量从 4.84 万吨增长至 9.98 万吨。

（二）1958—1978 年，粮食生产缓慢发展

1958 年宁夏回族自治区成立，银川市成为首府。政府组织广大农民兴

作者简介 张保君，银川市统计局副局长。

修水利、进行农田基本建设，但受“大跃进”和“文化大革命”影响，粮食生产在波动徘徊，未能实现良性发展，粮食播种面积基本维持在 100 万亩左右，亩产从 1958 年的 116 公斤增长至 1978 年的 202 公斤。总产量 1974 年突破了 20 万吨，1978 年增长至 31.09 万吨。

（三）1979—1999 年，粮食生产快速发展

党的十一届三中全会后，通过实行以家庭联产承包为主的责任制和统分结合的双层经营体制，以及较大幅度提高粮食收购价格等重大政策措施，极大地调动了广大农民的生产积极性。粮食生产大力实施科技兴农、大面积推广新品种和新技术，粮食播种面积逐步扩大。1999 年，粮食播种面积达 156.60 万亩，比 1978 年增长了 55.3%；单产显著提高，亩产增长至 584 公斤，增长了 1.9 倍。总产量连续实现新跨越，1982 年突破 40 万吨，1988 年突破 50 万吨，1991 年突破 60 万吨，1996 年突破 70 万吨，1997 年突破 80 万吨，1999 年突破 90 万吨，比 1978 年增长了 1.9 倍。

（四）2000—2021 年，粮食生产由量的增长转为质的提升

进入 21 世纪后，农业税的取消，给全市农民带来了看得见的物质利益，同时粮食综合直补、农机补贴等惠农强农政策相继出台，极大地调动了农民积极性，又一次解放了农村生产力。在强有力的政策的扶持下，粮食生产实现“十八连丰”，为全市经济社会持续健康发展起到了重要的支撑作用。2000—2018 年全市粮食播种面积稳定在 140 万亩以上，产量稳定在 80 万吨以上。2009 年为这一阶段的峰值，粮食播种面积高达 198.67 万亩，产量高达 91.34 万吨。此后，粮食播种面积呈现逐年下降的态势，2021 年仅为 121.44 万亩、产量 70.47 万吨。

二、银川市粮食生产的优势

（一）良好的自然资源条件

银川素有“塞上江南、鱼米之乡”的美誉。唐朝诗人韦蟾《送卢潘尚书之灵武》的诗句“贺兰山下果园成，塞北江南旧有名”，是历史上的银川适宜发展农业的真实写照。从地理条件上来说，银川具有如下优点：一是土地肥沃。土壤是粮食生产的基地，也是粮食生产的基本生产资料。银川地区土壤类型分为九大类、28个亚类、48个土属及500多个土种或变种。贺兰山至西干渠之间主要为山地灰钙土、草甸土和灰褐土，东部冲积平原主要为长期引黄灌溉淤积和耕作交替而形成的灌淤土。灌淤土土质适中，理化性好，有机质含量高，保水保肥适种性广。土壤类型的多样性非常适合发展粮食生产和多种经济作物生长。二是气温适宜。银川市西依贺兰山，贺兰山在银川市境内近70公里，呈北偏东走向，是阻挡西北冷空气和风沙长驱直入银川的天然屏障，为银川市带来了四季分明的温带大陆性气候，年平均气温10.4℃左右，昼夜温差大，年平均昼夜温差15℃。白天温度高，有利于光合作用；夜晚温度低，减弱呼吸作用，有利于粮食作物生长，有利于淀粉和糖分的积累。三是光热充足。北纬38°的纬度，使银川成为我国太阳辐射和日照时数最多的地区之一，年平均日照时数2900小时。良好的日照条件不仅使粮食作物的籽粒饱满、蛋白质含量高，也有效避免了光照时间过少，光合作用时间短粮食作物生长缓慢，粮食作物的营养成分消耗过快，无法存储更多的营养成分导致果实偏小等问题。

（二）良好的水利灌溉条件

地处银川平原上，银川市具有良好的水利灌溉条件。一是具有丰沛的黄河水资源。银川市东临黄河，农业灌溉条件便利。黄河流经银川市82公里，年径流量315亿立方米。近年来，自治区分配银川市取水指标稳定在20亿立方米左右，2022年银川市黄河水取水量为20.889亿立方米，其中，农业取水量为17.440亿立方米，占黄河水总取水量的83.5%。二是具有完备的灌溉体系。银川平原引用黄河水自流灌溉有2000多年的历史。引黄干渠有唐徕、汉延、惠农、西干渠等，配套排灌干支斗渠千余条，长数千公里，形成灌有渠、排有沟的完整灌排水体系，保证了13万多公顷农田的灌溉。三是具有较多的高标准农田。银川市现有耕地面积207.94万亩，其中水田92.85万亩，水浇地113.54万亩，合计占全市耕地面积的99.25%。其中高标准农田190.61万亩，占全市耕地的91.7%。

（三）良好的机械耕作条件

1959年4月29日，毛泽东同志在《党内通讯》中做出“农业的根本出路在于机械化”的著名论断，为我国的农业发展之路指明了方向。银川平原（又称西套平原）是西北地区的重要商品粮基地，自南向北缓缓倾斜，地面坡降由0.6~1‰不等。地势平坦，土层深厚，引水方便，利于自流灌溉，也适于大规模的农业机械作业。银川全市农机总动力150万千瓦，各类拖拉机拥有量达4.5万台，拖拉机配套农具6.7万部，各类联合收割机3000余台。全市小麦、水稻、玉米三大主要粮食作物综合机械化水平达95%。

（四）良好的单位面积产量

一是银川粮食单产水平高于全国和全区平均水平。2021年银川市粮食单产580公斤/亩，亩产分别高于全国和全区202公斤和224公斤，分别高于石嘴山市、吴忠市、固原市和中卫市93公斤、248公斤、329公斤和229公斤。二是稻谷和玉米单产高于全国和全区平均水平。2021年银川市稻谷和玉米亩产分别为548公斤和624公斤，分别高于全国和全区74公斤、205公斤，其中，玉米单产居全区五地市首位。三是小麦单产高于全区但低于全国。2021年银川市小麦单产为381公斤/亩，高于全区193公斤/亩，但略低于全国6公斤/亩。

（五）良好的品牌知名度影响力

一是银川4种品牌大米上榜“中国好粮油”。为了让老百姓吃得更好，“十四五”规划提出要推进优质粮食工程，2020年国家粮食和物资储备局科学研究院共推选出了236个“中国好粮油”产品，银川市3个粮油产品榜上有名，分别是宁夏广银米业有限公司的蟹田香米，宁夏兴唐米业集团有限公司的宁粳43号和昊王香米；2021年遴选出220个产品，银川金双科粮油有限公司塞上金双禾蟹田米榜上有名。二是“兴唐贡米”连续三年蝉联“中国十大好吃米饭”殊荣。2018—2020年农业农村部市场与信息化司主办的国际大米品牌大会，银川市“兴唐贡米”连续三年蝉联“中国十大好吃米饭”殊荣。2020年第三届全国优质水稻品种食味品质鉴评大会，宁夏兴唐米业集团有限公司选送参评的“宁粳43号”获得粳稻类金奖。充分反映出银川市稻米良好的品牌知名度、美誉度和影响力。三是粮食种植转型发展成效显著。银川市大力推进粮食种植供给侧结构性改革，“稻渔空间”生态种养模式助推水稻立体生态种养、水产养殖业、生态休闲观光由传统产业向高端产业转型。2020 年 6 月，习近平总书记视察贺兰县稻渔空间乡村生态观光园，充分肯定了现代农业与休闲旅游业融合发展的方向。

三、银川市粮食生产的制约因素

（一）粮食面积逐年减少

近年来，银川市耕地面积减少，建设用地增加，人口也不断增加，人多地少成为粮食生产的主要制约因素。具体而言，有如下几种情况：一是耕地面积减少。民以食为天，粮以地为本，离开了土地，就谈不上粮食生产。受多方面因素影响，银川市耕地数量不断减少。银川市第三次国土调查数据显示，全市耕地保有量为 207.94 万亩，仅占全区比重 11.6%。与 2018 年全市耕地保有量 213.50 万亩相比，减少了 5.56 万亩。其中，水田面积减少 22.31 万亩，占全市耕地的比重下降了 9.29 个百分点。二是人均耕地面积少。银川市人均耕地面积为 0.72 亩，纵向与全国全区比，分别低于全国、全区平均水平 0.63 亩和 1.76 亩，横向与五地市相比，分别低于石嘴山市、吴忠市、固原市、中卫市 1.07 亩、3.07 亩、4.58 亩和 3.48 亩。三是人地矛盾更加突出。随着银川市城市规模快速扩张，城市建成区面积由 2010 年的 120.57 平方公里扩大到 2020 年的 194.74 平方公里，增长了 61.6%。城市用地增加与人口增长比例达到 1.32:1，城市用地增速高于人口增长速度。此外，工业用地规模过大，开发区、工业园区土地利用率低，耕地闲置浪费严重等问题仍然存在。四是粮食种植面积逐年下降。全市粮食播种面积从 2009 年的 198.67 万亩减少到 2021 年的 121.44 万亩，2021 年粮食播种面积相当于 2009 年的 61.1%，13 年间减少了 77.23 万亩（见图1）。其中，小麦和水稻面积下降幅度较大，分别从 55.34 万亩和 67.12 万亩下降到 21.09 万亩和 47.09 万亩，分别减少了 61.89%和 29.84%。同时不断提高的生活水平和不断增加的城镇居民，对蔬菜、水果、花卉等经济作物日益提升的需求，与种粮争地的现象日益凸显。

单位：万亩

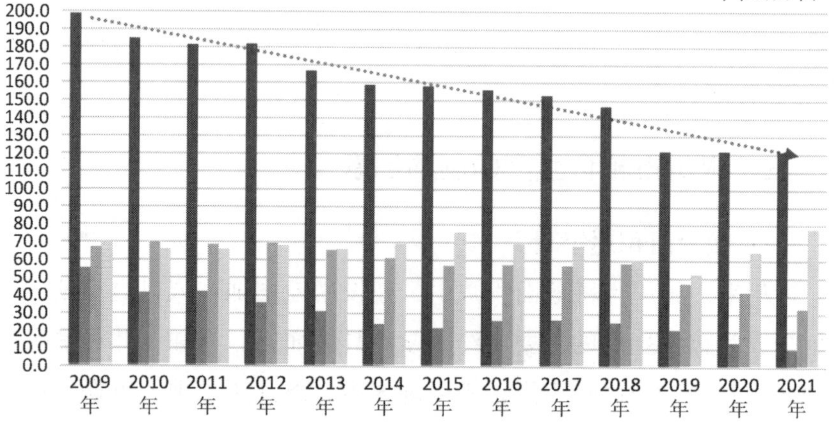

	2009年	2010年	2011年	2012年	2013年	2014年	2015年	2016年	2017年	2018年	2019年	2020年	2021年
粮食作物	198.7	184.8	181.4	181.7	166.6	158.7	158.0	156.0	152.9	146.7	121.6	121.7	121.4
小麦	55.3	41.4	42.0	36.0	31.1	24.1	22.0	26.1	26.6	25.1	21.1	13.9	10.1
水稻	67.1	70.1	68.7	69.5	65.6	61.2	57.0	57.6	57.0	58.4	47.1	42.4	33.0
玉米	69.5	66.0	66.0	68.3	66.1	69.1	75.7	69.3	67.9	60.4	52.3	64.8	77.7

图1　2009—2021年粮食作物播种面积

（二）粮食产量逐年减少

一是粮食总产量逐年减少。从粮食总产量看，2009年银川市粮食产量91.4万吨，达到21世纪以来最高水平，此后粮食产量呈现逐年下降的态势，13年间粮食产量下降了20.87万吨，2021年粮食产量仅相当于2009年的77.1%（见图2）。二是主要粮食结构失衡。近年来，全市种植业和养殖业结构不断调整，畜牧业快速发展，饲草价格上涨明显且需求激增，农民调整种植结构，导致小麦、水稻等口粮降幅明显，人畜争粮的问题凸显。从粮食生产品种看，2009年全市小麦、水稻和玉米产量分别为18.37万吨、37.04万吨和35.41万吨，分别占全市粮食产量的20.1%、40.6%和38.8%。2021年则分别为3.85万吨、18.11万吨和48.48万吨，占全市粮食比重分别为5.5%、25.7%和68.8%（见图3、图4）。通过对比看出，全市粮食产量中小麦和水稻的产量降幅明显，分别比2009年减少了14.52和18.93万吨，占比下降了14.6%和14.9%。随着全市畜牧业的高速发展，玉米产量从2020年开始大幅增长，2021年玉米产量较2009年增加了13.07万吨，占比上升了30.0%。

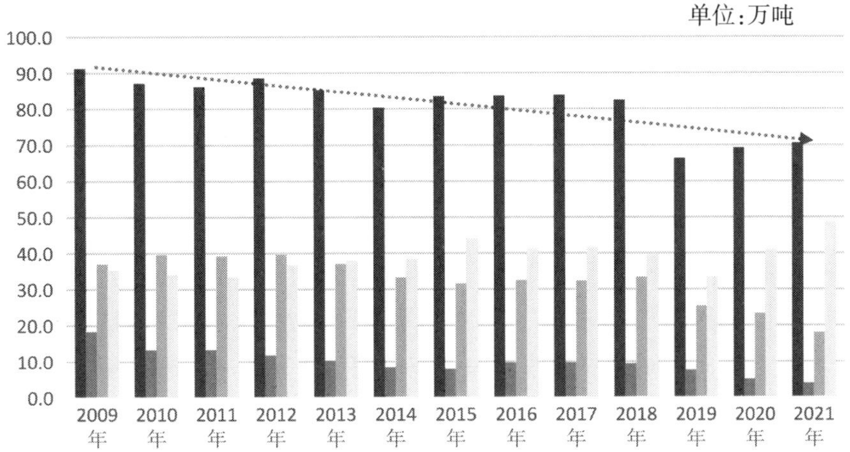

	2009年	2010年	2011年	2012年	2013年	2014年	2015年	2016年	2017年	2018年	2019年	2020年	2021年
粮食作物	91.3	87.2	86.2	88.6	85.3	80.3	83.4	83.6	83.8	82.4	66.3	69.2	70.5
小麦	18.4	13.3	13.3	11.8	10.3	8.3	7.9	9.7	9.7	9.4	7.6	5.1	3.9
水稻	37.0	39.6	39.2	39.7	37.1	33.3	31.6	32.5	32.4	33.4	25.4	23.3	18.1
玉米	35.4	34.0	33.5	36.7	37.8	38.5	43.9	41.2	41.4	39.5	33.3	40.8	48.5

图 2　2009—2021 年:粮食作物播种产量

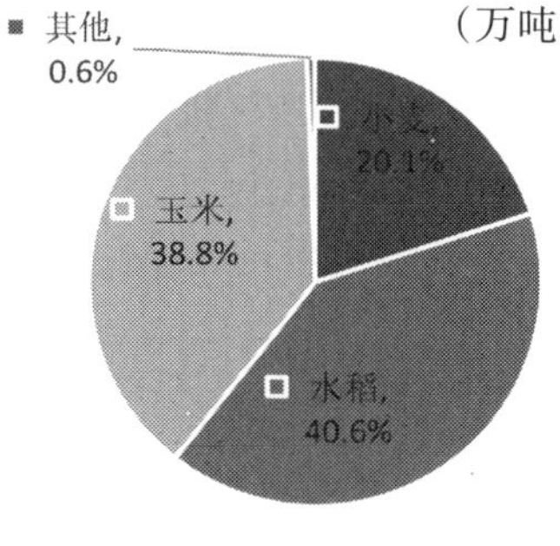

图 3　2009 年粮食产量结构

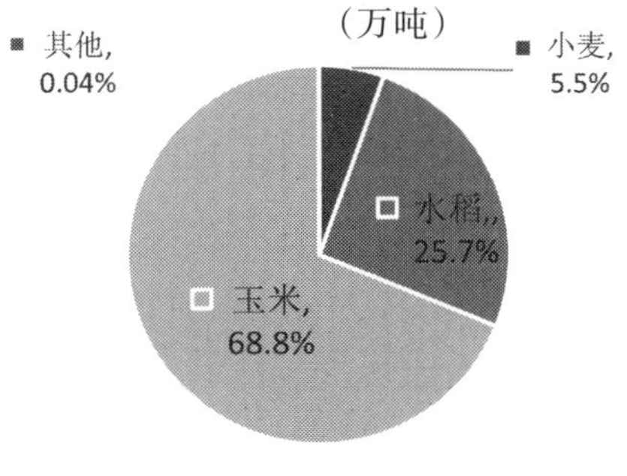

图 4　2021 年粮食产量构成

（三）人均粮食占有量逐年减少

一是人均粮食占有量低于全国全区平均水平。近年来，全市常住人口从 2009 年的 170.18 万人增加到 2021 年 288.20 万人，但全市人均粮食占有量却从 2009 年的 537 公斤下降到 2021 年的 245 公斤。2021 年人均粮食占有量分别低于全国、全区的 237 公斤和 263 公斤，也远低于国际通常认为 400 公斤是粮食标准的安全线标准。二是粮食生产不能够实现自给自足。2021 年，以每人每天消耗 0.5 公斤粮食计算，全市每天就要消耗 1441 吨粮食，全年就要消耗 52.60 万吨粮食，而 2021 年银川市小麦和水稻总产量仅为21.96万吨，口粮消耗远大于供给，反映出粮食生产自给自足能力较差。三是畜牧业对粮食的需求较大。近年来，银川市畜牧业呈现高速发展态势，较好地满足了城乡居民对肉蛋奶的需求，畜禽存栏出栏均保持较高的水平。截至2021年末，银川市生猪、牛、羊、家禽存栏分别为15.20万头、35.93万头、97.31万只和196.63万只。随着居民饮食结构的调整，银川市居民食用粮食呈现下降趋势，但是银川市饲料粮占粮食消费的比例却持续呈现增长态势，保持如此大的存栏量，饲料粮消费将会成为银川市粮食消费需求的主要推力，同时玉米作为养殖饲料的主要消费品，需求量将逐年增加。

（四）粮食种植结构粗放

一是种植品种单一。从全市粮食种植品种看，主要为小麦、水稻和玉米三大主粮，没有种植大麦、燕麦、荞麦、糜子、高粱等杂粮。二是大豆种植面积少产量低。全市仅永宁县种植少量的大豆，而且产量非常低。2021年银川市大豆种植面积6000亩，产量仅为288吨，单产仅为48公斤/亩，低于全国平均水平82公斤/亩。三是节水型农业发展缓慢。近年来，水资源约束趋紧，黄河水径流量呈逐年减少的态势，但全市农业用水比例高，粮食生产取水多、耗水严重、高效节水型种植方式少等问题仍然存在。2020年银川市农业取水量高达17.6亿立方米，占总取水量的81.3%；农业总耗水量8.2亿立方米，占总耗水量的74.9%，农业取水、耗水量占全市比重较高，且远高于工业、生活取水、耗水量。全市农田灌溉水有效利用系数0.55，低于全国平均水平。

（五）农民种粮收益不高

一是农民增收依赖工资性收入。受比较利益驱使和粮价低迷等综合因素影响，农民种粮积极性不高，种粮收益远低于种植经济作物和畜牧业，种粮收入占农民经济收入的比重逐年下降，迫使部分农民放弃粮食生产甚至退出种植业。从银川市粮食和物资储备局统计粮食收购价格看，2015年全市小麦、水稻、玉米收购价分别为2.70元/公斤、2.96元/公斤、1.78元/公斤，2021年分别为2.94元/公斤、2.81元/公斤、2.79元/公斤，价格相对比较平稳。从农村居民人均可支配收入看，全市农村居民人均可支配收入从2015年的11148元增长到2021年的18170元，反映出农民收入更依赖于工资性收入的增长。二是生产资料价格大幅上涨。近年来全球大宗商品价格急速上涨，工业品出厂价格也大幅上涨，与粮食生产有关的化肥、农药、柴油等生产资料价格大幅上涨，与此同时农用机械收费亦上涨，农民种粮收益下降，种粮积极性不高。

四、确保粮食安全的对策建议

食为政首，谷为民命。习近平总书记强调：“中国人的饭碗任何时候都要牢牢端在自己手中，饭碗主要装中国粮。”当前，银川市农业增加值占地区生产总值的比重仅3.5%左右，随着经济的进一步发展，这一比重还会继续降低。但农业的重大意义绝不能用地区生产总值来衡量，粮食问题不能只从经济上看，还必须从政治、战略上看。只有立足粮食基本自给，才能掌握粮食安全主动权，进而才能掌控经济社会发展这个大局。2020年新冠肺炎疫情发生以来，许多国家和地区将粮食这一重要战略物资纳入管控，实施出口限制。2022年俄乌冲突以来，俄罗斯、白俄罗斯、乌克兰接连发布粮食出口禁令，全球粮食供应紧缺，粮食价格持续飙升。足以看出粮食多一点少一点是战术问题，粮食安全是战略问题。在粮食安全问题上不能有丝毫麻痹大意，要始终紧绷粮食安全这根弦，牢牢守住粮食安全的底线。

（一）以落实耕地保护制度为命脉，提升高标准农田建设水平

坚决防止耕地“非粮化”。耕地是人类赖以生存的基本资源和条件，也是粮食生产的命根子，水泥地上种不出庄稼，没有了耕地其他都是空谈。采取“长牙齿”的硬措施，落实最严格的耕地保护制度，坚决制止各类耕地“非农化”行为，坚决禁止耕地“非粮化”。加强高标准农田建设，加强土地整治和田间配套设施，结合机械深松、增施有机肥、秸秆还田等耕地质量提升技术，建成旱涝保收、节水高效、稳产高产的高标准农田。确保完成《政府工作报告》中提到的建设高标准农田2万亩的任务。各县（市）区要摸清撂荒地底数，开展撂荒地整治工作。通过规范土地流转、强化政策扶持、引导社会资本投入等措施，改善撂荒地耕作条件与质量，提升撂荒地设施水平，调动农民种粮积极性。

（二）以稳定粮食面积和产量为目标，提升粮食自给能力

要压实粮食安全党政同责。将《政府工作报告》提出的粮食面积稳定在 121.1 万亩以上，粮食产量达到 68.6 万吨以上的任务细化分解到将县（市）区到乡，落实到村到地。逐级压实党委、政府重农抓粮责任，确保粮食面积不减少。同时将防止耕地"非粮化"作为粮食安全责任制考核重要内容，强化考核结果运用，对粮食生产主产区给予政策重点倾斜。要抓好两县一市这个重点。从近十年粮食生产情况看，银川市粮食主产区逐渐向两县一市集中和转移。兴庆区、金凤区、西夏区粮食产量下降趋势明显，分别从 2011 年的 6.72 万吨、3.52 万吨和 11.46 万吨下降到 2021 年的 4.85 万吨、1.30 万吨和 9.68 万吨，合计占全市粮食产量的比重分别从 2011 年的 25.2%下降到 2021 年的 22.5%，永宁县、贺兰县、灵武市合计占全市粮食产量比重从 2011 年的 74.8%上升到 2021 年的 77.5%。保障全市粮食安全就要有的放矢，重点抓好两县一市的粮食生产。要处理好"粮饲""粮经"的关系。近年来，随着居民生活水平的提高导致饮食结构发生变化，粮食消费结构相应改变，口粮消费量及其所占比重逐年下降，饲料用粮、工业用粮、青贮玉米所占比重逐年提高。要妥善处理好粮食作物与饲料作物、经济作物的关系，在确保粮食安全的前提下，在不逾越耕地红线和生态保护红线的前提下，从耕地资源向整个自然资源拓展，努力扩大油料、糖料、蔬菜、水果以及牧草、青贮玉米种植。要强化小麦、水稻的口粮供给。近两年来，随着银川市畜牧业快速发展，玉米产量持续增加，小麦和水稻产量持续减少。截至 2021 年，玉米占全市粮食比重高达 68.8%，小麦和水稻仅占 5.5%和 25.7%。适度调整种植结构，适当调减玉米种植面积，增加小麦、水稻和大豆种植面积，提高粮食自给率。

（三）以提高发展质量为中心，提升粮食生产效益

加快发展土地集中型规模经营。以规模化经营为方向，完善土地承包制度，实施土地适度规模经营。适时适地推进专业化代耕代种、集体返租倒包、大户自行承包等多种流转模式，高标准建设一批粮食生产示范基地。加快发展统一服务型规模经营。狠抓农业社会化服务体系建设，降低和防范粮食生产经营大户的经营风险。加快种植品种的调整。结合区位优势，小麦种植以宁春4号、宁春50号、宁春55号、宁3015为主。水稻种植以宁粳系列、富源4号、隆优619为主，适度扩大荣获“中国好粮油”殊荣的宁粳43号种植面积，不断提升品牌影响力和市场占有率。玉米种植以宁单、正大、先玉、大丰系列为主，丰富种植品种的同时统筹好粮饲兼用。加快推动粮食节水稳产。结合建设黄河流域生态保护和高质量发展先行区示范市的实际，以“四水四定”为要求，优化农业用水结构、转变用水方式、提高用水效率，实现水资源集约高效利用。以可消耗水资源量测算农业灌溉规模，优先保障粮食生产用水，推广喷灌、滴灌等典型节水模式，不断提高农业灌溉水利用系数，实现高效节水灌溉技术模式，实现水资源高效利用与粮食产业质量效益双提升。加快粮食种植转型发展。习近平总书记在视察贺兰县稻渔空间乡村生态观光园时，充分肯定了现代农业与休闲旅游业融合发展的模式。我们要进一步发展“稻渔空间”生态种养模式，使其在促进乡村振兴、水稻立体生态种养、渔业高质量发展、生态休闲观光等方面发挥重要的作用。

（四）以稳定价格为手段，调动农民种粮积极性

我们要认真贯彻落实中央各项惠农政策，及时出台相应配套政策措施，适度对完成粮食播种面积的产量县（市）区进行奖励，充分调动县（市）区政府重农抓粮积极性。按照“谁种粮，谁受益”的原则，适度提高粮食补贴标准，扩大粮食补贴范围，提高粮食补贴精度，让农民真正看到种粮有利可图，种粮可以增加收入。同时针对粮食价格涨幅有限的情况，制定完善价格保护政策，兜底主要粮食品种收购价格，保护农民利益，保障农民不因粮食价格波动减少种粮收入。稳定农资价格。对化肥、农药、农用薄膜、种子的生产给予一定的税收优惠，适度增加农资综合补贴，对农业用电、用水、柴油等给予价格上的支持。同时加强对农资市场的监管，严厉打击哄抬价格行为等，保护农民利益，调动农民种粮积极性。要聚焦农业保险“扩面、增品、提标”，持续推进小麦、玉米、水稻完全成本保险和收入保险试点，逐步提高粮食作物保险覆盖面和保障水平，给农民种粮吃下“定心丸”。

闽宁深度协作助力宁夏打造乡村全面振兴样板区建设研究

宋春玲

党的二十大提出要加快构建新发展格局，着力推动高质量发展。全面推进乡村振兴是其中非常重要的一环，要根据乡村的特色与资源禀赋发展乡村特色产业，努力做到农村美、农业强、农民富。自治区第十三次党代会提出在巩固拓展脱贫攻坚成果的基础上，以增加农民群众收入为目的，以加快农业农村现代化为主攻方向，加快建设乡村全面振兴样板区，实现农业全面升级、农村全面进步、农民全面发展。为全面贯彻党的二十大精神，认真贯彻落实习近平总书记视察宁夏重要讲话和重要指示批示精神，全面落实自治区第十三次党代会部署要求，需要扎实推进乡村全面振兴样板区重点工作。闽宁镇采取多种方式发展优势特色产业，总结推广特色村集体经济发展模式，激发农村集体经济发展新动能，形成一批可复制、可推广、可借鉴的农民致富经验，为宁夏推进乡村全面振兴样板区建设贡献区域示范力量。

闽宁镇与宁夏首府银川市的直线距离仅 50 公里，110 国道贯穿其中，交通较为方便。1996 年，宁夏回族自治区与福建省建立了对口扶贫协作机制，从此闽宁镇作为一个窗口、一张名片见证了东西部协作的艰辛与成就。26 年来闽宁两省从单向的帮扶到双向的相互协作，走出了一条互利

作者简介　宋春玲，宁夏社会科学院农村经济研究所助理研究员。

共赢的成功之路。26年来闽宁两省不断拓宽交流、深化合作，不但摸索出能示范、可复制的“闽宁经验”，更是将“闽宁经验”推广向全国范围，让其成为全国脱贫攻坚的成功实践案例，让全国人民的目光再一次聚焦在宁夏。

一、闽宁深度协作历经的发展阶段

闽宁协作是习近平总书记亲自倡导、亲自部署、亲自推动的大战略，承载着总书记的殷切希望。1996年5月31日，国务院扶贫协作会议在北京召开，会议确定了福建省对口帮扶宁夏回族自治区。这一天，对福建与宁夏来说，都具有跨时空的意义，闽宁扶贫协作从此拉开了序幕。志合者，不以山海为远。自闽宁对口扶贫协作确立后，福建省首先召开了第一次联席会议，会议确立了闽宁专项协作基金机制、市县结对帮扶机制、互派挂职干部相互培养和学习等长效协作机制，并规定每年召开一次联席会议讨论项目、基金、人才培养等具体事宜。26年的长期坚持，闽宁协作已经发生了根本性变化，合作项目已经由最初的以基础性建设为主转变为品牌共建、新兴科技产业、葡萄酒产业、文化旅游产业、新能源与能源技术产业等多个领域的深度合作，路子越走越宽，越走越远。

1996年至今，闽宁扶贫协作工作已经进入第26个年头，闽江水与六盘山已结下了深厚的情谊。26年来，闽宁扶贫协作工作经历了四个发展阶段，闽宁协作真正成了“东西部扶贫协作和对口支援的一个生动例子”，走出了东西部协作的新路子，向全社会提供了脱贫攻坚的生动样本。

（一）“输血式扶贫”阶段（1996—1999年）

这个阶段主要是福建省的单向帮扶，真金白银投入、真抓实干帮扶，资金主要用于解决西海固群众最迫切的民生问题。这一时期福建省政府帮助宁夏大搞基础建设，修桥补路、兴水利、设电网、建水窖、造梯田，同时建立多个希望小学，打造教育扶贫工程、医疗扶贫工程等。这一时期集中力量打造样板村，让移民迁得出、稳得住、致得富。

（二）“造血式扶贫”阶段（2000—2014年）

这一阶段两省区政府领导意识到只有引入市场机制才能优化资源配置，

提高运行效率，增强造血功能。政府领跑、企业接棒，以市场为纽带的产业扶贫在这一阶段开展得如火如荼。这一阶段闽宁扶贫协作由单向帮扶开始向互惠共赢、共同发展转变。单方面的资金输出已经不能满足这一时期的宁夏的发展，随着宁夏人民脱贫的迫切需求，随着市场的逐步进入，宁夏人民开始走出去，主动与福建省深入交流、谋求合作。在这一时期的合作中，产业比较单一，以劳动力输出、原材料生产为主，合作基本处于产业链的前端，但却是宁夏人民主动脱贫跨出的关键一步，为闽宁两省区的后续合作打开了良好局面。为了更好地增强宁夏人民主动脱贫的内生动力，福建省帮助宁夏培训了大量的技术人才，并在教育、卫生等领域多有合作，打出多种政策组合拳，“闽宁经验”在这一阶段已初现雏形。

（三）“精准式扶贫”阶段（2015—2020 年）

2015 年 11 月，中央扶贫开发工作会议通过了《中共中央　国务院关于打赢脱贫攻坚战的决定》，对闽宁对口扶贫协作也提出了新的要求。这一时期进入闽宁对口扶贫协作深入发展阶段。两省区人民在这一时期双向交流，贴近学习，深度互动。在这一时期闽宁两省已经做好了全面按时脱贫的准备，结对帮扶要求既要优化又要精准，探索出了全面脱贫与乡村振兴的有效衔接方式，为开启第四个阶段做好了准备。

（四）区域深度合作阶段（2021 年及以后）

这一阶段闽宁两省将共同融入构建新发展格局，是社会、经济、文化领域的融合发展。20 多年的深厚友谊促使闽宁两省虽相隔千里却紧密联系，经济上互利共赢，人文上互通共融，感情上互动共鸣。闽宁深度合作被打造成了一张家喻户晓的名片，是区域深度合作的特色品牌，是区域协调发展、协同发展、共同发展的良好平台。

二、闽宁深度协作取得的重大成就

福建、宁夏两省区始终坚持闽宁扶贫协作模式不变，探索出了一条先富带动后富、东部扶持西部、多数帮助少数的共同富裕之路。

（一）完善了可供复制的机制

福建省政府会在不同时期指派不同的市级政府与宁夏结对，在市县结对过程中，不同的思想与文化相互碰撞，打开了宁夏人民脱贫致富的新思路；在两省互派挂职干部的过程中，闽籍干部与宁夏干部相互学习与交流，宁夏人民转变了思想、增强了动力。“市县结对帮扶”“互派挂职干部”“部门对口协作”等长效扶贫机制，为其他地区的扶贫结对帮扶提供了有益借鉴，宁夏还在实践中率先摸索出了县镇村三级结对帮扶机制等。宁夏探索形成了闽宁协作闽宁镇、闽宁示范村模式，引导和支持福建民间资本和闽籍企业参与闽宁产业园、六盘山生态创业园建设；进一步放宽了市场准入，支持闽籍企业资本进入宁夏社会公益事业和金融服务等领域，推动“闽宁经验”不断发展，更加完善成熟。

（二）取得了令人瞩目的成就

闽宁协作是习近平总书记亲自谋划的一条百姓共同富裕之路。截止到2021年，福建省级财政援宁投入19.56亿元，结对帮扶市县援助资金7.11亿元，组织社会团体、爱心企业捐款捐物折合4亿多元，全部投向贫困地区。福建省帮助宁夏建设安居房，让100多万移民安心搬迁有房可住。闽宁两省共同建设饮水安全工程，打井窖1.5万眼，让西海固居民有干净水可喝，从此告别了苦咸水。福建省还帮助宁夏建设公路385公里，建设高标准梯田22.9万亩。在两省干部群众共同努力下，闽宁对口协作终于走出了一条可持续发展之路。

（三）形成了可以借鉴的经验

闽宁对口扶贫协作用工业化的思维推动了农业发展方式的转变和农业合作方式创新，支持和推广了“公司+基地+农户”的“华林模式”，促进了贫困地区农业的提质增效和产业结构的转型升级，用市场化运作带动了当地贫困农民发展生产脱贫增收，探索了“三位一体”闽宁产业协作新模式，拓宽了协作主体和领域。“三位一体”的闽宁产业协作模式是以产业发展为基础，园区建设为依托，移民务工为主体，福利企业为骨干的“园区建设+移民致富+企业盈利”的新模式。这些已经被证明可以被复制和借鉴的经验与模式，得到了全国人民的认可，已经被其他省区模仿与传承。

三、闽宁深度协作助力打造乡村全面振兴样板区

从1996年到2022年26年间，闽宁两省区始终沿着习近平总书记指明的方向努力前行。随着闽宁两省区不断深入的交流与合作，两省区人民已经结下深厚的友谊，极大地推进了两省区尤其是宁夏社会、经济、文化等事业的发展，为宁夏打造乡村全面振兴样板区打下了坚实基础并提供助力。

（一）精神引领助力打造乡村全面振兴样板区

习近平总书记在推动脱贫攻坚中十分重视政策保障问题，强调要加大对贫困地区的政策支持力度，形成有利于贫困地区和扶贫对象加快发展的扶贫战略和政策体系。从闽宁扶贫协作一开始，习近平同志就提出了从解决宁夏贫困地区最紧迫、最直接、最现实的问题入手，突出扶贫开发，着力改善贫困群众生产生活条件的指导方针。“闽宁经验”孕育“闽宁精神”，“闽宁精神”是攻坚克难的精神，是艰苦奋斗的精神，是团结协作的精神，在“闽宁精神”的引领和影响下，宁夏人民从中不断汲取精神养分，打开一片天地，创造一个又一个奇迹。首先，在闽宁对口扶贫协作过程中，福建人民体现了极大的热情与真心，体现了帮助他人的真心实意与干事创业的脚踏实地，发扬了踔厉笃行的实干精神。其次，闽宁两省区人民用20多年时间实现了减贫大业，体现了极大的激情与执着，体现了敢于变通敢于创新的作风与干事创业的激情，发扬了勇攀高峰的创业精神。再次，闽宁两省区不以山海为远通力合作，守望相助，发扬了凝心聚力的协作精神。经过26年不间断的努力，宁夏干部传承了精神、开阔了眼界、转变了观念、增长了才干、带回了发展经济的先进理念，激发了改变家乡贫困面貌和创新实干的巨大热情。今后，在闽宁深度协作过程中，宁夏依然会落实“四个不摘”总要求，巩固完善结对关系。福建与宁夏开展巩固拓展脱贫攻坚成果和全面推进乡村振兴结对帮扶，鼓励其他市、县（区）开展结对协作，助力宁夏打造乡村全面振兴样板区。

（二）产业带动助力宁夏打造乡村全面振兴样板区

坚持产业带动是“闽宁经验”之所以成功的关键一招。从种植养殖到加工制造，从电子商务到高新技术，产业带动贯穿在从帮扶到共建的整个

过程之中。首先，需要积极培育龙头企业，“龙头企业+”的产业发展形式成功带动宁夏本土企业发展。宁夏本土产业一般规模较小，缺乏竞争力，随着闽籍企业的进入，在先进理念的引领与优质企业的带动下，纷纷转变思路，让宁夏本地的优势产品走向更大的市场，促进农民增收。其次，要鼓励科技型企业的发展，通过引进福建的先进技术并在闽宁大专院校之间开展交流合作，把宁夏优势产业基地真正建强。对于有科技研发的企业要给予减税等政策支持，并将其推广出去。最后要善于利用大数据、云计算等先进技术促进产业间的资源优化利用、先进技术的信息对接、企业内部的管理效率、业务流程更加流畅。要整合数据形成数据链，要将产业链中各个环节的企业信息、政府管理信息、服务信息、需求信息等优化整合，用数据链贯通供需通道，实现资源的动态配置，产能的精准匹配。闽宁两省区抓住国家推进“一带一路”建设的契机，以中国（福建）自由贸易试验区和宁夏内陆开放型经济试验区为平台，充分利用中阿博览会、海交会、厦洽会、海峡旅游博览会等有利条件，努力推进双向交流，互惠互利发展。同时还开通厦门市至银川市直航航班，为文化旅游产业协同发展创造条件。闽宁对口扶贫协作从以产业扶贫、劳务输出、干部选派等为主，向金融、经贸、旅游、人文等多领域拓展。从以单向输入为主，向互补性、双向性、联动性拓展，闽宁两省区既有经济上的互利共赢，又有人文上的互通共融，更有感情上的互动共鸣。今后，在闽宁深度协作过程中，发挥市场主体作用，推动产业融合发展，助力宁夏打造乡村全面振兴样板区。

（三）人才培育助力打造乡村全面振兴样板区

坚持互学互助机制，促进理念互融互鉴。坚持干部挂职、人才交流，这是一种具有方向性的扶贫协作新思考，也是一种基于长期协作的制度安排上的考虑，干部交流、挂职锻炼是闽宁对口帮扶取得实效的重要举措。截至2021年，福建省以两年为轮换周期，共选派援宁挂职干部11批183名，支教支医支农工作队员、专家院士、西部计划志愿者3000多人；宁夏也先后选派了20批344名干部到福建挂职锻炼。26年来，两省区挂职干部在相互学习、相互借鉴中强化了责任担当、创新了工作思路。通过干部交流、互访学习、培训进修、 科技支宁、支教支医、志愿者行动、劳务培训、劳务输出等一系列措施，双方的人员交往日益频繁，西海固干部群众的视野从本乡本土逐步扩展到沿海开放地区。伴随福建企业家来到西海固创业，人们逐步接受了市场经济的熏陶，思想观念慢慢发生了变化。同时建立两省区就业培训协作机制，鼓励福建企业与宁夏职业培训机构、技工院校开展定向就业培训，精准对接宁夏劳动力就业需求与福建企业用工信息，实现互利双赢、共同发展。在闽宁深度协作过程中，将继续加强人才交流，推进科技领域合作。继续开展互派干部挂职、专业人才交流，促进观念互通、思路互动、技术互学、作风互鉴。学习“数字福建”建设经验，深化闽宁两省区政府部门、科研机构、高等院校、科技型企业之间合作，共同搭建创新平台、联合实施科技项目，在科技创新、成果转化、技术咨询、技术服务等方面建立长效协作机制，推动闽宁两省区科技合作和数字经济高质量发展，助力宁夏打造乡村振兴样板区。

（四）示范带动助力打造乡村全面振兴样板区

经过26年的不懈奋斗，如今在闽宁镇原隆村能看到宽敞的移民新居，智能化的养殖场，集种植、观光、生产于一体的田园综合体，富有创意的直播间。特色种植、特色养殖、文化创意、设施农业、电商平台、商贸物流等一批特色优势产业早已打上“山海情”的品牌，移民年人均可支配收入成功翻了30倍，真正过上了富裕生活。在闽宁镇的示范带动下，闽宁两省区因村制宜、精准施策，围绕改善基础设施惠民生、发展主导产业促增收、建设扶贫车间带就业、壮大集体经济谋发展、加强基层组织建设夯基础；110个闽宁示范村拔地而起，泉港村、涵江村、弘德村等一批先进典型不断树立，仅2021年一年时间就打造了47个闽宁示范村，为下一步建设乡村全面振兴样板区提供了借鉴，积累了丰富经验。

用众人之力，则无不胜。拓展消费协作路径，完善闽宁消费协作机制。搭建闽宁消费协作平台，互相为对方提供特色产品展示展销便利，共同拓宽特色产品销售渠道，共同打开产品销售市场，推动闽宁两省区特色产品展示展销活动常态化。搭建多领域合作平台，推动高质量发展。依托福建厦洽会、农博会等开放平台和宁夏建设黄河流域生态保护和高质量发展先行区、中阿博览会、中国（宁夏）国际葡萄酒博览会等平台，为两地合作提供更大空间、更多便利、更实举措，加快融入国家“双循环”发展格局，推动两省区经济互利共赢，实现高质量发展。

宁夏第十三次党代会报告指出，全面建设社会主义现代化美丽新宁夏，必须加快建设乡村全面振兴样板区。宁夏在脱贫攻坚取得全面胜利后，就要接续推进乡村全面振兴，这是全面建设社会主义现代化国家的重大历史任务，是“三农”工作提质增效的重要手段，更是实现全体人民共同富裕的必然要求。坚持全产业链理念，围绕构建现代农业“三大体系”，立足资源禀赋，发挥比较优势，大力发展“六特”产业。强化农业科技支撑，夯实农业发展基础。六盘山高，闽江水长。实践证明，闽宁对口扶贫协作为我国东西部扶贫协作积累了成功的经验，也为世界减贫事业提供了生动的中国案例，彰显了社会主义大家庭先富帮后富的制度优越性，必将助力宁夏加快推进乡村全面振兴样板区的建设。

数字化赋能宁夏乡村振兴产业高质量发展的对策建议

张国君　马建强　席　娜　辛　艳

近几年来，随着信息技术的发展和移动互联网的普及运用，数字经济逐步向农业领域渗透。《2021 年数字中国发展研究报告》显示，2020 年，我国数字经济增加值规模达到 39.2 万亿元，占国内生产总值的 38.6%，对我国的 GDP 贡献率达到 70%。而我国农业数字经济占行业增加值比重仅为 8.9%，低于工业和服务业的 21.0%、40.7%。说明数字化赋能农村产业比例不高且分布不均衡，是制约我国如期实现乡村振兴和农业现代化的不利因素。该报告同时指出，宁夏的数字化应用水平低，技术支撑薄弱，产业融合度不高，信息化发展水平处于全国第三梯队，与其他省份还存在不小的差距。因此，根据中共二十大提出的"加快发展数字经济，促进数字经济和实体经济深度融合"的要求，持续加大数字化创新要素在农业农村领域的聚集和投入，深化数字化转型提速，才能激发农村产业发展的潜力，成为引领宁夏农村经济高质量发展和实现农业现代化的强大引擎。

作者简介　张国君，宁夏社会科学院社会学法学研究所助理研究员；马建强，宁夏社会科学院科研处课题管理科科长；席娜，宁夏农村科技发展中心助理研究员；辛艳，银川市教育科学研究所高级教师。

一、数字化赋能宁夏乡村振兴产业发展情况

（一）出台的有关政策和规范性文件

宁夏数字化建设方面的立法和规范性文件的制定，重点围绕党委和政府的中心工作、自治区“六特”产业和“互联网+医疗健康”“互联网+教育”等创建活动展开，形成了“两规划+N方案”的法治保障体系（见表1）。总体来看，《宁夏数字经济发展“十四五”规划》对农业农村数字化建设比较具体全面，分布在该《规划》的第四章主要任务篇（二）项“推进农业数字化转型发展”部分和第五章专项行动篇（二）项“服务先行区高质量发展专项行动”的“特色农业数字赋能”部分。“推进农业数字化转型发展”部分分别从数字化技术赋能现代农业生产体系、经营体系、管理体系建设展开，列举了推进“三大体系”建设的具体项目内容和目标方向；“特色农业数字赋能”部分分别列举“十四五”期间在枸杞、葡萄酒等“六特”产业和“数字供销”、农业大数据建设方面推进的重点工程项目和要实现的目标任务。《宁夏回族自治区科技创新“十四五”规划》第三章“科技创新重点方向”部分包含开发示范智慧文旅、智慧农业等智慧应用场景，在农业种养领域开展物联网技术应用，建设枸杞、特色农作物、滩羊等自治区级种质资源数据库平台等内容。“N方案”聚焦重点行业和特色领域具体细化规定，基本囊括宁夏“互联网+教育”“互联网+医疗健康”“互联网+城乡供水”和“数字供销”等产业领域，覆盖数字化转型应用的全链条全过程。

表1　自治区出台的有关数字化方面的政策和规范性文件

文件名称	印发时间	主要内容
《宁夏“互联网+教育”示范区建设实施方案的通知》	2018年11月	确定5年目标任务，开展“十大行动”扎实推进18项具体任务。
《宁夏“互联网+医疗健康”示范区建设规划（2019—2022年）》	2019年2月	确立5年发展目标，夯实一个基础，建设两大中心，强化三项保障，构建五大平台，推动全域“互联网+医疗健康”示范区建设。
《宁夏数字乡村三年行动计划》	2020年9月	确立11个方面36项重点任务，涉及20多个牵头单位。
《宁夏“互联网+城乡供水”示范省（区）建设实施方案（2021—2025年）》	2020年11月	确立5年发展目标，建设自治区统一数据标准、认证服务、管理运营、应用服务的“互联网+城乡供水”大数据中心，实现全区城乡供水数据共建共享。

续表

文件名称	印发时间	主要内容
《宁夏数字政府建设行动计划(2021—2023年)》	2021年3月	确立“12345”的总体架构。围绕20个方面提出60项重点任务，建成省级统一云平台，构建自治区市县乡村五级全覆盖的电子政务外网，完成与全国政务服务一体化平台的全面对接。
《宁夏建设全国“数字供销”示范区实施方案(2021—2025年)》	2021年7月	部署5年的建设目标，实施“十大工程”，构建具有行业和地方特色的“数字供销”应用体系。
《宁夏回族自治区科技创新“十四五”规划》	2021年7月	开发示范智慧文旅、智慧农业等应用场景。在农业种养、物流运输等领域开展物联网技术集成应用。建设枸杞、特色农作物、滩羊等种质资源数据库和信息共享服务平台。
《宁夏数字经济发展“十四五”规划》	2021年9月	加快农业生产数字化、推进农业经营数字化、推动农业管理服务数字化、深化特色农业数字赋能，打造5个数字农业示范县。
《宁夏回族自治区信息通信业发展“十四五”规划》	2021年12月	总结“十三五”期间取得的成绩，提出信息通信业五方面21项工作重点。
《自治区党委 人民政府关于做好2022年全面推进乡村振兴重点工作的实施意见》	2022年2月	加快农业数字化、智能化改造，推动物联网、大数据、区块链技术与农业生产深度融合，推进北斗智能终端在农业生产领域应用，建设天空地一体化智慧农场和数字农业园区。
《自治区人民政府办公厅关于促进大数据产业发展应用的实施意见》	2022年2月	提出促进产业集聚发展、强化培育引进力度、推进技术融合应用、支持使用云计算服务、推动创新引领、加强关键技术攻关等方面的内容，提出具体支持措施。
《加快全区农村寄递物流体系建设实施方案》	2022年3月	确立全区农村寄递物流体系的7项工作任务，5项发展重点及完成时限。
《关于扎实推进科技帮扶巩固拓展脱贫攻坚成果 助力乡村振兴的实施方案》	2022年4月	支持种业企业采用多种科技服务模式推广优新品种，集中开展优质高效栽培、健康养殖、绿色植保、高效节水、艺机一体等先进实用技术集成示范。
《宁夏乡村建设行动实施方案》	2022年8月	部署14项重点任务。到2025年，实现千兆光纤网络全区重点村全覆盖，建制村通5G比例达到80%，完成22个县级寄递物流中心升级改造，193个乡镇寄递物流站。
《自治区“六特”产业高质量发展科技支撑行动方案》	2022年9月	大力推广应用生态养殖、监测预警、智慧管理等模式，在良种繁育、生物技术育种、智慧农业、农产品高值化加工等领域布局建设一批自治区重点实验室、工程技术研究中心等各类创新平台。
《宁夏回族自治区鼓励电子商务产业发展若干政策》	2022年9月	推出加快宁夏电子商务产业高质量发展的五方面19项措施。

注：表格数据资料源于网站政务公开信息整理。

（二）宁夏数字化赋能乡村振兴产业高质量发展的做法和经验

1. 加大基础设施投资，夯实数字化建设基础

截至2022年6月，宁夏各电信运营商在电信普遍服务上投资20.33亿元，宽带覆盖建制村1306个，建设农村4G基站3528个，全区建制村光纤覆盖率达到100%，4G网络覆盖率达到100%，宽带平均速率100兆，4G平均速率达到30兆。中国联通宁夏公司推进“平台+云网+X”数字化应用服务模式，以平台智慧大屏配合大喇叭、云监控等产品，累计建设养殖、种植、带货、销售类数字乡村平台281个，打造集移动通信、光网宽带、互联网高清电视为一体化的家庭通信服务，已惠及34631户农村用户。2021年，中国移动宁夏公司承揽的全区网络升级改造项目，总投资3亿元，建成后100%宽带用户接入能力达到100Mbps，加速了农村地区宽带接入速率和普及水平，缩小城乡数字鸿沟。

2. 聚焦重点领域行业，加快产业数字化应用转型

宁夏于2018年7月始分别启动“互联网+医疗健康”“互联网+教育”“互联网+城乡供水”和“数字供销”示范区创建活动，构建线上线下诊疗、教育、供销融合发展，建立“科技+服务+治理”新医疗、教育和供销体系。目前，“互联网+医疗健康”“互联网+教育”已进入全面验收阶段，实现了全区教育、医疗网络全覆盖，取得了专家学者的好评，“数字供销”示范区创建活动正在积极推进当中。

3. 加强关键技术研发，促进科技成果转化应用

自治区科技厅以支撑高质量发展为主线，强化应用平台载体建设和应用模式创建，将数字治水、智慧农业等关键技术研发与应用列入重点攻关方向，推进开发智慧枸杞园、葡萄酒庄、牧场等应用场景，精心设计了数字育种、牛脸识别、智能艺技一体化等关键技术研发项目。立项开展了“区块链技术在滩羊健康养殖中的应用研究与示范”等自治区重点研发项目，建成了集数据收集与互联网应用为一体的“宁夏奶牛育种信息大数据”等科研平台。

4. 创新农村电商模式，释放农村消费潜力

率先在全国实现电子商务进农村省域全覆盖，使网络消费在完善农村

市场体系、促进农村流通现代化、释放农村消费活力以及便利农村生产生活等方面发挥重要作用。中宁县、贺兰县成功入选商务部2021年电子商务进农村综合示范县（第一批）。2016—2019年，宁夏农村地区网络零售额累计255.12亿元，年均增长49.2%，2020年同比增长21.92%，较全国农村网络零售额增速高出6.1个百分点。2020年宁夏服务型网络零售额实现13.56亿元，即在农村线上餐饮行业有较广阔的农村群体受众面和较高的消费频次，保持供需两旺势头。

二、宁夏数字化赋能乡村振兴产业发展面临的困惑和难题

（一）顶层设计不完善，统筹协调力度不够

宁夏在“互联网+医疗健康”“互联网+教育”“互联网+城乡供水”和“数字供销”示范区创建过程中制订了详细的单项实施方案，但在数字化建设方面，整体而言，由于自治区层面未制定数字乡村建设和赋能乡村振兴产业发展总体规划，也未成立领导组织机构，致使市县级在创建过程中对目标定位、建设标准、完成时限等缺乏统一认识、做法不一，影响了国家政策在基层的贯彻落实。同时国家提出的“智慧农业”“智慧水利”建设等细分领域在学科上存在着相互关联和交叉融合，而现行管理体制下，业务工作分属不同的管理部门，缺少统筹协调和整体谋划，各自为政和多头管理现象突出，聚合创新效果不明显，资源浪费和重复劳动等问题频繁发生。

（二）规划衔接不紧凑，区域发展不均衡

《宁夏回族自治区数字政府建设行动计划（2021—2023年）》分析了宁夏数字化建设的发展现状，提出了总体要求，明确了主要工作任务，确立了“12345”总体架构。调研发现，区市县（区）大多未制定数字乡村建设专项规划和实施方案，在数字化建设布局安排上，可行性分析论证和全局性系统性的谋划设计不够，行业之间、地区之间发展不均衡不充分问题突出。鉴于乡村巨大的市场份额，中国移动、中国联通、中国电信等营运商及阿里巴巴、腾讯、抖音、拼多多等互联网平台纷纷推出面向农业农村的数字化平台和应用场景建设项目，好多平台界面分布、版块、设计、应用大同小异，同质化严重，且实用性不强、利用率不高，有些版块内容空白，

重复建设、低水平建设和重建设轻管理等现象严重。同时发现，好多机关、组织、企事业单位、团体和个人缺乏软件著作权保护意识，在与开发方签订软件开发合同时普遍缺少软件著作权保护条款，未约定软件著作权权利归属，软件著作权及演绎作品著作权极易被他人恶意侵占或使用，存在潜在的知识产权安全隐患，这种无序的数字化应用市场局面急需整治规范。

（三）农村数字化基础薄弱，制约数字化转型因素较多

与先进省市相比，宁夏数字化产业方面存在信息基础设施服务覆盖城乡不均衡、数据治理滞后、系统整合慢、业务协同难、安全隐患多、云服务能力较弱、数据资源的有序开放和要素化、市场化应用起步艰难等短板。云、管、边、端协同的一体化新型基础设施体系未能成形，面向数据要素的感知、传输、存储、计算、应用等整体数字能力有待提升，数据中心、云计算等数据设施更新慢，人工智能、区块链等新技术尚需进一步挖掘，对农业性产业化发展联盟培育不够。在技术业务快速变革、属地化管理需求大幅增加的情况下，数字化应用体系不完善、队伍力量不足、技术手段有限等问题日益突出。相应地给予采用数字化基础设施的农村中小企业的优惠倾斜政策少，农村中小企业“上云”“赋智”“用数”的数量不多，业务监管跟进不及时。电商物流服务方面，农村快递服务基础设施简陋，人员配备不足，服务站点少，配送运力资源薄弱，寄递成本高，冷链运输能力和配送能力不强，服务类型小众化特征明显，与当下多类型、个性化、专业化的要求还有差距。城乡间、区域间发展水平不平衡不充分问题依旧存在，农村电商企业核心竞争力不强，技术创新能力还不能适应高质量发展要求。数据产权、交易规则和服务体系不健全，数据要素价值潜力尚未有效激活，与电子商务业态模式创新相适应的治理体系亟待健全。

（四）重点领域数字化布局不均衡，存在较大的改进提升空间

按照自治区党委、政府的产业规划，2025 年全区奶牛存栏要达到 110 万头，肉牛存栏要达到 300 万头，滩羊饲养量要达到 1750 万只。相对如此庞大的饲养基数，牛养殖、滩羊养殖生产智能化应用普及率相对较高，但大多从国外区外引进，自主研发的不多，科技含量和附加值不高，尤其集数据收集与智能化应用为一体的数字化应用更少。有的农业产业养殖园区存栏奶牛数量多达20万头，养殖、市场、疾病、质量安全风险、粪便处理等风险和难题叠加，缺少风险应对和化解机制。调研发现，宁夏作为牛产业大省（区），没有建立起现代化的奶肉牛繁育基地，基础母牛多从外地购进，不利于奶牛产业的长久发展。现代设施农业数字化应用相对普及，以自主研发居多，科技化含量较低，高端智能化应用不多。在葡萄、枸杞种植环节，育苗、施肥、采摘、分拣基本采用人工完成，机械化数字化应用率低，致使葡萄酒、枸杞加工企业前期成本过高。近几年来，随着对外贸易和经济交往活动的活跃，外来生物、植物、病菌、病毒等入侵的品类数量越来越多，危及与本地特色优势产业关联紧密的牧草、水源、环境、卫生等领域，对本地的生态及环境安全构成极大的威胁。“互联网+医疗”方面，5G、AI、3D、人工智能、远程医疗的诊疗和健康循证尚未全面展开，实体医院和智慧医院诊疗还存在衔接障碍；受人才、技术、资金、基础设施等制约，“互联网+”、远程医疗下基层难度大。“互联网+教育”方面，数字化教学基础设施配备不足，师资和信息资源共享不充分。数字供销和电子商务业务方面交叉竞合多，区域、部门、技术、机制、创新协同力度不够。

（五）专业人才不足，数字化研究力量薄弱

专业化人才奇缺，文化素质偏低是宁夏农村劳动力的基本状况。数字化应用需要不同层次的专业人才，在宁夏农村劳动力结构中，大量的村民不具备或者欠缺数字知识技能，更不用说兼具不同学科背景的人才了。目前，大数据、物联网等数字化课程只有在高等院校开设，职业教育和在职培训很少涉足数字化技术方面的知识内容和学科，致使农村农业领域数字化人才短缺的问题很突出。据统计，截至2021年底，宁夏共有43家国家、自治区重点实验室，农业生物类占到18家，其中智慧农业、设施农业和数字化4家。在86家国家、自治区工程技术研究中心中，有43家是农业生物类方向。且在86家工程技术研究中心和417家技术创新中心当中，90%的依托单位是企业，企业的技术研发力量和科研成果整体来看高于公办科研单位。宁夏大学、北方民族大学、宁夏农科院等高等院校和科研事业单位，在有些学科领域的科研力量和学术成果在宁夏处于领先地位，但相对于北京、上海、安徽、湖北等经济发达的省市来说，高等院校和科研事业单位对全区经济发展的科技贡献作用不明显，一方面与宁夏高校数量少有关，同时也与学科设置不无关系。这些现象不得不引起决策部门的关注和深思。

三、加快宁夏数字化赋能农村产业高质量发展的对策建议

（一）加强顶层设计，健全协同联动机制

为了系统地推进乡村数字化变革，宁夏应优化数字乡村建设顶层设计和推进机制，尽快成立区—市—县（区）三级数字乡村建设领导小组及数字经济发展联席会议制度。参照国家和其他省市的通行做法，区市县（区）的行政首长担任领导小组组长，联席会议由发展改革委、网信办、科技厅（局）等20余个部门组成，发展改革委为牵头单位，由自治区发展改革委分管负责同志担任联席会议召集人，其他成员单位有关负责同志为联席会议成员。联席会议职责是贯彻落实自治区党委、政府的决策部署，指导制定本地区本年度重点领域工作要点、规划和政策，确定实施重大工程项目和试点示范工作，统筹推进本地区数字乡村建设重大规划项目，畅通与有关地方、行业的工作协调对接，强化与各类示范区、试验区协同联动，总结探索适应数字乡村建设的改革举措等。通过上述体制机制创新促进工作效能的提升，激发乡村数字化应用创新活力，让数字化充分赋能乡村振兴战略。

（二）突出规划引领，抓好统筹谋划

建议宁夏对标对表国家部委的有关乡村建设的政策规定和目标要求，抓紧制订《数字乡村建设实施方案》《贯彻落实〈数字乡村发展行动计划（2022—2025年）〉实施方案》，明确数字乡村建设的总体要求、指导思想、基本原则、目标任务等，给出时间表，划定路线图，做好国家政策的分头对接和贯彻执行工作，确保数字乡村建设有序推进。同时加强数字化应用市场的规划指导，根据数字化建设的个性化需求设置区别化的准入条件，确保各类运营商和互联网平台等市场主体都能公平地参与数字化乡村建设，营造健康有序规范安全的发展环境。充分借鉴浙江等省“一地创新，全区共享”的做法，将示范创建积累的经验和成果及时推广应用到区内其他地市，降低探索试错的成本，提高数字化成果的转化率。强化知识产权的保护意识，依法保护研发的数字化应用软件的所有权、使用权等，加快数字

化科技成果向现实生产力的转化，共享数字化对乡村振兴的引领驱动作用。

（三）加强数字化基础设施建设，提高数字化转型应用能力

信息通信方面，全面拓展5G网络、千兆光纤网络覆盖范围，加快推动5G网络向乡镇和农村地区延伸，持续推进农村通信网络基础设施升级改造，扩大农村地区覆盖面。满足数据采集、无线抄表、环境监测、智能家居、智慧农业等场景需求。支持创意农业、观光农业等农村新应用新业态发展，推动物联网、遥感监测、地理信息等技术应用于“六特”产业，提高对重要敏感数据监测和泄露预警等能力。电商速递方面，加快在乡村级站点配备智能信包箱（快件箱）、智能取餐柜、智能外卖柜、物流车辆、配送设备、监控设备、高拍仪、票据打印机、货架等服务终端设备，科学合理开展县级寄递物流中心升级改造。鼓励餐饮外卖、共享出行等商业模式在农村的普及应用，发展订单农业，赋能赋智产业升级。推广乡村“互联网+养老”、家政服务、无接触式交易服务、分时租赁等服务模式，拓展推广网络众筹、预售、领养、定制等产销对接新业态。开通“枸杞快递”“长枣快递”“羊肉快递”等农产品特色寄递服务，完善对农产品安全追溯监管，促进电商与农产品销售融合发展。推进“互联网+高效物流”，健全农村寄递物流体系，深入发展县乡村三级物流共同配送，开展农村电商快递协同发展试点，引导企业依法合规经营，开展行业自律、平台自治。完善电子商务统计监测体系，保障个人信息和重要数据安全。

（四）紧盯重点领域和行业，加强科技攻关和成果转化

奶肉牛、滩羊养殖占地面积大、集聚性强、流动性慢、数量多、周期长、风险大，在布局产业养殖园区时，要加强分析论证，科学研判，充分考虑气象特征、潜在风险、生活环境等因素，规划好功能布局。针对日益严重的外来物种问题，要组织生物、生态、海关、检验检疫等方面专家开展专项普查，借助高科技技术做好外来物种的识别、认定、区分和评价工作，制订科学合理的处理方案，妥当做好外来物种后续处置工作，确保生态系统安全和生物多样性。根据牛羊产业分布特点和需求出发，在基地设立牛羊良种繁殖培育基地，开展优良种畜的保胎、多胎繁育、肉质改良、胚胎移植等项目进行研究，充分发挥区域特色优势，夯实牛羊产业基础，达到培元固本、扩群增量的目的。在葡萄、枸杞种植行业，加大无人机在病虫害监测、农药喷洒、水文地表温度测量等方面的应用，加紧研发藤枝的修剪、育苗、施肥、采摘、分拣等智能化新技术和新工艺。在“互联网+医疗”“互联网+教育”方面，采取多元化筹措机制，增加数字化医疗、教学基础设施配置投入，加大教育培训力度，健全医疗教育信息创新激励机制，鼓励优质医疗教育资源下沉，拓宽医疗教育范围，提升医疗服务水平和教学质量。要紧抓农村供销合作社恢复重建的重大机遇，持续加大数字供销和电子商务协同治理，推动冷链物流、统一托管、合作金融、电子商务与数字技术融合发展，实现数据信息的交换共享。

（五）加快数字化人才培养机制改革，提升全民数字素养与技能

一是要适应新时代数字化转型的发展需要，密切关注数字化农村应用市场的发展变化趋势，适时调整优化高等院校有关数字化课程的设置，提供与数字化应用相关的职业技能培训。要根据岗位需求和职位特点，重视对在职农民的数字化培训工作，定期开展数字化技能实训演练，提升他们驾驭数字化技能的素质和能力。二是尽快出台有关促进农村数字化融合发展和人才支撑的政策措施，给予薪资待遇、创新发展、经费支持等方面特殊优待，引进大数据方面的专业型人才到基层农村创业。三是人社部门要立足宁夏乡村建设实际，制订提升全民数字技能方面的政策措施，建设一批具有数字技能培养优势的人才培训基地和数字技能相关领域的技能大师工作室。重点开展人工智能、大数据、云计算等数字技能培训，培养造就一批熟悉农村农业工作的数字化管理师、全媒体运营师、互联网营销师，智能硬件装调员等新型职业化群体和队伍，解决当前数字化新职业人才供给速度跟不上市场需求的窘况。四是启动数字化产学研用基地建设，推进数字化技术成果的转化应用。依托宁夏大学、宁夏农科院、北方民族大学在葡萄酒酿造，枸杞培育开发，肉牛和滩羊产业的育种、养殖、屠宰加工等领域学科优势，建立数字化产学研用基地，开展相关领域人才岗位技能培训，深化校企技术交流合作。

宁夏乡村全面振兴样板区建设方法论思考

郭勤华

实施乡村振兴战略，是党的十九大做出的重大决策部署，是新时代做好“三农”工作的总抓手。全面推进乡村振兴，是党的二十大提出的新要求，充分体现了我们党一张蓝图绘到底，一以贯之抓落实的战略定力。为此，全国各地地以“三农”工作为突破口，出台并实施一系列政策举措贯彻落实乡村振兴，其中最普遍的做法是在当地选择各类资源要素发挥作用较好，基础设施齐全的乡村作为抓手，并以此作为乡村振兴的方法论实践。宁夏提出以百万移民致富、城乡居民收入、基础教育质量、全民健康水平的“四大提升行动”，并通过相应指标选择乡村振兴样板区建设，以点带面示范引领，扎实推进乡村产业、人才、文化、生态、组织振兴。

一、乡村振兴样板区的选择标准

宁夏为深入贯彻落实乡村振兴战略，近年来围绕产业兴旺、生态宜居、乡风文明、治理有效、生活富裕总要求，经过打赢脱贫攻坚战的经验积累，把具备良好发展基础的村镇作为乡村振兴样板区建设对象，选择标准基本符合国家标准或符合地方政府的总体规划要求，以保证在全面推进乡村振兴中起到典型示范的引领作用。

作者简介　郭勤华，宁夏社会科学院地方志办公室副编审。

（一）产业基础相对稳固

产业基础牢固且有发展前景的乡村，是政府部门选择样板区的首要标准，是乡村能否成为样板区的关键。经济基础达到较好标准的乡村，宁夏有两个方面的基本要求：一是村里有一定的集体经济。近年来，农村集体经济虽然没有过多的收入，但负债情况大为缓解，有一部分乡村在整村推进建设过程中，得到政策利好较多，本土区位优势和资源开发较为充分，村集体经济发展较好。二是村民收入稳定且比较富裕。在脱贫攻坚取得全面胜利，实现小康社会的奋斗中，有些乡村建设发展加快，它们不过分依赖政府投资，而是靠自筹资金开发建设或外来企业投资开发，因为农民生活水平较高，产业收入相对稳定，资金流转较为灵活，对乡村发展中的掣肘相对减少。因此，产业基础稳固成为确定样板区建设的主要因素之一。

（二）干群关系团结和谐

干群关系团结和谐是乡村振兴样板区建设示范村对“人”的要求。一是村干部基础好，也就是村干部领导班子优秀，村干部工作能力强，在乡村有一定个人威望，在乡村有一定社会影响，即“村‘两委’要具有强的战斗力”。村干部的社交能力要求较为广泛，既能对接政府政策配套和资金支持，切实能配合政府贯彻落实关于乡村振兴建设政策措施，又能依托本村资源对接来自不同渠道的支持，为乡村振兴提供多方面帮助和支持。二是村民团结和谐。样板区乡村群众要对本村镇的发展有极大热情，并能够积极配合支持村“两委”班子贯彻落实乡村振兴政策措施，主动融入并开展工作。就村民自身而言，要有较高的文化水平，眼界宽阔，思想开放，能够接受新事物、新思想、新方法，热爱家乡，有创新奋斗精神。在乡村振兴过程中从政策执行落实到户没有来自村民的阻碍。

（三）资源优势明显

宁夏各市、县（区）、乡镇、村在选择样板区建设村时，有资源优势的乡村是样板区建设的首选。包括自然资源和社会资源两个方面。自然资源主要指当地产业支撑，包括水利、特色农业、旅游和矿产资源等等。如红寺堡区易地扶贫搬迁提升示范区的选择标准是，该区是宁夏易地扶贫搬迁成功实践的示范村，也是全国最大的易地扶贫搬迁区，凭借黄河三级引扬黄灌溉，体现了人定胜天的奋斗精神，罗山丰富的资源既有开发旅游的优势，又有开发产业的优势，而且在产业开发上，葡萄酒、黄花产业优势明显走在其他县（区）的前面，依托现有的资源优势，加之移民群众发自内心对党的感念感恩和感谢，有益于接续推进的乡村全面振兴样板区建设。社会资源也是乡村全面振兴样板区建设的重要指向。样板区选择也考虑该村是否有外面工作的各类各层次工作人员，主要是公务人员、商业精英和上过大学的大学生，包括高学历的硕士博士等，这些人脉资源首先是在外做生意的人多，便于招商引资，也容易得到投资赞助，一般都因为乡愁便于开展乡村基础设施建设和改变外观，从深层溢出乡村振兴的文化内涵，是更加能够作为乡村振兴样板区建设的乡村类型，如沙坡头区北长滩村、南长滩村，彭阳县长城塬，同心县张家塬乡，等等。

由此可见，当下推进的乡村振兴样板区建设必须具备五个要素，即产业基础较巩固、基础设施较完善、乡村管理较规范、村民素质较高、干群关系团结和谐等。

二、乡村全面振兴样板区建设现状

全面推进乡村振兴，重点在农村，难点也在农村。近年来，宁夏大力开展传统村落、特色文化旅游名村、特色小镇建设等工作，不断探索实践乡村振兴，以闽宁示范村、国家层面的各种类型村落建设为抓手，涌现出一批基础设施较完善、公共服务较健全、经济发展活跃、城镇特色凸显的示范村、重点村。

（一）入选国家层面传统村落和特色乡镇是乡村全面振兴样板区建设的基础

深入贯彻落实党的二十大精神，铸牢中华民族共同体意识示范区，全面推进乡村振兴，传统村落保护与传承的国家战略是主要内容。宁夏拥有6个“中国传统村落”（固原市隆德县城关镇红崖村、奠安乡梁堡村，中卫市沙坡头区迎水桥镇北长滩村、香山镇南长滩村），1个“中国历史文化名村”（中卫市沙坡头区的南长滩村），11个“全国特色景观旅游名镇名村”（银川市兴庆区掌政镇、西夏区镇北堡镇，吴忠市青铜峡市青铜峡镇、青铜峡市峡口镇、利通区东塔寺乡穆民新村，固原市泾源县泾河源镇、泾源县六盘山镇、隆德县城关镇杨店村，中卫市沙坡头区迎水桥镇、沙坡头区迎水桥镇北长滩村、沙坡头区香山乡南长滩村），7个“中国特色小镇”（镇北堡镇，固原市泾源县泾河源镇，银川市兴庆区掌政镇、永宁县闽宁镇，吴忠市利通区金银滩镇、同心县韦州镇，石嘴山市惠农区红果子镇）。

这四类国家层面认定的村镇及其文化传承，依托国家政策进行了相应的保护开发利用，它们或富有活力，或赋商贸物流，或具现代制造，或拥教育科技，或显传统文化，或融美丽宜居等特色，是乡村全面样板区建设的先行村镇，是宁夏在国家传统村落保护政策下推进美丽新宁夏建设的重要内容，也是宁夏乡村振兴的抓手之一，在全面推进乡村振兴中意蕴深远。

（二）“一区五镇73个重点村”是乡村全面振兴样板区建设的抓手之一

“一区五镇73个重点村”，是宁夏乡村全面振兴样板区建设的新经济增长点。党的十九届五中全会对新发展阶段优先发展农业农村、全面推进乡村振兴做出总体部署后，宁夏深入实施“四大提升行动”全面促进乡村振兴，提出要进一步强化示范引领，示范抓好“一区五镇73个重点村”。这些乡村包括宁夏生态移民搬迁村、东西扶贫闽宁示范村等。在持续推进的扶贫开发进程中，这些乡村通过产业扶贫、就业创业、生态补偿、易地搬迁、危房改造、医疗救助、教育支持、兜底保障等，谱写了宁夏小康社会推进的辉煌篇章。2021年，乡村特色产业强劲优势凸显，形成全流程数字化规模化的创新实践，使全区特色产业产值达2171.5亿元，占农业总产值的87.4%；实现乡村样板区文化与社会经济发展深度融合，全区224个乡镇2157个村（社区）成立形成文明实践中心，为乡村样板区示范村文化发展提供精神支撑；全区农村卫生厕所普及率达到66.4%，农村生活垃圾治理率达到95%，农村生活污水处理率达到30%，把生态宜居提升乡村样板区建设作为乡村环境质量提升的硬核指标。

这些以经济繁荣、民族团结、环境优美、人民富裕的具有宁夏特色村镇，呈现了宁夏集中力量实施脱贫攻坚战，大力推进生态文明建设，代表着实现第二个百年奋斗目标快速利好的发展趋势，是宁夏乡村经济社会发展的重要经济增长点，是乡村振兴的全新载体。全面推进乡村振兴，这些重点村依然能够持续发力，是新时代乡村振兴样板区建设的实践基础。

（三）“农业强”“农村美”“农村富”典型示范乡村是乡村全面振兴样板区建设的标杆

近年来，宁夏在巩固脱贫攻坚成果的基础上，依托地域资源优势构建了不同形态的乡村样板，是宁夏乡村全面振兴样板区建设的标杆。深入贯彻落实党的二十大精神，在巩固脱贫攻坚成果的基础上，按照不同模式构建先行先试的乡村乐园样板村。如依托黄河灌区农业产业融合发展优势，对原有的稻田、鱼塘及田园景观重新规划设计，建成融自然生态与农业、渔业、休闲旅游为一体的黄河灌溉区农业产业样板村——四十里店村；以人才发展为抓手，依托东西部扶贫协作实施生态移民脱贫攻坚形成的示范村为基础，创新东西部扶贫协作的“闽宁经验”样板村——武和村；以红寺堡区易地移民搬迁、生态改善、精准脱贫形成的典型，打造易地移民搬迁样板村——弘德村；依托隆德县“中国民间文化艺术之乡”“全国文化先进县”“中国现代民间绘画之乡”“中国书法之乡”的亮丽名片，打造传统文化样板村——老巷子；以彭阳县基层党组织建设为引领，依托红色文化、历史文化、传统文化和现代产业为基础的中国传统村落，打造乡村基层治理样板村——长城村。这些乡村，无论是乡村乐园，还是样板村建设，都代表着一个特殊的乡村载体，为正在推进的乡村振兴样板区建设奠定了基础。这些典型示范乡村的发展路径，首先，以做强“六特”农业产业为重点，着力打造“中国葡萄酒之都”“中国高端奶之乡”“中国滩羊之乡”“中国枸杞之乡”和全国优质牛肉生产基地和高品质冷凉蔬菜生产基地，建成国家农业绿色发展先行区，走好农业产业振兴。其次，以社会主义核心价值观为引领，以铸牢中华民族共同体意识为主线，以“乡村建设行动”为载体，着力实施综合服务设施、农房治理管理、农村饮水安全、农村环境整治等一批重大工程，同时，大力推进农村治理体系和治理能力现代化，全力打造“塞上乡村乐园”，做好“美丽乡村”建设之路。再次，不断深化拓展闽宁协作，在东西部协作中进一步探索新的经验，确保农村居民收入稳步提高、脱贫群众收入不断增加。同时，在巩固脱贫攻坚成果同乡村振兴有效衔接中，按照党中央统筹，省负总责，市、县、乡抓落实的“三农”工作机制，持续深入推进“党建+”模式，发挥基层党组织建设在宁夏建设乡村全面振兴样板区建设中坚强堡垒作用，探索“党支部+企业+农户”的经营模式，提升乡村治理能力现代化水平。

三、乡村振兴样板区建设方法论实践存在的问题

从乡村振兴样板区选择到推进建设，就其方法论看，将不可避免地引发乡村社会发展的一些问题。

（一）乡村振兴中资源分配不均的问题

全面推进乡村振兴的基本原则是接续推进乡村全面振兴，要求乡村群体呈现连续的空间、协同的发展模式、融合的生活方式。而乡村振兴样板区自身优势和优惠政策倾斜，必将影响乡村群体的协调协同共同发展。通常情况下，各级政府出台的相关乡村振兴政策会自觉不自觉地围绕样板区建设而展开，实施项目也必将倾向样板区建设发展需要，从而使一些大型工程项目包括基础设施建设和重大的民生工程项目自然地落地样板区，这种从政策到资源的先序入驻，必然使本来就走在乡村发展前列的样板区能够快速发展。虽然有时政府出台的政策和资源惠及整个农村，涉及“三农”问题的全部，覆盖面宽泛使样板区同时受益，但由于先期资源的全力投入，样板区并不需要，而普通乡村或贫困村迫切需要但又得不到满足。这将导致资源分配不公，形成资源分配重叠浪费。

（二）乡村振兴样板区建设中贫富差距拉大的问题

目前，全区农村虽然实现全面脱贫攻坚胜利，实现了小康社会，但乡村社会经济发展不平衡的现实仍然存在，县与县、镇与镇、村与村之间因为区位、资源等先天差距，加之发展先后顺序的差异，贫富差距明

显。乡村样板区建设又选择了发展势头好且基础条件发展靠前或先发展的乡村，与普通乡村之间固有的贫富差距没有改变。随着样板区建设各种款项的陆续到位，建设步伐大大加快，社会经济发展迅速提高。多数样板区本来就在乡村发展的前沿，基础设施加上配套设施相对完善，内源式发展潜力较大，凭借外力加上内力，在短时间内就会实现经济社会的全面转型升级甚至飞跃。相反，一些普通乡村或在“两不愁三保障”支撑下脱贫“摘帽”的偏僻贫困乡村，因为内生动力不足，外部助力有限，资源先天匮乏等，对全面推进的乡村振兴力不从心、无计可施，对乡村全面振兴样板区只能壁上看花。即便是完成一批管理有序、服务完善、文明祥和的乡村样板区，而接续给予普通乡村和贫困村以政策资金资源的注入，这些乡村能否在短时期内适应政策资源等的跟进服务实现后发赶超，政府在后期资金投入数量、资源配置支撑、后发前行时间能否与样板区齐头并进等等。对于这些现实问题必须与共同富裕目标的时间区间进行实证分析。

（三）乡村振兴样板区建设中滋生贪腐的问题

首先，乡村振兴样板区建设将通过政策倾斜和市场机制运行，必将拥有大量资金、大量优势资源。科学管理资金和合理配置优势资源对于正在推进的乡村全面振兴样板区建设是一个挑战。从中央到地方，再下拨到乡镇、行政村、村小组，直至到户到人，这样一种线性渠道，资金和资源最后到达村里落户人头的渠道是否畅通，尤其是“十三五”以来移民区的开发建设，村集体财务由乡镇管理，建设资金只能到达乡镇，乡村振兴资金能否专款专用，农民对资金的支配权和资源的利用程度如何，等等问题必须考虑；在资金资源配套使用中会不会出现权力寻租等问题依然存在。

（四）全面推进乡村振兴中乡村之间“长相”相似的问题

开展乡村全面振兴样板区建设，目的是示范引领推广总结样板区建设经验，为全面推进乡村振兴提供借鉴。但从目前的样板区建设来看，多数样板区建设还停留在基础设施进一步改善，乡村振兴继续在修公路盖房子看景色的面上做文章，依托传统产业开发乡村旅游等，真正能借助产业，强力推进创业就业方面还很滞后。当全面推进乡村振兴时，普通乡村和贫困乡村的发展必然会赴前车之鉴，依葫芦画瓢。尤其是宁夏南部贫困县区的绝大数乡村，空壳村、留守村和撂荒地仍然是现实景况，对全面乡村振兴仅停留在文件中报纸上。如何以样板区建设带动贫困乡村的发展，亟待农民返乡，亟待梯次推进，这是当前解决“三农”问题的根本所在，也是全面推进乡村振兴必须解决的问题。

（五）乡村全面振兴样板区建设推广借鉴难的问题

样板区建设是我国推进各项事业发展的一贯做法。乡村振兴样板区建设目的是通过以点带面、逐步推广的方法在农村营造一种新型的社会生活形态，让农民享受优质的公共服务。然而在实践过程中，因为区位优势和资源禀赋丰厚，加之政策利好，有些样板区建设举全县、全乡镇之力接续推进，甚至有的样板区建设由多年来各种资源垒“大户”堆砌而成，其短期成效显著，但推广借鉴困难。因此，能否因地制宜，把乡村样板区建设呈真正体现乡村与自然和谐共生、乡村与社会和谐共处、乡村与城市和谐共荣，在实现共同富裕的进程中发挥引领作用，能借鉴可复制，是相关部门必须关注的问题。

四、乡村全面振兴样板区建设需要边建设边修正

现阶段，从各级政府有序推进乡村全面振兴样板区建设看，大多是抓重点搞试验，目的是获得好经验新做法能推广。为此，乡村样板区建设需要边建设边修正。

（一）坚持准确定位，推进多样化发展模式

在选择乡村振兴样板区时要充分考虑乡村发展程度、类型、发展水平等的差异，不能仅单纯选择经济富裕、农民积极、干部主动的乡村，应将致富村、扶贫村、移民村、传统村等各类各层级乡村都纳入样板区建设之内，探索不同类型乡村振兴模式，并从中取得经验，发挥样板区建设的示范引领带动作用，实现全面推进乡村振兴。

（二）坚持样板区建设，促进乡村协同协调发展

宁夏乡村全面样板区建设是全面推进乡村振兴的试验场，其社会影响

贯穿于迈向共同富裕始终，不仅为解决“三农”问题提供经验与参考，而且将成为宁夏农业农村社会经济发展的全新载体和乡村文明的符号标识。因此，对正在推进的乡村全面振兴样板区建设必须从正面进行宣传教育引导，持续落实落细相关政策，在确保农村居民“两不愁三保障”的同时，推深做实资金投入到位、主体产业带动乡村就业、光伏产业开发等举措，全力促进乡村居民稳定增收，保证各地、各部门都能明确乡村全面振兴样板区建设对宁夏扎实推进产业、人才、文化、生态、组织振兴的积极社会效益，兼顾统筹协调普通乡村后发赶超。

（三）坚持规范管理，推进乡村样板区多种资源开发利用

宁夏乡村全面样板区建设要从夯实产业基础、推动产业扶贫向产业振兴转变，做好前期资金项目建设和管理。根据不同乡村当地优势特色产业链谋划编制项目，做好项目规划、用地等前期工作，把好项目建设进度关和后续管理关，确保项目落地增效。强化财政支农，确保各种资源真正发挥在乡村振兴样板区建设上，规范管理制度，杜绝资金注入渠道上的各种不良行为，促进外力输血向内生造血转变。盘活利用农村闲置土地资源，探索发展乡村民宿、与企业合作建设农产品加工基地、打造乡村文化旅游产业基地。创新农民合作经营模式，围绕城乡要素自由流动和公共资源合理配置，将农户闲置的资金、房屋、土地等作价入股，由合作社统一调配，多种经营，探索可复制可推广的新时代乡村振兴样板区。

（四）坚持产业主导，创新活化乡村样板区历史文化

农业农村现代化这根主线贯穿于乡村振兴的始终。乡村作为一种典型的人类社会生活形态，乡村全面振兴样板区建设应该根据乡村自身的情况，发挥自身优势，保留地方特色，选择适合自身的发展道路。要把乡村样板区建设的主攻点放在产业上，加快农业产业转型升级，强化农业科技提升。要培育发展乡村新型文化企业、文化业态、文化消费模式，开辟乡村特色产业新领域，把乡村积淀的特色历史文化轶闻等与乡村特色产业融合起来，实现乡村文化振兴的多元需求，为乡村振兴培根铸魂。

（五）坚持党建引领，提升乡村样板区治理能力

乡村振兴样板区建设要坚持把党建引领作为样板区建设提升的内在动力，积极探索以党建引领的乡村治理新实践，创新完善基层治理体系。一要激发基层党建活力，探索以“党员纪实管理”“党群议事厅”等工作方法为基础的乡村党建网格，提升党员履职服务能力。二要建设完善乡村自治基础，不断完善全村党支部、村委会等组织，明确村级各类组织岗位职责、议事规则，形成乡村样板区建设中有人管事、有章理事、有钱办事的良好局面，着力打造自治与法治、德治相结合的乡村样板区治理体系。

2022年宁夏社会发展大事记[①]

徐东海

1月

15日，宁夏社会科学院“2021年宁夏社科成果暨2022宁夏蓝皮书系列丛书新闻发布会”在自治区新闻发布厅召开，《宁夏蓝皮书·宁夏社会发展报告（2022）》面向社会公开发布。

19日，自治区政协十一届五次会议开幕。会期共4天，共安排4次大会，包括开幕会、大会发言、选举大会、闭幕会。会议期间，共安排3次小组讨论、1次联组讨论、1次界别活动，共有听取审议政协宁夏回族自治区委员会常务委员会工作报告、听取审议政协宁夏回族自治区委员会常务委员会关于政协十一届四次会议以来提案工作情况的报告等6项议程。

20日，宁夏回族自治区人大十二届五次会议开幕。大会期间，共安排了1次预备会议、3次全体会议、5次主席团会议，会议议程共有审议自治区主席咸辉关于政府工作的报告、审查和批准自治区2021年国民经济和社

作者简介 徐东海，宁夏社会科学院社会学法学研究所助理研究员，宁夏大学民族社会学专业在读博士研究生。

①根据2021年《宁夏日报》、《新消息报》、宁夏新闻网等相关信息资料整理。

会发展计划执行情况与2022年国民经济和社会发展计划草案的报告等10项。会议期间，各代表团举行代表团会议及分团会议，对6个报告和先行区促进条例进行审议；第三次全体会议时进行了大会选举和宪法宣誓仪式，表决了各项决议草案和法规草案。

2月

9日，宁夏回族自治区推进新型城镇化工作领导小组会议召开，学习贯彻国家新型城镇化规划精神，落实自治区党委、政府工作要求，研究2022年宁夏新型城镇化重点任务，审议自治区特色小镇清单和培育清单。

10日，据《宁夏日报》报道，《宁夏回族自治区“十四五”中医药发展规划》发布，对“十四五”时期宁夏中医药高质量发展进行了安排部署。

12日，由自治区人力资源和社会保障厅、银川市政府共同主办的自治区促进就业“春风行动”暨银川市“双互动双巩固”活动全面启动。

14日，自治区党委人才工作会议在银川召开。

同日，自治区教育厅发布消息称，经各地推荐和严格组织精选，宁夏呈报的《“四度”并进确保校外培训机构治理成效》《银川市兴庆区打出“组合拳”推进校外培训机构治理落地落实》《贺兰县“四联动”做好非学科类培训机构监管》等3个案例被评为全国“双减”工作优秀案例。

15日，宁夏东西部科技合作成果展示中心正式启用，并开展首期“对话科创家”科技企业创新沙龙活动。

17日，宁夏全区信访局长会议发布消息称，2022年将针对房地产领域不动产登记办证难等信访领域突出问题，逐案成立工作专班，综合施策推动问题化解。

19日，自治区工业和信息化厅发布消息称，2022年宁夏将加快数字技术开发应用进程。

20日，据《宁夏日报》报道，自2022年1月下旬宁夏开展“春风行动”系列活动以来，宁夏各地通过开展线上线下招聘会、包专车专机“点对点”精准输送务工等方式，多渠道为劳动者和用工企业搭建公共就业服务平台成效明显，累计举办线上线下招聘会150余场次，直播带岗115场次，参会企业1369家，提供就业岗位8.46万个，达成就业意向1.1万人。

21日，宁夏深入实施“四大提升行动”全面促进乡村振兴部署会在银川召开。

26日，据《宁夏日报》报道，自治区政府办公厅编制公布了《宁夏“零材料”办理政务服务事项清单（第一批）》共273项，《宁夏“一证（照）通办”政务服务事项清单（第一批）》共120项，要求各地各部门不得随意要求或者变相要求申请人提供清单之外的申报材料或证照，逐步实现企业和群众办事信息免填写、纸质材料免提交、相关信息“最多报一次”。

3月

1日，以“传承雷锋精神 助力先行区建设”为主题的2022年宁夏回族自治区学雷锋志愿服务月活动在吴忠市开源广场启动。启动会上，“七一勋章”获得者王兰花现场分享了志愿服务事迹。

同日，宁夏首家城市社区公共卫生委员会成立于银川市金凤区上海西路街道办事处银新苑北社区。

4日，自治区属国有企业开展“学雷锋志愿服务月”系列活动启动仪式。启动仪式上，自治区国资委成立青年志愿者服务总队以及11个青年志愿者服务队，通过组织和指导区属国有企业开展青年志愿服务活动，弘扬践行雷锋精神和“奉献、友爱、互助、进步”的志愿服务精神。

12日，据《宁夏日报》报道，宁夏社会福利院组织开展了“巧手自理 快乐自立——职业技能康复训练”系列活动，促进精神康复患者实现自我价值、更好地融入社会。

16日，据《宁夏日报》报道，宁夏将于2022年3月至6月开展以

“就业服务进校园，精准帮扶在身边”为主题的“公共就业服务进校园”活动，为宁夏各高校2022届高校毕业生提供多层次、全方位、精准化就业创业服务。

18日，据《宁夏日报》报道，宁夏出台《关于深化公立医院薪酬制度改革的实施意见》，建立适合医疗行业特点的公立医院薪酬制度，充分调动医院和医务人员的积极性，不断提高医疗服务质量和水平。

20日，据《宁夏日报》报道，《宁夏回族自治区公共服务发展“十四五”规划》（以下简称《规划》）正式印发。《规划》提出，到2025年，基本公共服务均等化水平明显提高，普惠性公共服务实现提质扩容，政府保障基本、社会多元参与、全民共建共享的公共服务供给格局基本形成，民生福祉达到新水平。

21日，《宁夏日报》刊发自治区党委、政府《关于做好2022年全面推进乡村振兴重点工作的实施意见》。

28日，据《宁夏日报》报道，自《中华人民共和国家庭教育促进法》施行后，中卫市发出了宁夏首份《督促接受家庭教育指导令》。

同日，自治区稳就业促就业工作会议在银川召开。

4月

1日，自治区医疗保障局发布消息称，宁夏将新一批符合条件的77个日间手术病种纳入医保支付范围，同时新增3家可开展日间手术的医疗机构，有效减轻参保人员就医看病费用负担，进一步缓解三级医疗机构住院压力，提高医保基金使用效率。

10日，据《宁夏日报》报道，《进一步健全社会救助和保障标准与物价上涨挂钩联动机制实施方案》正式印发。根据此方案，宁夏将进一步完善价格补贴联动机制，提高发放效率，有效缓解物价上涨对困难群众基本生活的影响，坚决兜牢基本民生底线，不断增强困难群众的获得感、幸福感、安全感。

15日，宁夏2022年度全民国家安全教育日活动在银川启动。

18日，宁夏新时代人才强区战略暨“才聚宁夏1134行动”新闻发布会举行。该行动是自治区党委、政府贯彻落实中央人才工作会议精神，实施新时代人才强区战略做出的顶层设计中的重要内容，意为“一面旗帜引领，一个目标定向，构建三个战略平台，实施四大人才工程”。

21日，宁夏扶持壮大村级集体经济暨驻村帮扶工作会议在银川召开。

22日，宁夏“崇军行动”在自治区退役军人事务厅举行启动仪式。

26日，宁夏国家文化公园建设工作推进会召开。

5月

4日，据《宁夏日报》报道，自治区交通运输厅、自治区公安厅等17个部门于日前联合出台《加强货车司机权益保障工作的实施方案》，切实改善宁夏货车司机生产经营环境，保障货车司机合法权益。

7日，2022年宁夏教育系统防灾减灾宣传周活动正式启动。

9日，据《宁夏日报》报道，自治区交通运输厅等11个部门联合出台《关于加强交通运输新业态从业人员权益保障工作实施方案》，重点服务依托互联网平台就业的货车司机、网约车司机群体。

10日，宁夏回族自治区政府召开第一百一十八次常务会议，传达学习贯彻《信访工作条例》座谈会精神，安排落实工作；部署国家巩固拓展脱贫攻坚成果同乡村振兴有效衔接考核评估发现问题整改工作等。

同日，宁夏回族自治区减灾委员会、抗震救灾指挥部全体会议暨自治区自然灾害综合风险普查领导小组会议在银川召开，对宁夏防灾减灾救灾工作进行安排部署。

同日，据《宁夏日报》报道，为畅通政府与企业群众互动渠道，规范政务服务便民热线事项办理，宁夏制定出台《宁夏回族自治区12345政务服务便民热线运行管理办法（试行）》，明确宁夏12345热线要按照“一个号码服务，统一平台受理，各级依责办理”的运行模式，受理企业群众提出的咨询、求助、投诉、建议、举报等诉求，提供“7×24小时”全天候人工服务。

11日，自治区教育厅发布“十条建议”，保障学生及其家长的合法权益，防范校外培训风险，巩固“双减”工作成果。

13日，自治区人力资源和社会保障厅会同自治区财政厅、宁夏回族自治区税务局联合制定相关政策，决定通过加大失业保险稳岗返还力度、落实失业人员保障、开展就业创业服务等措施，充分发挥社会保险降、缓、返、补“组合政策”作用，助企纾困稳岗位扩就业提技能防失业。

25日，2022年度宁夏社会科学普及周启动仪式在宁夏图书馆举行。

28日，2022年宁夏科技活动周启动仪式暨主场宣传活动在银川举行。

31日，据《宁夏日报》报道，宁夏出台《关于支持扩大消费的若干政策措施》，明确2022年6月1日至12月31日，宁夏将充分发挥消费对经济循环的牵引带动作用，针对重点产品、重点群体、重点行业，拿出“真金白银”推出17条具体举措，有效激发宁夏消费活力，保持经济平稳健康发展。

6月

2日，据《宁夏日报》报道，自治区市场监督管理厅印发《关于加强2022年高考中考期间校园食品安全监管工作的通知》，明确在宁夏范围内组织开展高考中考期间食品安全监督检查。

同日，自治区党委组织部发布消息称，宁夏11个选举单位顺利完成492名自治区第十三次党代会代表推荐选举工作。

5日，据《宁夏日报》报道，自治区党委办公厅、自治区政府办公厅印发《关于切实做好高校毕业生等青年就业创业工作若干政策措施》，深入贯彻落实党中央、国务院关于高校毕业生等青年就业创业的决策部署，全力做好当前及今后一段时期高校毕业生等青年就业创业工作。

7日，自治区人民政府办公厅转发《自治区民政厅 财政厅关于做好困难群众基本生活保障的若干措施》（简称《若干措施》）。《若干措施》旨在深入贯彻习近平总书记关于疫情防控和基本民生保障重要指示精神，按照自治区党委、政府统一部署，结合实际制定了20条强化措施，坚决打好基本民生保障战，兜住兜牢民生保障底线。

8日，据《宁夏日报》报道，自治区自然资源厅出台《宁夏回族自治区自然资源厅稳经济保增长促发展12条政策措施》。

9日，中国共产党宁夏回族自治区第十三次代表大会在银川举行预备会议。

10日，中国共产党宁夏回族自治区第十三次代表大会在银川隆重开幕。梁言顺代表中国共产党宁夏回族自治区第十二届委员会，向大会做了题为《坚持以习近平新时代中国特色社会主义思想为指导 奋力谱写全面建设社会主义现代化美丽新宁夏壮丽篇章》的报告。

12日，据《宁夏日报》报道，《宁夏重大基础设施项目建设行动方案》出台，明确六大领域21项重点任务，提出建立重大基础设施建设协调机制、加强重大基础设施建设融资需求保障、提升重大基础设施自主可控水平3项推进措施，全面谋划、系统推进、压茬实施、谋准谋实重大工程项目，加快构建现代化基础设施体系。

17日，宁夏供销社“消费帮扶促进月”启动仪式暨“供销壹号”品牌产品发布会在银川市西夏区宁阳广场举行。

21日，据《宁夏日报》报道，自治区民政厅会同自治区财政厅下拨2022年中央和自治区第二笔困难群众救助补助资金7.76亿元，其中：中央资金58268万元，自治区资金19362万元。

22日，据《宁夏日报》报道，自治区市场监督管理厅组织开展了农村集体聚餐食品安全调研工作。

24日，由自治区总工会、自治区文旅厅主办，宁夏黄河数字出版传媒有限公司承办的2022年宁夏职工“百场主题阅读交流 百名职工读书达人”推荐宣传活动产业工人专场在中国石油宁夏石化公司职工书屋举行。

29日，自治区文明办在银川召开宁夏文明城市创建工作推进会。会议分析研判了当前宁夏文明城市创建工作面临的形势、存在的问题，安排了下一阶段工作重点，对做好相关工作进行再动员。

7月

2日，据《宁夏日报》报道，自治区人力资源和社会保障厅出台《宁夏社会保障卡申领使用管理办法（试行）》（简称《办法》），明确社会保障卡申领和使用方面的政策措施，对保障持卡人安全、规范、便利用卡、维护持卡人合法权益，提高人力资源社会保障管理和公共服务水平发挥积极作用。《办法》共9章32条，自2022年8月1日起正式施行。

5日，据《宁夏日报》报道，《宁夏回族自治区行政许可事项清单（2022年版）》（简称《清单》）正式印发。《清单》共编列行政许可事项658项，其中，中央层面设定、在宁夏实施的行政许可事项647项，地方层面设定的行政许可事项11项。自治区级实施的许可事项437项，设区的市级实施的许可事项235项，县级实施的许可事项221项，乡级实施的许可事项4项。

6日，据《宁夏日报》报道，宁夏再次调整企业和机关事业单位退休人员基本养老金。调整后，将有70.4万名退休人员受益，调增的养老金将在2022年7月底前全部发放到位。

同日，据《宁夏日报》报道，自治区“双减”工作协调推进小组办公室印发《关于开展校外违规培训整治攻坚行动实施方案》，明确提出从暑假关键期发力，通过一年集中攻坚行动，实现宁夏“无证无照”培训机构基本禁绝、隐形变异违规培训显著减少、校外培训机构办学明显规范的目标。

7日，自治区党委农村工作领导小组2022年第3次会议召开。会议传达学习全国乡村建设工作会议精神，听取上半年宁夏农业农村重点工作进展、巩固拓展脱贫攻坚成果同乡村振兴有效衔接专题调研督导评估等情况，围绕加快建设乡村全面振兴样板区研究审议了《关于宣传贯彻自治区第十三次党代会精神的实施方案》《关于开展“六特”产业和农产品加工课题研究的工作方案》等文件，安排部署下半年重点工作。

13日，电视剧《我们这十年》之《沙漠之光》单元开机仪式日前在中卫市沙坡头区迎水桥镇北长滩村举行。

15日，据《宁夏日报》报道，《关于推动生活性服务业补短板上水平提高人民生活品质的行动方案（2022—2025年）》出台，明确24条具体举措，推动生活性服务业补短板上水平，加快生活性服务业发展。

14日，自治区防汛抗旱指挥部办公室决定于7月14日14时启动宁夏防汛Ⅳ级应急响应。

17日，宁夏高考普通批次录取工作全面启动。

18日，中国共产党宁夏回族自治区委员会"中国这十年·宁夏"主题新闻发布会在银川举行。

20日，自治区党委出台《关于广泛开展习近平总书记视察宁夏重要讲话和重要指示 批示精神"大学习、大讨论、大宣传、大实践"活动的实施意见》（简称《实施意见》）。《实施意见》根据自治区第十三次党代会部署，决定在宁夏广泛开展习近平总书记视察宁夏重要讲话和重要指示批示精神"大学习、大讨论、大宣传、大实践"活动，不断用党的创新理论武装头脑、指导实践、推动工作，全面建设经济繁荣、民族团结、环境优美、人民富裕的社会主义现代化美丽新宁夏。

26日，据《宁夏日报》报道，自治区人力资源和社会保障厅会同自治区党委人才工作领导小组办公室、自治区教育厅等部门联合编制了《宁夏回族自治区"十四五"职业技能培训规划》。

28日，据《宁夏日报》报道，自治区人力资源和社会保障厅印发了《打好就业收入扩增战 稳就业促就业专项行动实施方案》（以下简称《方案》）。《方案》重点聚焦用人单位招聘用工、重点群体就业创业等方面，大力实施就业渠道拓展、创业带动促进行动等11项稳就业促就业重点专项行动，全力做好稳就业促就业工作，坚决打好打赢就业收入扩增战。

同日，"以先行区建设为牵引 推动高质量发展实现新突破"系列新闻发布会·打造宜居宜业城镇专题发布会发布消息称，截至2021年底，宁夏常住人口725万人，常住人口城镇化率达到66.04%，高于全国平均水平；自治区自然资源厅在编制自治区国土空间规划中，将聚焦构建"一主一带一副”发展新格局，形成中心城市辐射带动作用更加突出、城市群一体化程度明显提高、各级城镇发展更加协调的城镇空间。

8月

1日，据《宁夏日报》报道，自治区党委办公厅、自治区政府办公厅印发了《宁夏乡村建设行动实施方案》。

6日，据《宁夏日报》报道，自治区医保部门通过积极落实全面实施全民参保计划，稳步推进参保扩面，全区基本医疗保险参保率持续稳定在95%以上，困难人口动态参保率100%，让医保在防范困难群众因病致贫返贫方面发挥重要作用。

同日，宁夏回族自治区工商联“送政策 进商会”活动暨同心县、红寺堡区“万企兴万村”行动村企、银企对接大会在银川举办。

10日，自治区民政厅印发《关于完善“五社联动”机制 创新基层治理的指导意见》，提出推进社区与社会组织、社会工作者、社区志愿者、社会慈善资源联动发展，完善制度机制，畅通参与渠道，推动形成共建共治共享基层治理新格局。

20日，自治区人力资源和社会保障厅、自治区教育厅和宁夏宝丰能源集团股份有限公司在中国银川国际商贸城共享大厅联合举办万人专场招聘会。

同日，黄河黑山峡水利枢纽工程宁夏推进工作领导小组召开会议，深入学习贯彻习近平总书记关于加强黄河保护治理、推进黑山峡河段开发的重要指示精神，研究推进黄河黑山峡水利枢纽工程宁夏前期工作。

23日，自治区民政厅印发《关于民政工作综合施策助推黄河流域生态保护和高质量发展先行区建设的实施意见》，提出统筹城乡救助发展，将特困救助供养未成年人年龄从16周岁延长至18周岁。

25日，宁夏第六次全国残疾预防日宣传教育活动启动。

同日，自治区卫生健康委与腾讯科技（深圳）有限公司妇幼健康领域合作签约仪式在北京举行。

9月

5日，全国“人民满意的公务员”和“人民满意的公务员集体”宁夏受表彰代表座谈会在银川召开。

6日，2022年宁夏“质量月”活动启动仪式在石嘴山市举行。

9日，据《宁夏日报》报道，《关于加强慈善组织建设的指导意见》（以下简称《指导意见》）出台。《指导意见》围绕鼓励和规范慈善组织发展提出16条政策措施，促进宁夏慈善组织在实施共同富裕战略、助力乡村振兴、创新基层治理中发挥更好作用，推进慈善事业高质量发展。

15日，据《宁夏日报》报道，《宁夏回族自治区“十四五”城乡社区服务体系建设规划》（以下简称《规划》）发布。《规划》明确将大力推进城乡社区服务体系建设，增加服务供给，补齐服务短板，创新服务机制，不断强化社区为民、便民、安民功能，让人民生活更加美好，让基层更加和谐稳定。

16日，2022年宁夏全民国防教育周活动在银川启动。

28日，据《宁夏日报》报道，《宁夏回族自治区“十四五”学前教育发展提升行动计划实施方案》（简称《实施方案》）印发。《实施方案》提出到2025年，宁夏学前三年毛入园率达到95%，普惠性幼儿园覆盖率达到92%，公办园在园幼儿占比达到60%，力争学前教育普及普惠县（市）区评估认定比例提高到50%。

10月

15日，参加中国共产党第二十次全国代表大会的宁夏代表团举行第一次全体会议。

16日，中国共产党第二十次全国代表大会在北京人民大会堂开幕。习近平代表第十九届中央委员会向大会做报告。

28日，中国共产党宁夏回族自治区第十三届委员会第二次全体会议在银川召开，全会审议通过了《中共宁夏回族自治区委员会关于学习宣传贯彻党的二十大精神的意见》。

11 月

6 日，据《宁夏日报》报道，自治区发展改革委、自治区财政厅会同有关部门研究起草并印发《全区稳经济保民生政策措施》（简称《政策措施》）。《政策措施》聚焦稳经济、保民生提出 45 条具体措施。

10 日，据《宁夏日报》报道，《宁夏城市应急备用水源“十四五”规划》印发实施。这项规划的实施，将确保宁夏市、县（区）城区在遭遇特大干旱或突发水安全事件时，居民基本生活和必需的生产、生态用水得到保障。

25 日，银川市印发《“十四五”时期“无废城市”建设实施方案》，标志着银川市“无废城市”建设全面启动。

12 月

1 日，《宁夏日报》转发 2022 年 11 月 30 日中国共产党中央委员会、中华人民共和国全国人民代表大会常务委员会、中华人民共和国国务院、中国人民政治协商会议全国委员会、中国共产党和中华人民共和国中央军事委员会《告全党全军全国各族人民书》。《告全党全军全国各族人民书》极其悲痛地向全党全军全国各族人民通告：我们敬爱的江泽民同志患白血病合并多脏器功能衰竭，抢救无效，于 2022 年 11 月 30 日 12 时 13 分在上海逝世，享年 96 岁。江泽民同志永垂不朽！

3 日，据《宁夏日报》报道，自治区民政厅印发的《关于做好疫情防控期间民政保障和服务对象关心关爱工作的实施方案》要求宁夏各地深入开展摸底排查，提供救助帮扶，切实兜牢疫情期间民生保障底线，最大限度地减少疫情对困难群众基本生活的影响，确保困难群众温暖过冬过节。

6日，上午，中共中央、全国人大常委会、国务院、全国政协、中央军委在人民大会堂隆重举行江泽民同志追悼大会。

7日，据《宁夏日报》报道，连日来，宁夏各地广大干部群众怀着无比沉痛的心情，深切缅怀江泽民同志，深情追忆江泽民同志在宁夏留下的点点滴滴。